W0175322

Gudrun Arndt
Spaziergänge durch das literarische New York

Arche

Inhalt

Vorsatz vorn:
**Die Skyline von Manhattan
mit der Brooklyn Bridge.**
Foto: © Andreas Feininger
Vorsatz hinten:
**Die United States in Höhe
der 42nd Street.**
Foto: © Andreas Feininger
Frontispiz:
**The New York Public Library,
5th Avenue und West 42nd Street,
erbaut von Carrère & Hastings,
1897–1911.**

© 1997 by Arche Verlag AG,
Zürich-Hamburg
Alle Rechte vorbehalten
Karten: Tomas Yabut, New York
Lithos: Hillebrandt Reprotechnik, Hamburg
Gesamtherstellung: Wilhelm Röck, Weinsberg
Printed in Germany
ISBN 3-7160-2235-7

New York ist ein Gedicht...

*Ich weiß nicht, was es ist;
alles zusammen macht mich fröhlich,
wenn ich hier wandere.*
Max Frisch über New York

*New York ist etwas Schreckliches,
etwas Monströses. Ich laufe gerne
versunken durch die Straßen,
aber ich erkenne:
New York ist die große Lüge der
Welt.*
Federico García Lorca

Wer in New York spazierengeht und die Stadt auf sich wirken läßt, gerät leicht in einen Zustand der Ratlosigkeit. Wolkenkratzer neben Ruinen, acht Meter lange Limousinen neben Tausenden von Obdachlosen, ethnische Vielfalt neben Rassismus – New York vereint Widersprüche und Extreme in verblüffender Weise. Von uneingeschränkter Begeisterung bis zu heftiger Ablehnung reichen die Reaktionen, doch die Faszination, die New York auf den Besucher ausübt, wird wohl von keiner Stadt der Welt übertroffen.

Der hier vorgeschlagene Weg, sich dem Mythos der Stadt der Städte zu nähern, wird im Trubel und Getümmel gewöhnlich nicht beschritten. Doch New York ist nicht nur die Stadt der sagenhaften Schnäppchen, der Museen, Broadway-Musicals, Opern und Konzerte, des facettenreichen Nachtlebens, New York ist auch die Stadt der Literatur. Mit dem entsprechenden Blick kann eine Reise nach New York zu einer Reise in die amerikanische Literaturgeschichte werden.

New York ist heute die amerikanische Literaturstadt schlechthin – nicht nur was die Ballung von Verlagen betrifft. In keiner anderen Stadt findet man mehr und größere Buchhandlungen, die zu jeder Tages- und Nachtzeit – einige Ketten schließen erst um Mitternacht – belebt sind. Wer es sich nicht leisten kann, Bücher zu kaufen, nutzt entweder die zahlreichen öffentlichen Stadtbüchereien oder sucht sich ein Sofaplätzchen in einem der Buch-Supermärkte, in denen man lesend und ohne Kaufzwang ganze Tage verbringen kann. Wer auf dem Weg zur Arbeit weder ein Buch noch eine Zeitung zur Hand hat, kann sich in eines der Gedichte vertiefen, die seit einigen

Jahren unter dem Titel *Poetry in Motion* in U-Bahnen und Bussen plakatiert sind. Täglich finden Dutzende von Lesungen – aufgelistet in den kostenlosen Magazinen *Village Voice*, *New York Press* und *Poetry Calendar* – in renommierten Buchhandlungen oder kleinen, obskuren Nachtcafés statt. An jeder zweiten Straßenecke liegen Werbebroschüren für literarische Workshops aus, und in den Buchhandlungen findet man Regale voller *How-To-Write* Bücher. Obgleich auch in New York die großen Konzerne den kleineren Verlagen und Buchhandlungen das Leben (und Überleben) immer schwerer machen – was auf Kosten der literarischen Qualität geht –, ist Literatur für das Alltagsleben wesentlich und in erstaunlichem Maße präsent.

Dem italienischen Forschungsreisenden Giovanni da Verrazano ist die erste schriftlich überlieferte Erwähnung des heutigen New York zu verdanken. 1524 entdeckte er die von Indianern bewohnte Insel Manahatta, und er schrieb: »Nach einhundert Meilen fanden wir einen sehr ansprechenden Ort zwischen zwei kleinen, doch markanten Hügeln, zwischen denen ein sehr breiter Fluß mit tiefer Mündung ins Meer strömte.« 1609 erreichte Henry Hudson die Insel, und 1624 ließen sich die ersten Siedler auf Governors Island, einer Manhattan vorgelagerten kleinen Insel, nieder. Im darauffolgenden Jahr kaufte Peter Minuit den Indianern für 60 Gulden Manahatta ab, an der Südspitze entstand die erste Siedlung – und Nieuw Amsterdam war gegründet. Um sich gegen die britische Konkurrenz und auch gegen die Indianer zu schützen, ließ der Gouverneur Peter Stuyvesant 1653 auf der Höhe der heutigen Wall Street einen Schutzwall errichten, was jedoch die Engländer letztlich nicht davon abhielt, 1664 das Land zu erobern und es in New York umzubenennen (nach James, Duke of York, dem Bruder von König Charles II.).

1725 gründete der Drucker William Bradford die erste Tageszeitung, die *New York Gazette*, die den Beginn der literarischen Tradition New Yorks markiert. Bevor sich New York von einer ausschließlichen Handelsstadt zum literarischen und intellektuellen Zentrum der Vereinigten Staaten entwickelte, sollte jedoch noch einige Zeit vergehen. Noch 1774 beklagte sich John Adams, Philosoph und ab 1796 zweiter Präsident der Vereinten Staaten, über die ruppigen New Yorker: »Wir wurden mit beflissenem Respekt behandelt, aber ich habe nicht einen wahren Gentleman, nicht einen gebildeten Menschen gesehen, seit ich in die Stadt kam. Auf ihren Gesellschaften gibt es weder angenehme Unterhaltungen noch Bescheidenheit oder Aufmerksamkeit füreinander. Sie reden sehr laut, sehr schnell und alle auf einmal. Falls sie eine Frage stellen, unterbrechen sie den Antwortenden noch bevor er auch nur drei Worte geäußert hat und plappern weiter.« New York hatte schlicht den Ruf einer von brutaler Geschäftemacherei geprägten und von intellektuellem Mittelmaß regierten Provinzstadt.

Im Garten des Gotham Book Mart, 51 West 47th Street, vor 1946

Dennoch wurde es für kurze Zeit zum politischen Zentrum der jungen Demokratie: Am 30. April 1789 wurde George Washington als erster Präsident der Vereinigten Staaten in der Federal Hall vereidigt. Nach nur 15 Monaten mußte New York jedoch seine Position als Hauptstadt der Vereinigten Staaten an Philadelphia abgeben; Washington D.C. wurde 1802 Regierungssitz. Der endgültige Verlust der politischen Dominanz war 1797 besiegelt, als Albany zur Hauptstadt des Staates New York erklärt wurde. Politisch spielte New York nun keine Rolle mehr, was dem Selbstbewußtsein der New Yorker jedoch keinen Abbruch tat. Sie gingen ihren eigenen Weg, und bis heute ist ihre Grundhaltung: New York ist nicht Amerika.

New York festigte seine Bedeutung als Handelsstadt und entwickelte sich zur Kulturmetropole, wozu der Rechtsgelehrte und Schriftsteller Washington Irving maßgeblich beitrug. 1809 erschien seine *History of New York*, eine satirische Chronik der Stadt, mit der er sich seinen Platz in der Literaturgeschichte eroberte und mit der er bewies, daß New York durchaus in der Lage war, Autoren von Rang hervorzubringen. Weitere Schriftsteller, die zu Weltruhm gelangten, folgten rasch: James F. Cooper, William Cullen Bryant, Walt Whitman, Herman Melville und Edgar Allan Poe prägten die Literatur der ersten Hälfte des 19. Jahrhunderts, gefolgt von William Dean Howells, Henry James und Edith Wharton, die den Übergang ins 20. Jahrhundert literarisch dokumentierten und reflektierten.

Mit Beginn des 19. Jahrhunderts verlagerte sich das literarische Leben, das sich bis dahin in Lower Manhattan, im heutigen Wall Street Viertel, konzentriert hatte, nach Greenwich Village, einem bereits 1713 gegründeten Dorf, das sich um den Washington Square herum zu einem der elegantesten Wohnviertel Manhattans entwickelt hatte. Von der klassischen Stadtentwicklung, bei der sich vormalige Wohngegenden üblicherweise zunächst in Geschäftsviertel und schließlich durch die in der Regel mittellosen nachdrängenden Immigranten in Slums verwandelten, blieb Greenwich Village zunächst verschont. Um die Jahrhundertwende ließen sich jedoch auch im Village mehr und mehr Einwanderer nieder, die Grundstücks- und Mietpreise sanken, und der preiswerte, wenn auch heruntergekommene Wohnraum wurde dankbar von jungen Künstlern und Schriftstellern übernommen, die in New York ihr Glück zu machen gedachten. Das mittlerweile florierende Verlagswesen, unzählige Zeitungen und Zeitschriften und nicht zuletzt die weltoffene, liberale Atmosphäre machten New York und insbesondere Greenwich Village zu einem Paradies für literarische Bohèmiens.

Nahezu alle Schriftsteller und Schriftstellerinnen, die heute zu den amerikanischen Klassikern zählen, verbrachten zumindest einige Jahre in New York: Edna St. Vincent Millay, John Dos Passos, Djuna Barnes, e. e. cummings, Marianne Moore, Willa Cather und Thomas Wolfe, um nur einige zu nennen.

Theaterplakat von 1920

Während des Ersten Weltkriegs und in der Zeit danach zogen viele der jungen Autoren nach Paris und gingen als *Lost Generation* – wie Gertrude Stein sie nannte – in die Geschichte ein; nach ihrer Rückkehr ließen sich die *Expatriates*, ohne zu zögern, wieder in Greenwich Village nieder. Der Essayist und Literaturkritiker Malcolm Cowley schrieb in seinem zum Klassiker avancierten Essay *Exile's Return*: »Wir kehrten zurück nach New York, der Heimat der Entwurzelten, wo jeder, den man traf, aus einer anderen Stadt kam, die er zu vergessen suchte; wo niemand Eltern zu haben schien oder eine Vergangenheit, die weiter zurückreichte als bis zum rauschenden Fest der letzten Nacht, oder eine Zukunft über das rauschende Fest des kommenden Abends und das desillu-

sionierte Buch hinaus, das er morgen schreiben würde.«

Nicht nur Greenwich Village boomte in den zwanziger Jahren; auch Harlem erlebte seine erste (und bisher einzige) Blütezeit. Von 1920 bis zum Wall Street Crash 1929 und dem Beginn der Depression war Harlem das beliebteste Amüsierviertel New Yorks. Dutzende von Nachtclubs, Kabaretts, Theatern, Jazz- und Bluesbars, in denen das weiße Publikum den schwarzen Musikern lauschen konnte, zogen die Nachtschwärmer geradezu magnetisch an. Das Harlem der zwanziger Jahre machte jedoch keineswegs nur als Montmartre New Yorks von sich reden; auch literarisch erlebte es seine Glanzzeit. Zu Anfang des 20. Jahrhunderts begann Harlem, sich als Hauptstadt des schwarzen Amerika zu etablieren.

1658 von holländischen Siedlern als Nieuw Haarlem gegründet, wurde es im Laufe der Jahrhunderte zum Wohnviertel vornehmlich für jüdische, irische und deutsche Einwanderer. Um 1900 brach der Wohnungsmarkt zusammen, viele Gebäude standen leer, und der schwarze Makler Philip A. Payton überzeugte die weißen Hauseigentümer, an Schwarze zu vermieten, wodurch sich die leerstehenden Wohnungen füllten. Diese Maßnahme brachte außerdem höhere Mieteinnahmen ein, da schwarze Mieter froh waren, daß sie überhaupt Wohnraum fanden. 1903 wurden die ersten Häuser in der 133rd Street vermietet, die schwarze Population nahm rasch zu, und die weiße Bevölkerung verließ Harlem empört. Einer der deutschen

Straße in Harlem, etwa 1910-1915

Bewohner beklagte sich: »Verschwunden sind die gemütlichen Weinstuben, wo man in Ruhe seine Pfeife rauchen und sein Glas Rhein-Wein trinken konnte. Verschwunden sind die alte Liedertafel und die zahllosen sozialen Organisationen und die Turn- und Gesangsvereine, wo man friedliche Abende verbringen konnte.« Ein halbes Jahrhundert nach der offiziellen Abschaffung der Sklaverei – 1827 wurde sie verboten, doch erst 1863 wurden den ehemaligen Sklaven Bürgerrechte eingeräumt – war der Rassismus in den Köpfen keineswegs beseitigt. Harlem bekam rasch den Ruf eines schwarzen Mekka und zog junge Intellektuelle, Künstler und Schriftsteller aus allen Teilen Amerikas an. James Weldon Johnson, einer der ersten renommierten schwarzen Autoren, schrieb: »Harlem ist nicht so sehr eine Neger-Kolonie oder -Gemeinschaft, es ist eine Stadt in der Stadt, die größte Neger-Stadt der Welt. Harlem ist kein Slum oder Randbezirk, sondern liegt im Herzen Manhattans und ist einer der schönsten und heilsten Stadtteile.« Harlem barg für die jungen schwarzen Schriftsteller das gleiche Versprechen wie Greenwich Village für die weißen: Liberal, intellektuell und optimistisch war New York der Ort, an dem der Schritt in die Literatur gewagt werden konnte. Während der zwanziger Jahre, der *Harlem Renaissance*, wurde der Grundstein für die *Black Literature* dieses Jahrhunderts und für ein neues schwarzes Selbstbewußtsein gelegt. James Weldon Johnson, Langston Hughes, Zora Neale Hurston, Countée Cullen, Jessie Fauset und Claude McKay zählen zu den bekanntesten Autorinnen und Autoren dieser Epoche. Doch die Depression traf Harlem schwer und verwandelte es nach 1930 rasch in einen Slum. In den sechziger Jahren noch einmal das Zentrum des politischen Kampfes um gesellschaftliche Gleichberechtigung, ist das heutige Harlem eines der verheerendsten Beispiele für verfehlte Wohnungsbau- und Sozialpolitik in New

Oben: Harlem, Renaissance Ballroom an der Lenox Avenue, 1929
Unten: Duke Ellington und sein Orchester im Cotton Club, 1929

York. Mit nahezu 500 000 Einwohnern, von denen inzwischen ein großer Teil puertoricanisch ist, ist Harlem noch immer eine Stadt in der Stadt – in der es mehr Ruinen als intakte Häuser gibt.

Während Harlem in den dreißiger Jahren verfiel und die Euphorie der zwanziger Jahre in Greenwich Village verebbte, formierte sich in Deutschland der Nationalsozialismus und brachte die nächste Emigrantenwelle ins Land. Zwischen 1933 und 1944 wanderten nach Schätzungen etwa 200 000 Deutsche und Österreicher über New York in die USA ein. Die Liste der emigrierten Schriftstellerinnen und Schriftsteller liest sich wie ein Lexikon der literarischen Weimarer Republik. Um nur einige zu nennen: Theodor W. Adorno, Günther Anders, Hannah Arendt, Rose Ausländer, Ernst Bloch, Bertolt Brecht, Hermann Broch, Ernst Cassirer, Alfred Döblin, Valeska Gert, Oskar Maria Graf, Wieland Herzfelde, Stefan Heym, Richard Huelsenbeck, Mascha Kaléko, Hermann Kesten, Siegfried Kracauer, Lotte Lenya, die Familie Mann, Kurt Pinthus, Erwin Piscator, Hans Sahl, Paul Tillich, Ernst Toller, Friedrich Torberg, Kurt Weill und unzählige andere versuchten, in New York Fuß zu fassen. Einige ließen sich in anderen Teilen der Vereinigten Staaten nieder, die meisten blieben jedoch in New York. Das Sprachproblem, die fremde Kultur, die Sorge um Freunde und Verwandte, Visaprobleme und Geldsorgen bestimmten den Alltag. Man schlug sich mit Gelegenheitsjobs durch, schrieb Artikel für die deutschsprachige jüdische Zeitung *Aufbau*, engagierte sich in den diversen Flüchtlingsorganisationen und versuchte, die Erfahrungen literarisch zu verarbeiten. Spürbaren Einfluß auf das intellektuelle Leben New Yorks übten nur wenige der deutschsprachigen Schriftsteller aus – anders als die Filmemacher, die nach Hollywood gingen und die junge Filmindustrie wesentlich mitprägten.

Viele der Emigranten ließen sich auf der Upper West Side nieder, einer von jüdischen Einwanderern geprägten Gegend, und mieden das ausgesprochen deutsche Viertel Yorkville auf der Upper East Side, das eine beträchtliche Anzahl von Nazisympathisanten aufzuweisen hatte.

**Umschlag von Klaus Manns
Exilzeitschrift *Decision***

Journal *New York* American
AN AMERICAN ... AND ... AMERICAN PEOPLE
★ ★ TUESDAY, OCTOBER 29, 1940

REUNION IN A FREE COUNTRY

Mrs. Monica Lanyi, one of Thomas Mann's three daughters, gets a fervent kiss from her mother after arrival here on the S. S. Cameronia. The 22-year-old child of the exiled German writer made a pre- | vious attempt to reach America. That ended tragically when the City of Benares was torpedoed by a U-boat in the North Atlantic last month. Her husband, Jeno Hungarian historian, died.

Katja Mann und Monika Lányi-Mann bei deren Ankunft in New York, 1940

Die Upper West Side wurde in den fünfziger Jahren auch für New Yorker Intellektuelle und Schriftsteller attraktiv, die ihre »wilden« Jahre im Village hinter sich hatten und allmählich Familien gründeten. Die bürgerliche Atmosphäre, die großzügig geschnittenen Apartments sowie die Nähe zum Riverside Park auf der einen und zum Central Park auf der anderen Seite waren ideal für Familien mit Kindern. Bis heute ist die Upper West Side die bevorzugte Wohngegend von Schriftstellern, Journalisten und Schauspielern, obgleich man nicht gerade von einem literarischen oder künstleri-

schen Zentrum sprechen kann. Einschlägige Bars und Cafés wie zu Village-Zeiten existieren nicht mehr; wenn man sich trifft, dann zufällig beim Einkauf bei Zabar's, dem exklusiven Delikatessengeschäft auf dem Broadway.

Literaturgeschichte machte die Upper West Side zum letzten Mal Ende der vierziger Jahre, als sich hier die junge *Beat Generation* « formierte. Jack Kerouac und Allen Ginsberg studierten an der Columbia University und wohnten zunächst auf dem Campus oder in Campusnähe. Anfang der fünfziger Jahre zog Ginsberg als einer der ersten Schriftsteller ins East Village und gab den Anstoß dafür, daß sich die Gegend um den Tompkins Square im Laufe der folgenden zehn Jahre zu einem bunten und lebendigen Künstlerviertel entwickelte, das seine Hoch-Zeit in den sechziger Jahren erlebte. Die junge rebellische *Counterculture* fand hier ein verkommenes, aber inspirierendes Zuhause. Im frühen 19. Jahrhundert noch eine gute, bürgerliche Wohngegend, verwandelte sich das East Village im Laufe der Jahrzehnte in ein bettelarmes Arbeiterviertel, in dem Streetgangs wie die *Dead Rabbits* und die *Bowery Boys* ihr Unwesen trieben. Bis Anfang des 20. Jahrhunderts war die Gegend als »Kleindeutschland« bekannt; dann zogen mehr und mehr jüdische und italienische Einwanderer nach, die wiederum von osteuropäischen Immigranten verdrängt wurden, der bis heute größten Bevölkerungsgruppe. Noch immer ist das East Village ein junges Viertel, bei Studenten ebenso beliebt wie bei den jüngeren Dichtern und Künstlern. Im Nuyorican Poets Café oder in der St. Mark's Church trifft sich die junge, agile Literaturszene, die – was Phantasie und Originalität betrifft – dem Rest New Yorks immer ein Stückchen voraus ist.

Das New Yorker Verlagswesen konzentriert sich bis heute in Midtown, dem Hauptgeschäftsviertel der Stadt, wo sich ab 1900 Verlage in großer Anzahl ansiedelten. Das literarische Zentrum der zwanziger Jahre war das Hotel Algonquin in der 44th Street. Hier wurde der legendäre *Round Table* gegründet, um den sich junge, aufstrebende Kritiker und Journalisten wie Dorothy Parker, Harold Ross, Robert Sherwood, Robert Benchley u. a. versammelten und einander mit bissigen Bonmots bombardierten. Nach Midtown oder auf die Upper East Side zog, wer es zu Erfolg (und Geld) gebracht hatte: Edna Ferber, Willa Cather, Dorothy Thompson, John Steinbeck, Eugene O'Neill, Truman Capote u.a. konnten sich als arrivierte Autoren Wohnungen auf der Upper East Side leisten, die auch heute noch als exklusivste Wohngegend New Yorks gilt.

Zu Zeiten Edgar Allan Poes war die East Side auf Höhe des heutigen UN-Geländes nahezu unberührt und die wunderschöne Steilküste nur mit einigen Landhäusern der vermögenden New Yorker Familien besiedelt. Poe schrieb 1844 über die Gegend: »Das Hauptaugenmerk... galt der Landschaft des Ufers von Manhattan, das hier besonders malerisch ist. Die Häuser sind ohne Ausnahme aus Holz und alt... Ich konnte die herrlichen Felsen und stattlichen Bäume, die mir ständig vor Augen kamen, nicht ansehen, ohne mit einem Seufzer ihres unvermeidlichen Untergangs – eines unvermeidlichen und schnellen – zu gedenken.«

Und tatsächlich verschwanden die herrlichen Felsen im Laufe der nächsten Jahrzehnte unter ebenso prächtigen Apartmenthäusern, die nach dem Ersten Weltkrieg zahlreiche gutsituierte New Yorker anzogen.

Zu einer weiteren distinguierten Wohngegend entwickelte sich Brooklyn Heights bis um die Jahrhundertwende. Brooklyn, mit heute über zwei Millionen Einwohnern der größte Stadtteil von New York City, war bis 1898 eine unabhängige Stadt und Brooklyn Heights eines der ältesten, schönsten und ruhigsten Viertel. 1814 wurde die erste Fährverbindung nach Manhattan eingerichtet, und es ließen sich in erster Linie Kaufleute nieder, für die die Hafennähe ideal war. Mit Eröffnung der Brooklyn Bridge (1883) und bald darauf der ersten Subwaylinie nach Brooklyn (1908) verlor Brooklyn Heights seine feudale Abgeschiedenheit; die meisten der privaten Häuser wurden in Mietshäuser umgewandelt, und Arbeiter und Seeleute bevölkerten die Gegend. In den fünfziger Jahren wurde der Charme der alten *Brownstone Buildings*, Gebäuden aus braunem Sandstein, wiederentdeckt, und vor allem dank der Privatinitiative seiner Bewohner ist ein

großer Teil des historischen Brooklyn Heights erhalten geblieben. Für einige der prominentesten amerikanischen Schriftsteller war Brooklyn Heights die bevorzugte Wohngegend. Walt Whitman, Thomas Wolfe, Henry Miller, Arthur Miller, Norman Mailer, Truman Capote u.a. schätzten die ruhige, fast dörfliche Atmosphäre von Brooklyn Heights als ideale Alternative zum geschäftigen Manhattan, dessen Nähe sie jedoch nicht missen wollten.

Auf den hier vorgeschlagenen acht Spaziergängen durch Manhattan und Brooklyn Heights wollen wir auf den Spuren der Schriftsteller und Schriftstellerinnen die reiche literarische Vergangenheit New Yorks lebendig werden lassen. Die Spaziergänge dauern in der Regel um die drei Stunden; für die Upper West Side sollte man etwas mehr Zeit veranschlagen. Die Touren wurden so ausgearbeitet, daß sie – ohne den Anspruch auf Vollständigkeit – einen Querschnitt durch die New Yorker Literaturgeschichte, einschließlich der interessanteren Buchhandlungen und Bibliotheken, liefern und zugleich einen Überblick über die Stadt vermitteln. Das Tempo, in dem sich New York verändert, ist rasant; Cafés und Buchhandlungen wie auch Gedenktafeln und sogar ganze Gebäude kommen und gehen, und es kann nur versichert werden, daß alles, was hier beschrieben wird, zumindest bis zur Drucklegung dieses Buches existent war.

Um die Spaziergänge nicht zu Märschen werden zu lassen, schlagen wir an gegebener Stelle Cafés, Bars, Gärten und Parks vor, die zu Erholungspausen einladen. (Ein Hinweis: Wer unterwegs ein menschliches Bedürfnis verspürt, sollte nicht nach öffentlichen Toiletten Ausschau halten – es gibt keine! –, sondern statt dessen Bibliotheken, große Hotels, Self-Service-Cafés wie Starbucks, Kaufhäuser, eine Filiale der Buchhandlung Barnes & Noble oder auch Kirchen aufsuchen.)

Sooft wie möglich lassen wir die Autorinnen und Autoren, die New York immer wieder literarisch zu erfassen gesucht haben, selbst zu Wort kommen. New York, das Ziel aller Träume, entpuppte sich häufig als Alptraum, anfänglicher Enthusiasmus wich einem bitteren Gefühl der Desillusionierung, aber es ist wohl eben diese Spannung, die das Phänomen New York ausmacht und einige der größten Schriftstellerinnen und Schriftsteller dieses Jahrhunderts hervorgebracht hat. Der Essayist E. B. White schrieb 1949: »Die Stadt ist wie Poesie: Sie verdichtet alles Leben, alle Rassen, alle Klassen auf einer kleinen Insel und fügt Musik unter Begleitung innerer Antriebskräfte hinzu.« Kurz gesagt: New York ist ein Gedicht.

Erster Spaziergang
Der westliche Teil von
Greenwich Village

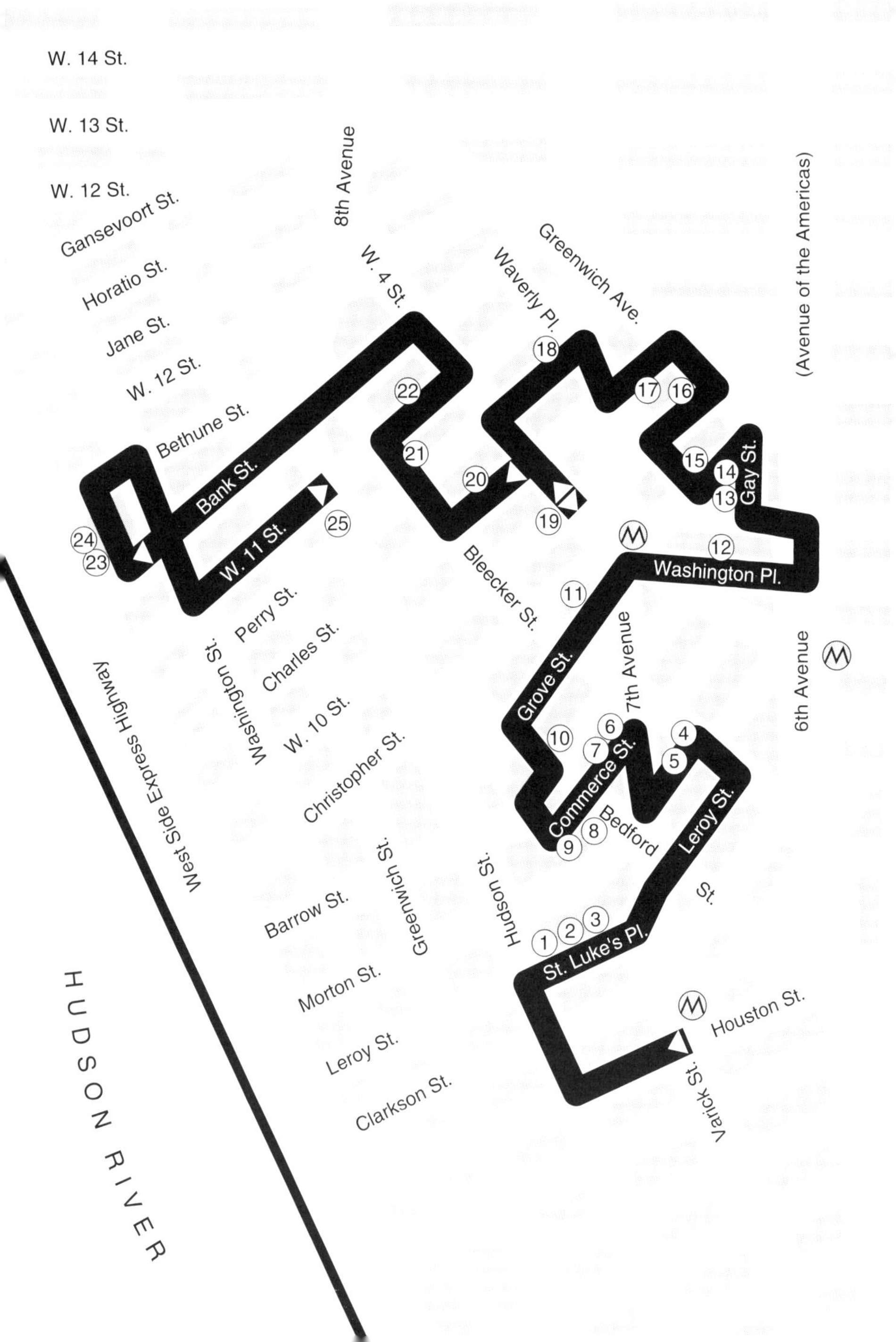
W. 14 St.
W. 13 St.
W. 12 St.
Gansevoort St.
Horatio St.
Jane St.
W. 12 St.
Bethune St.
Bank St.
W. 11 St.
Perry St.
Charles St.
W. 10 St.
Christopher St.
Barrow St.
Morton St.
Leroy St.
Clarkson St.
Washington St.
West Side Express Highway
Greenwich St.
Hudson St.
8th Avenue
W. 4 St.
Waverly Pl.
Greenwich Ave.
(Avenue of the Americas)
Gay St.
Washington Pl.
Bleecker St.
Grove St.
7th Avenue
6th Avenue
Commerce St.
Bedford St.
Leroy St.
St. Luke's Pl.
Houston St.
Varick St.
HUDSON RIVER
1
2
3
4
5
6
7
8
9
10
11
12
13
14
15
16
17
18
19
20
21
22
23
24
25

Unser erster Spaziergang führt uns ins Herz von Greenwich Village. Wir nehmen die Subway (1 oder 9) bis zur Station Houston Street und gehen die Houston Street einen Block in Richtung Westen, wo wir nach rechts in die Hudson Street einbiegen. Nach zwei Blocks in nördlicher Richtung sehen wir Angler's & Writers, ein Caférestaurant, das auf die Erkundung des literarischen Village einstimmt. Bei einer Tasse Kaffee an gemütlichen Holztischen können wir in der Bücherauswahl in den Regalen stöbern. Wir gehen Richtung Osten St. Luke's Place entlang – eine der schönsten kleinen Straßen im Village. Die Häuserreihe im sogenannten Italienate Style auf der linken Seite wurde zwischen 1852 und 1854 für wohlhabende Kaufleute erbaut, für deren Geschäfte die Nähe zum Hudson ideal war. Gegenüber befindet sich heute ein Spielplatz mit Schwimmbad; bis Ende des letzten Jahrhunderts gab es hier einen Friedhof, auf dem Edgar Allan Poe spazierenzugehen pflegte. Offensichtlich hatte diese Straße auch in den zwanziger Jahren große Anziehungskraft, denn gleich drei renommierte Autoren lebten hier.

Sherwood Anderson

❶ Wohnung von Sherwood Anderson
12 St. Luke's Place

In diesem schönen Haus wohnte der Schriftsteller Sherwood Anderson (1876–1941). Geboren und aufgewachsen in Ohio, kam er nach diversen Jobs (u.a. als Manager einer Farbenfabrik), zwei gescheiterten Ehen und einem längeren Aufenthalt in Europa 1922 nach New York und mietete sich hier im Souterrain der Nr. 12 ein. In Paris hatte er Gertrude Stein kennengelernt, die ihn über alle Maßen schätzte. In ihrer *Autobiographie von Alice B. Toklas* heißt es anerkennend: »Gertrude Stein behauptete Sherwood Anderson sei ein Genie wie er den Satz verwende um ein direktes Gefühl zu vermitteln, das sei in der großen amerikanischen Tradition, und außer Sherwood gebe es wirklich niemanden in Amerika der einen klaren und leidenschaftlichen Satz schreiben könne.« 1916 hatte Anderson sein erstes Buch, *Windy McPherson's Son*, veröffentlicht, und drei Jahre später war ihm der literarische Durchbruch mit *Winesburg, Ohio* gelungen. Ähnlich wie dem sozialkritischen Autor Theodore Dreiser ging es auch ihm darum, dem blinden Optimismus und Fortschrittsglauben, der das Amerika der ersten Jahrzehnte des 20. Jahrhunderts beherrschte, die zunehmende Vereinsamung und Frustration des einzelnen entgegenzuhalten. »Eines der charakteristischsten Dinge amerikanischen Lebens ist unsere Isolation voneinander«, schrieb er. Anderson bewunderte Dreiser sehr und widmete ihm seinen Erzählband *Horses and Men* (1923). In seinen Memoiren erinnerte er sich an die erste Begegnung mit seinem berühmten Nachbarn, der vier Häuser weiter lebte: »Mehrmals erklomm ich die paar Stufen zu seiner Tür, meine Finger schwebten über der Klingel, aber ich läutete nicht. Und dann, eines Morgens, wagte ich es... und dann öffnete sich die Tür, und da war er... ›Ich bin Sherwood Anderson. Ich dachte, ich stelle mich mal vor.‹ ›Oh hallo‹, sagte er und schlug mir die Tür vor der Nase zu...« Enttäuscht und empört verbrachte Anderson den Nachmittag in einer Bar – und fand, als er nach Hause kam, eine Notiz von Dreiser vor, in der dieser sich entschuldigte und ihn zu einer Party in seinem Apartment einlud. 1941 traf Anderson mit seiner Frau Eleanor Vorbereitungen für seine erste Reise nach Südamerika. Am Vorabend der Abreise fand ihm zu Ehren eine Cocktailparty statt, bei der er den Zahnstocher einer Martiniolive verschluckte; dies verursachte eine Bauchfellentzündung, an der er acht Tage später in Panama verstarb.

❷ **Wohnung von Marianne Moore 14 St. Luke's Place**
Im Erdgeschoß dieses wunderschön bewachsenen Hauses lebte die in Missouri geborene Dichterin Marianne Moore (1887–1972) von 1918 bis 1929. Bryher (1894–1983), eine enge Freundin der Schriftstellerin H. D. (Hilda Doolittle, 1886–1961), die wiederum mit Moore am exklusiven Bryn Mawr-College studiert hatte, erinnerte sich an ihre erste Begegnung: »Marianne lebte zu jener Zeit mit ihrer Mutter in Greenwich Village, und sie luden uns zum Tee ein. ›Meine Güte, ein Pterodactylus‹, dachte ich..., als ich sie ansah, wie sie uns begrüßte mit ihrem schweren goldenen Haar, das mehr wie ein Kopfputz denn wie natürliches Haar wirkte und das in Wellen seitlich über ihr dunkelgrünes Kleid fiel.« Der ironische Vergleich mit einem Dinosaurier beruht auf einem Wortspiel, da Moores bevorzugte Versform der Daktylus war. Zudem spielt Bryher mit leisem Spott darauf an, daß Moore schon als junger Frau etwas Ältliches anhaftete. Obwohl sie rasch Zugang zur Literaturszene des New York der wilden zwanziger Jahre fand und eine der zentralen Persönlichkeiten wurde, führte sie ein alles andere als bohèmehaftes Leben. Sie wohnte zusammen mit ihrer Mutter – bis zu deren Tod 1947 –, sie trank und rauchte nicht und verließ Parties gewöhnlich vor Mitternacht – höchst verwundert darüber, wie die Nachtschwärmer je etwas zu Papier bringen konnten. Sie war religiös, hielt weder etwas von Drogenkonsum noch von

freier Liebe, und ob sie jemals überhaupt eine Liebesbeziehung hatte, steht bis heute zu bezweifeln. Moore fand zunächst einen Aushilfsjob in der Hudson Branch der Public Library schräg gegenüber von ihrem Wohnhaus, die auch heute noch existiert, und übernahm 1924 die Herausgeberschaft der führenden avantgardistischen Zeitschrift der zwanziger Jahre, *The Dial*, die sie bis 1929 leitete. An Ezra Pound (1885–1972) schrieb sie: »Ich mag New York, die kleine, ruhige Gegend, in der meine Mutter und ich wohnen. Es macht mir große Freude, die Mastspitzen von unserer Tür aus sehen zu können, und zum Kai zu gehen, um die Schiffe auf dem Fluß zu beobachten.« Pound hatte 1918 einen Briefwechsel mit Moore begonnen; ihr erster Gedichtband erschien mit seiner Unterstützung 1921 in London.

Moores naturwissenschaftlich geschultes Denken – sie hatte Biologie studiert – spiegelte sich in ihrer Dichtung wider. Klar, eindeutig, unmißverständlich sollte Poesie sein. Hermetik lehnte sie ebenso ab wie Mystizismus oder Rätselhaftigkeit, und sie verabscheute Gefühlsduselei, Sentimentalität und jede Form von Innerlichkeitsliteratur. Ihre Vorliebe für die Natur, insbesondere für die Tierwelt, die sie in unzähligen Gedichten beschrieb, ihr Witz und ihre Ironie sowie ihre umfassende Allgemeinbildung – die u. a. auch Expertinnenwissen über Baseball und Boxen einschloß – und nicht zuletzt ihr eigenwilliger Lebensstil machten sie zu einer der originellsten und prominentesten New Yorker Autorinnen dieses Jahrhunderts. Anfang der

Marianne Moore

dreißiger Jahre zog sie mit ihrer Mutter nach Brooklyn in die Cumberland Street Nr. 260, kehrte 1966 jedoch ins Village zurück. Auf unserem zweiten Spaziergang werden wir Marianne Moore noch einmal begegnen (vgl. S. 63).

❸ Wohnung von Theodore Dreiser 16 St. Luke's Place

Der dritte Autor, der in St. Luke's Place lebte, war von unschätzbarer

Theodore Dreiser in seiner Wohnung am St. Luke's Place

Bedeutung für die amerikanische Literatur des 20. Jahrhunderts: Theodore Dreiser (1871–1945) mietete sich 1922 für ein Jahr im ersten Stock dieses Hauses ein. Als Sohn armer, fanatisch religiöser deutscher Einwanderer war er im ländlichen Indiana aufgewachsen und 1895 nach New York gelangt. »Was mich an New York interessierte..., war der scharf umrissene und doch unfaßbare Gegensatz von Stumpfsinn und Gewitztheit, Stärke und Schwäche, Reichtum und Armut, Klugheit und Unwissenheit«, schrieb er. Dreisers erster Roman *Sister Carrie* (dt. *Schwester Carrie*), die Geschichte einer jungen Tänzerin, die sich in eine Liebesbeziehung zu einem verheirateten Mann verstrickt, erschien 1900 bei Doubleday, allerdings nur unter Schwierigkeiten und in einer winzigen Auflage. Das Manuskript war von den

Lektoren in Abwesenheit des Verlegers Frank N. Doubleday angenommen worden, der den Text jedoch als »zu realistisch« ablehnte. Dreiser setzte den Druck durch – um festzustellen, daß die Kritik *Sister Carrie* als unmoralisch verriß und die Buchhändler sich weigerten, es zu verkaufen. Mit der Veröffentlichung von *The Genius* erging es Dreiser 1915 noch schlimmer. Die Treulosigkeit des Protagonisten sowie sexuelle Anspielungen veranlaßten John S. Sumner, den Leiter der Society for the Suppression of Vice (Gesellschaft zur Abschaffung des Lasters), Buchhändler, die das Buch anbieten wollten, mit Anzeigen und Haftstrafen zu bedrohen. Trotz der Fürsprache von Kollegen und Freunden war Dreiser gezwungen, *The Genius* zurückzuziehen, und konnte diesen Roman erst sieben Jahre später veröffentlichen. Dreiser wies der amerikanischen Literatur eine neue Richtung, indem er soziale Mißstände, Armut und Alltagswelt in den Mittelpunkt seines Schreibens stellte, was vom Lesepublikum, das an romantisierende, schöngeistige Literatur gewöhnt war, zunächst mit Mißbilligung zur Kenntnis genommen wurde. Mit *An American Tragedy* (dt. *Eine amerikanische Tragödie*) gelang ihm dennoch 1925 der literarische Durchbruch, und mit diesem großen sozialkritischen Roman schrieb sich Dreiser als Begründer des Städteroman-Genres in die amerikanische Literaturgeschichte ein. Schriftsteller wie John Dos Passos und Thomas Wolfe sowie die Autoren des sozialen Realismus in den vierziger Jahren verdankten Theodore Dreiser wesentliche Anstöße.

Wir gehen bis zum Ende von St. Luke's Place, überqueren die 7th Avenue, folgen der Leroy Street, biegen links in die Bleecker Street ein und gehen bis zur Morton Street.

❹ Ehemalige Beggar Bar von Valeska Gert 3 Morton Street

An dieser Ecke, an der sich heute ein Grocery Store befindet, war von 1941 bis 1945 eine der skurrilsten New Yorker Bars angesiedelt. Am 26. 12. 1941 war in der deutschsprachigen jüdischen Zeitung *Aufbau* mit unverkennbar stolzem Unterton zu lesen: »Nun hat Greenwich Village das, was ihm fehlte: die Beggar Bar unserer Valeska Gert. Im tiefen Keller sitzt man hier, und wenn Valeskas Toulouse-

Lautrec-Erscheinung ihn betritt, dann strömt mit ihr unwiderstehlich Montmartre-Luft herein, wie denn schon der Keller selber, eigenhändig von ihr bemalt und eingerichtet, Pariser Atmosphäre verbreitet... Und sie singt, tanzt, spricht, lacht, gröhlt und quietscht ja in allen Idiomen dieser verworrenen Erde. Sie zeigt sich von ihren verschiedensten und amüsantesten Seiten: als Koloratursängerin (melodische Kaskade eines hemmungslosen Gelächters), als japanischer Schauspieler, als Tragédienne Française, als krächzendes, krähendes Baby...« Die Tänzerin, Schauspielerin und Kabarettistin Valeska Gert (1892–1978) war Anfang 1939 nach New

Valeska Gert

York gekommen. Gert war, wie sie selbst von sich sagte, »die wildeste Nummer damals«, im Berlin der zwanziger und dreißiger Jahre gewesen. Als Enfant terrible war sie über Berliner und Münchner Bühnen geschwebt, getobt, gestolpert, und sie hatte in einer Reihe von Filmen mitgespielt, u.a. als Puck im *Sommernachtstraum* von Hans Neumann (1924), als Kammerzofe in *Nana* von Jean Renoir (1926) und neben Lotte Lenya und Ernst Busch als Mrs. Peachum in der *Dreigroschenoper* unter der Regie von G. W. Pabst (1931). Sie war als Kabarettistin im Berliner Kabarett *Schall und Rauch* aufgetreten und hatte 1932 ihr eigenes Kabarett *Der Kohlkopp* gegründet, das allerdings nur drei Monate bestand. Mit ihren skurril-grotesken Einfällen und ihren Happening-ähnlichen Darbietungen wurde Gert rasch zu einer der meistbewunderten und -gehaßten Figuren der deutschen Theaterszene. Auch in Paris erregte sie Aufsehen; einer ihrer Auftritte 1926 wurde von Trillerpfeif-Konzerten begleitet und ging in tumulthaften Schlägereien unter, angezettelt von den »echten« Surrealisten um André Breton, der Valeska Gerts »surrealistische Tänze« als Beleidigung empfand. Bei einem erneuten Gastspiel in Paris 1938 gab ihr ein amerikanischer Manager nach der Vorstellung ein Hin- und Rückreiseticket für die Überfahrt sowie 500 Dollar mit dem Versprechen, ihr in New York einen Vertrag zu verschaffen, und Valeska Gert, die nicht nur jüdischer Herkunft war, sondern auch als politisch linksgerichtet galt, verließ

Europa. Kurz nach ihrer Ankunft in New York starb ihr Pariser Bewunderer jedoch, und Gert entschloß sich, ihr Glück in Hollywood zu versuchen. Ihre erfolglose Arbeitsuche zwang sie im März 1940, wieder nach New York zurückzukehren. Sie schlug sich als Tellerwäscherin und Aktmodell in Provincetown (Cape Cod) durch, wo sie sich mit Tennessee Williams anfreundete. Im Dezember 1941 eröffnete sie auf Anregung von Williams mit geliehenem Geld und zusammengebetteltem Mobiliar – daher der Name – die Beggar Bar. Da das Publikum zunächst ausblieb, bezichtigte sie anonym die deutsche Wirtin der Beggar Bar bei diversen Polizeistellen der Spionage, des Drogenmißbrauchs und Mädchenhandels, mit dem Erfolg, daß das Lokal monatelang observiert wurde – und gerammelt voll von Beamten in Zivil war. Allmählich sprach sich die Beggar Bar herum, und zu den Gästen zählten u.a. Marcel Duchamp, Hans Richter, Walter Mehring, Mascha Kaléko und auch Judy Garland und Vincent Minelli. Reich wurde Valeska Gert dennoch nicht mit ihrer Beggar Bar; die Angestellten – Kellner und Künstler zugleich – arbeiteten gegen Trinkgeld, unter ihnen auch Tennessee Williams, der servierte und gelegentlich seine Dichtungen vortrug. Wegen ihres Spezialdrinks, dem Beggar's Sip – einer Mischung aus Kaffee und Eierlikör –, der während der Vorstellungen angeboten wurde, mußte Valeska Gert ihre Bar Anfang 1945 schließen: Da Eierlikör seit kurzem unter die Alkoholgesetze fiel und sie sich bei der Eröffnung nicht um eine Ausschanklizenz bemüht hatte, verlor sie die Kabarettlizenz. 1947 ging Valeska Gert zurück nach Deutschland und lebte bis zu ihrem Tod in Kampen auf Sylt.

❺ Wohnung von Hettie Jones
7 Morton Street

Nach diesem Ausflug in die deutsche Kabarettgeschichte gehen wir zwei Häuser weiter – und machen einen Sprung in die radikale Aufbruchstimmung der späten fünfziger Jahre. 1957 bezog Hettie Cohen (geb. 1934) hier eine winzige Einzimmerwohnung. In ihrer Autobiographie *How I became Hettie Jones* (1990) erinnerte sie sich: »Morton Street sieben, Apartment 20, hatte weiße Backsteinwände und Manhattans kleinste Badewanne, und war in der neuen 12seitigen Village Voice als ›teilgewerblich und teilmöbliert‹ annonciert. Das Teilgewerbliche machte mich neugierig und Möbel waren in Ordnung, da ich keine hatte. Am Neujahrsmorgen 1957 zog ich ein, mit meiner Matratze, der

LeRoi Jones, um 1959

Hettie Jones, 1959

Schwanenhalslampe, dem Plattenspieler und den Kochtöpfen, die ich nie benutzte.« Hettie arbeitete für die Jazz-Zeitschrift *The Record Changer*, wo sie den jungen Schriftsteller LeRoi Jones (geb. 1934) kennenlernte. Von ihrer Wohnung aus gaben sie bald gemeinsam die Zeitschrift *Yugen* (ein Zen-Wort, das soviel wie Wunderblume heißt) heraus, die sie von Hetties Gehalt finanzierten. Amateurhaft aber engagiert veröffentlichten sie Texte der jungen *Beat*-Schriftsteller, u.a. von Jack Kerouac, Allen Ginsberg und Gregory Corso. 1958 heirateten LeRoi und Hettie – womit sie ein Tabu brachen, das auch in New York unterschwellig bis heute besteht: Hettie entstammte einer jüdischen Familie aus Queens, LeRoi einer schwarzen Familie aus New Jersey. Weder klagend noch anklagend beschreibt Hettie Jones in ihren Erinnerungen ihre ungewöhnliche Allianz, die in einer bitteren Trennung endete. Nach der Ermordung von Malcolm X 1965 trennte sich LeRoi von Hettie, nahm den Namen Amiri Baraka an, zog nach Harlem und engagierte sich militant für die Rechte der Schwarzen.

Wir überqueren die 7th Avenue und biegen einen Block weiter uptown nach links in die Commerce Street ein. Diese Straße hieß ursprünglich Cherry Lane und erhielt ihren heutigen Namen 1822, als im Geschäftsviertel downtown eine Pockenepidemie ausbrach und zahlreiche Firmen nach Greenwich Village flohen.

Washington Irving

❻ Wohnung von Washington Irving 11 Commerce Street

Eine Tafel weist darauf hin, daß hier einmal Washington Irving (1783–1859) lebte. Bevor Irving 1783 als jüngstes von elf Kindern in der William Street im heutigen Wall Street Viertel geboren wurde, gab es keinen professionellen Homme de Lettres in Amerika – Washington Irving wurde der erste. Er kam über sein Interesse für das Theater zum Schreiben und gab zusammen mit seinem Bruder William und seinem Schwager ab 1807 die *Salmagundi Papers* – vermutlich benannt nach einem französischen gemischten Salat – heraus, eine satirische Kulturzeitschrift mit Kommentaren, Pamphleten und Essays, in der New York zum erstenmal »Gotham« genannt und der »Knickerbocker-Stil« erfunden wurde. Diesen Namen entlehnte Irving einer um 1674 eingewanderten holländischen

Familie, und unter dem Pseudonym Diedrich Knickerbocker verfaßte er 1809 das erste bedeutende komische Werk der amerikanischen Literatur, das auch außerhalb des Landes mit Begeisterung gelesen wurde und das ihm bis Ende 1810 2000 Dollar einbrachte – der größte Betrag, den ein Schriftsteller bis dato je verdient hatte. Die *Geschichte New Yorks vom Beginn der Welt bis zum Ende der holländischen Dynastie* ist eine auch heute noch amüsante, satirische Chronik New Yorks, in der die Geschichte ebenso wie einflußreiche Persönlichkeiten und der politische Alltag durch den Kakao gezogen wurden. Irving bewies, daß amerikanische Literatur möglich war. Ihm ist der kritische und vor allem selbstironische Ton zu verdanken, der bis heute die New Yorker Literatur und Presse auszeichnet.

❼ Wohnung von Max Frisch
15 Commerce Street

Zwei Häuser weiter wohnte 1951 für kurze Zeit ein anderer Homme de Lettres – Max Frisch (1911–1991). Am 18.12.1951 schrieb der Regisseur und spätere Direktor des Zürcher Schauspielhauses Kurt Hirschfeld an den Theaterkritiker Friedrich Luft in Berlin: »Der Reisende Max Frisch macht noch die Damenwelt Amerikas unsicher. Gegenwärtig ist er in New York und arbeitet daneben. Er schreibt teils fröhliche, teils traurige, teils herzliche Briefe, wie sich das für einen Dichter geziemt. Ein Stück wird er leider nicht mitbringen.« Frisch hatte ein Stipendium, das Rockefeller Grant for Drama, zugesprochen bekommen und verbrachte insgesamt ein Jahr in den Vereinigten Staaten.

Während seines Amerikaaufenthaltes entstanden erste Teile seines Romans *Stiller* (erschienen 1954) sowie das Stück *Don Juan oder Die Liebe zur Geometrie*, dessen Premiere 1953 im Zürcher Schauspielhaus stattfand. In *Montauk* (1975) erinnerte sich Frisch an seine erste New Yorker Wohnung: »keinen früheren Wohnplatz möchte ich nochmals bewohnen, auch nicht dieses liebliche Haus. Ein Zimmer auf jeder Etage. Im Souterrain die perfekte Küche und ein Eßplatz, wo man sich wie in einer Kajüte fühlt, auch tagsüber mit Lampenlicht; man sieht durch die kleinen Fenster nicht Meeresgischt, sondern Schnee auf dem Trottoir, die Beine von Passanten in Schnee und Matsch, die schnelleren Beine von Hunden. Zuoberst im Haus, wo ich zu arbeiten versucht ha-

be, zittert es am meisten; das Poltern der schweren Lastwagen mit den schweren Anhängern beginnt lang vor dem Morgengrauen, und wenn das verstummt, weil sie vor der Verkehrsampel eine Minute warten müssen, so ist es das andere Poltern der Subway. Trotzdem kommt es mir vor, es sei still im Haus; eine Stille, als sei ich taub.«

Max Frisch im Central Park, 1951

Wir gehen weiter bis zur Bedford Street, wo wir linker Hand die Nr. 75 1/2 anschauen – eine durchaus gerechtfertigte Hausnummer, denn wir stehen vor dem schmalsten Häuschen Manhattans.

❽ Haus von
Edna St. Vincent Millay
75 1/2 Bedford Street

In diesem 1873 erbauten, knapp drei Meter breiten Haus wohnte und dichtete Edna St. Vincent Millay (1892–1950); eine Gedenktafel weist auf sie hin. Mascha Kaléko erinnerte sich: »...man hockte auf dem zerfransten Teppich, diesmal bei romantischem Kerzenschein im Liliput-Haus der Dichterin... und lauschte hingebungsvoll der jüngst entdeckten Sappho aus der Bedford Street.« Millay kam 1917 nach New York und fand rasch Zugang zur Gruppe um die *Provincetown Players*. Die junge Dichterin war durchaus keine Unbekannte mehr; 19jährig hatte sie sich bereits einen Namen mit ihrer Versdichtung *Renascence* (dt. *Wiedergeburt*) gemacht, die jahrzehntelang zu den berühmtesten der nordamerikanischen Lyrik zählte. Wie so viele Schriftstellerinnen und Schriftsteller der *Lost Generation* verbrachte auch Millay einige Jahre in Paris, schrieb u.a. für *Vanity Fair* und kehrte 1923 nach New York, in die Bedford Street, zurück. Millay genoß einen geradezu legendären Ruf im New York der zwanziger Jahre. Aufgrund ihrer sagenhaften Ausstrahlung und Schönheit, ihrer selbstbewußten, selbständigen, ehrgeizigen Art und ih-

Edna St. Vincent Millay

rer Lust an Selbstinszenierung waren die Säle bei ihren Lesungen zum Bersten gefüllt.

1920 kam ihr Band *Figs and Thistles* heraus, der mit den Zeilen: »Meine Kerze brennt an beiden Enden / sie wird die Nacht nicht überdauern« beginnt – ein Vers, der zum Motto einer ganzen Generation werden sollte. 1923 wurde Edna St. Vincent Millay der Pulitzer Prize für Poesie zugesprochen, der 1922 erstmals an Edwin Arlington Robinson vergeben und für den sie damals ebenfalls nominiert worden war. Millay gelang es wie niemand anderem, die lebensgierige und sorglose Stimmung der zwanziger Jahre einzufangen. Noch Uwe Johnson zitierte zwei ihrer berühmtesten Verse mehrmals in den *Jahrestagen*: *»We were very tired, we were very merry / we had gone back and forth all night on the ferry.«* (»Wir waren sehr müde und voller Glück / wir verbrachten die Nacht auf der Fähre, immer vor und zurück.«) 1925 kaufte Millay gemeinsam mit ihrem Ehemann, dem Geschäftsmann Eugen Jan Boissevain, den sie 1923 geheiratet hatte, eine Farm in Austerlitz, New York, wo sie den Rest ihres Lebens verbrachte. In der zweiten Lebenshälfte engagierte sie sich zunehmend politisch, schrieb u.a. Propagandagedichte für den amerikanischen Kriegseintritt und focht für die Rechte der Frau; sie wurde mit mehreren Ehrendoktortiteln gewürdigt und 1940 in die American Academy of Arts and Letters gewählt. Ein Jahr nach dem Tod ihres Mannes 1949 starb auch Edna St. Vincent Millay.

Wir folgen der Commerce Street.

❾ Cherry Lane Theater
38 Commerce Street

1836 ursprünglich als Brauerei erbaut, beherbergt dieses Gebäude seit 1924 das Cherry Lane Theater. Edna St. Vincent Millay gab hier Lesungen und trat auch als Schauspielerin auf. Valeska Gert veranstaltete ab Oktober 1940 gemeinsam mit Sonja Wronkow – der »einstigen Yvette Guilbert des Romanischen Cafés«, wie Mascha Kaléko sie nannte – Gesangs- und Kabarett-Abende, die so erfolgreich waren, daß sie fest engagiert wurden und einige Monate lang täglich auftraten.

»Das war eine Bruchbude, wie ich sie liebte«, schrieb Valeska Gert 1968 über das Cherry Lane Theater in *Ich bin eine Hexe*. In den sechziger Jahren war das Theater das Zentrum der Gruppe Theater 1964, der u.a. Richard Barr, Clinton Wilder und Edward Albee angehörten und die moderne Stücke von Samuel Beckett, Jean Genet, Eugene Ionesco, Harold Pinter u.a. auf die Bühne brachte. Das Cherry Lane Theater ist eines der letzten bis heute aktiven Off-Broadway-Theater in Greenwich Village.

Wir folgen der Kurve, sehen rechts die sogenannten Twin Sisters (Hausnummern 39 und 41), die dem Volksmund nach von einem Schiffsoffizier für seine beiden zerstrittenen Töchter, tatsächlich aber 1931/32 von einem Milchmann, Peter Huyler, erbaut wurden. Wir gehen weiter bis zur Bedford Street; Ecke Barrow Street weist eine Tafel auf die Geschichte dieser beiden Straßen hin, die zu den ältesten der Stadt zählen. Die Barrow Street wurde umbenannt, nachdem der ursprüngliche Name Reason Street – zu Ehren von Thomas Paines Age of Reason – *zu Raisin (Rosinen) Street verballhornt worden war. Worauf kein Schild hinweist, obwohl es sogar gleich zwei Eingänge gibt, ist die versteckteste Bar der Stadt:*

❿ Chumley's
86 Bedford Street /
58 Barrow Street

Der Haupteingang von Chumley's, einem ehemaligen Speakeasy (Bars, in denen während der Prohibitionszeit

Chumley's, Hintereingang

Die Wände sind mit alten Buchumschlägen dekoriert, Musik gibt es nicht, so daß man sich richtig unterhalten kann. Der Saal ist viereckig und mit seinen längs der Wände aufgestellten Tischen ganz einfach, aber er besitzt das, was in Amerika so selten ist – Atmosphäre.« 1926 kaufte Leland Stanford Chumley, genannt Lee, das Gebäude. Er war einer der Organisatoren des verbotenen Vereins IWW (International Workers of the World), und für illegale Versammlungen war das Haus ideal: verborgen, verwinkelt, mit zahlreichen versteckten Eingängen, die nur denjenigen auffielen, die von Chumley's wußten. Nach zwei Jahren konspirativer Treffen, die auch für den Druck des subversiven Blattes *The Rebel Worker* genutzt wurden, entschloß sich Lee 1928, in den Räumen im Erdgeschoß ein Restaurant einzurichten. Chumley's wurde rasch zum Treffpunkt der links- und liberalgesinnten Village-Bewohner, der literarischen Bohème, die sich zu Hause fühlte im Dämmerlicht, vor dem flackernden Kamin, an den rauhen Holztischen, an denen man unbehelligt schreiben, rauchen und trinken konnte. Lee Chumley, der selbst für Zeitungen schrieb und sich auch als Karikaturist einen Namen gemacht hatte, begann, jeden Autor um einen Schutzumschlag seines neuesten Buches zu bitten – die sorgfältig gerahmt noch heute an den Wänden zu bewundern sind.

illegal Alkohol ausgeschenkt wurde), befindet sich einige Schritte in die Bedford Street hinein. Zum interessanteren, weil gänzlich unsichtbaren Hintereingang gelangt man durch den ersten Hauseingang (58) auf der linken Seite der Barrow Street. Man überquert den kleinen Innenhof, öffnet die schwere Holztür und steht sogleich vor dem Tresen. Simone de Beauvoir schrieb in ihren Amerikaerinnerungen: »Und in der Bedford Street befindet sich das einzige Lokal von New York, wo man den ganzen Tag über lesen und arbeiten und sich die ganze Nacht hindurch unterhalten kann, ohne daß jemand das besonders merkwürdig oder tadelnswert fände: das ist Chamby's [gemeint ist Chumley's].

Wir folgen der Bedford Street bis zur Grove Street. Das weiße Haus an der Ecke ist eines der ältesten und am besten erhaltenen Holzhäuser im Village (erbaut 1822). Dahinter sehen wir die sogenannten Twin Peaks hervorlugen – ein verwinkeltes, angeblich von einem Nürnberger Haus inspiriertes, 1830 errichtetes Gebäude. Wir biegen nach rechts in die Grove Street ein und gehen bis zur Bleecker Street. Die zahlreichen Cafés an dieser Ecke laden zu einer Kaffeepause ein. Wir gehen die Grove Street weiter in Richtung Osten bis kurz vor die 7th Avenue.

⓫ Wohnort von Thomas Paine 59 Grove Street

An dieser Stelle stand das Haus, in dem Thomas Paine (1737–1809) starb, worauf eine schöne Gedenktafel hinweist, die 1923 hier angebracht wurde. Mit seiner im Januar 1776 er-

Thomas Paine

schienenen Schrift *Common Sense* (dt. *Gesunder Menschenverstand*) trug Paine entscheidend dazu bei, das geistige Klima zu schaffen, das schließlich am 4. Juli 1776 zur Unabhängigkeitserklärung führte. Paine verbrachte nur seine letzten Lebensjahre in New York. Er lebte in Philadelphia, danach 16 Jahre in Frankreich und England und kam 1803 nach New York. Zunächst lebte er mit John Wesley Jarvis, einem prominenten Porträtmaler, in der Church Street und zog schließlich 1808 ins Village – erst in die Bleecker Street, dann in ein Haus hier in der Grove Street, das zu jener Zeit noch von einem großen Grundstück umgeben war.

Wir überqueren die 7th Avenue und stehen auf dem Times Square von Greenwich Village: dem Sheridan Square. Eine Skulptur von George Segal, zwei homosexuelle Paare, erinnert an die aufständischen Zeiten 1969. Halb rechts geht der Washington Place ab, wo wir unsere nächste literarische Adresse finden.

⓬ Wohnung von Edwin Arlington Robinson 121 Washington Place

Hier lebte der Dichter Edwin Arlington Robinson (1869–1935) ab 1909. Er wuchs als Sohn einer erfolgreichen Holzhändlerfamilie in Maine auf, die nach Fehlspekulationen seines Bruders ihr Vermögen verlor, was Edwin nach zwei Jahren zum Abbruch seines Harvardstudiums zwang. 1899 zog er nach New York, um sich als Lyriker durchzusetzen, was ihm jedoch trotz der Unterstützung von Theodore Roosevelt, mit dem er befreundet war, zunächst nicht gelang. Roosevelt hatte ihm einen Posten in der U.S.-Zollbehörde verschafft, den er allerdings 1909 verlor, als Roosevelt das Weiße Haus verließ. Eine andere Gönnerin, Clara Potter Davidge, baute ihm ein Studio hinter ihrem Haus. Hier wohnte und arbeitete er mehrere Jahre, worauf eine Tafel am Eingang hinweist. Erst 1916 fand Robinson mit dem Gedichtband *The Man against the Sky* große Anerkennung, und sein Traum, als Homme de Lettres vom und für das Schreiben zu leben, ging in Erfüllung. Von seinem 50. Lebensjahr bis zu seinem Tod veröffentlichte er jährlich ein Werk. Zahlreiche Ehrungen, unter anderem drei Pulitzerpreise, machten ihn zu einem der bekanntesten zeitgenössischen Dichter Amerikas. Robinson brachte eine sozialkritische Note in die Lyrik, obwohl er an traditionellen Formen festhielt, was ihn rasch zum »Klassiker« abstempelte und in Vergessenheit geraten ließ, als der Freie Vers die Lyrik revolutionierte.

Wir biegen links in die 6th Avenue ein, noch einmal links in den Waverly Place und gehen weiter durch die kleine gewundene Gay Street, in der gleich zwei berühmte Literatinnen lebten.

⓭ Wohnung von Ruth McKenney
12 Gay Street

Hier wohnte die Schriftstellerin und Bühnenautorin Ruth McKenney (1911–1972) in den zwanziger Jahren. McKenney porträtierte diesen malerischen Block in ihrer populären Komödie *My Sister Eileen*, für die ihre Schwester Eileen (1913–1940) Modell stand. Aus kurzen fiktionalen Skizzen, die McKenney für den *New Yorker* schrieb, ging der Band *All about Eileen* hervor, der 1940 als Theaterstück adaptiert und 1953 als Musical unter dem Titel *Wonderful Town* ein großer Broadway-Erfolg wurde. Die Uraufführung der Komödie fand am 26. Dezember 1940 am Broadway statt – vier Tage nach dem plötzlichen Tod der 27jährigen Eileen: Auf der Heimfahrt von einem Jagdausflug in Mexiko am 22. Dezember verlor Nathanael West, seit April desselben Jahres ihr Ehemann, die Kontrolle über das Auto, was ihrer beider Leben kostete. Einen Tag nach F. Scott Fitzgeralds Tod – mit dem West befreundet war – starben Nathanael und Eileen auf dem Central Valley Highway in Kalifornien.

Nathanael West (1903–1940) war 1933 mit seinem Roman *Miss Lonelyhearts* (dt. *Schreiben Sie Miss Lonelyhearts*) bekannt geworden, einer bitteren Satire über das Leben eines Briefkastenonkels einer New Yorker Tageszeitung. West selbst schlug sich als Hotelportier durch, eine Stellung, die er nutzte, um notleidenden Schriftstellerkollegen wie Maxwell Bodenheim oder Dashiell Hammett freie Unterkunft zu gewähren, indem er sie als Hotelgäste registrierte. Nach der erfolgreichen Veröffentlichung von *Miss Lonelyhearts* ging West als Drehbuchschreiber nach Hollywood und hoffte 1939 – vergebens – mit seinem Roman

The Day of the Locust (dt. *Tag der Heuschrecke*), den er unheimlicherweise mit einem tödlichen Autounfall enden ließ, auf seinen endgültigen Durchbruch. Innerhalb des ersten Jahres nach der Veröffentlichung wurden jedoch nicht einmal 1500 Exemplare verkauft. Erst nach seinem schrecklichen, Schlagzeilen machenden Tod rückte West in den Blickpunkt einer größeren Öffentlichkeit, wurde als einer der talentiertesten Schriftsteller seiner Generation gepriesen und zählt heute zu den Klassikern.

⓮ Wohnung von Mary McCarthy 18 Gay Street

Nach der Trennung von ihrem ersten Ehemann (dem drei weitere folgen sollten) bezog Mary McCarthy (1912–1989) hier Ende der dreißiger Jahre eine Einzimmerwohnung. In ihren *Intellectual Memoirs*, die sie kurz vor ihrem Tod beendete, erinnerte sie sich: »Das Einzimmerapartment, das ich in der Gay Street bezog, hatte elf Seiten. Ich zählte sie an einem Tag, den ich krank im Bett verbrachte. Die normale Anzahl – einschließlich Fußboden und Decke – wäre sechs gewesen. Aber meine kleine Butze hatte unzählige Winkel und Unregelmäßigkeiten. Es gab eine winzige Küche und ein Bad, das für ein Vögelchen zugeschnitten war... Ein Vorteil allerdings war, daß das kleine Bad ein Fenster hatte, durch das man beim Baden den Himmel betrachten konnte.«
McCarthy arbeitete als Theaterkritikerin für *Partisan Review*, hatte eine lange und intensive Liebesbeziehung

mit Philip Ravh (1934–1969), einem der Herausgeber, und heiratete schließlich den 17 Jahre älteren Schriftsteller und Literaturkritiker Edmund Wilson (1895–1972). Wilson erkannte ihr schriftstellerisches Talent und trug entscheidend dazu bei, daß Mary McCarthy den Schritt von der Kritikerin zur Autorin wagte – wobei er allerdings zu zweifelhaften Methoden griff, die sie gleichermaßen schätzte und verabscheute: Er sperrte sie kurzerhand in ihr Arbeitszimmer ein, bis sie ihre erste Kurzgeschichte geschrieben hatte. Diese erschien schließlich 1939 unter dem bezeichnenden Titel *Cruel and Barbarous Treatment* in *Southern Review*. 1945 trennte sich McCarthy von Wilson. Sie schrieb zahlreiche von trockenem Humor und Ironie geprägte Romane; zu den bekanntesten zählen *The Company She Keeps* (1942; dt. *Sie und die anderen*) und *The Group* (1963; dt. *Die Clique*), der 1965 von Sidney Lumet verfilmt wurde. McCarthys Freizügigkeit und ihre Vorliebe für Tabubrüche verursachten bei der Veröffentlichung von *The Group* einen Skandal, da sie u.a. ausführlich die Anwendung eines Diaphragmas beschrieb. Der Roman wurde zu einem internationalen Bestseller und seit Erscheinen über fünf Millionen mal verkauft. Unabhängig, selbstbewußt, selbstironisch und geradezu libertär, machte sie ihre kleine Wohnung hier in der Gay Street zu einem Liebesnest.
In ihren *Intellectual Memoirs* merkte die über 70jährige lakonisch an: »Es wurde ziemlich alarmierend. Eines Tages wurde mir plötzlich klar, daß ich

Mary McCarthy, 1956

innerhalb von vierundzwanzig Stunden mit drei verschiedenen Männern geschlafen hatte. Obgleich ich mich etwas beängstigt fragte, wo das wohl alles hinführen würde, empfand ich mich nicht als promisk.« In den sechziger und siebziger Jahren widmete sich McCarthy zunehmend politischen und kulturellen Themen, und ihre scharfsinnigen Essays wie *Vietnam* (1967), *Hanoi* (1968) sowie *The Mask of State: Watergate Portraits* (1974) fanden weltweite Beachtung. Eine jahrzehntelange enge Freundschaft verband sie mit Hannah Arendt, deren Nachlaßverwalterin sie wurde. Ihr reger Briefwechsel wurde 1995 unter dem Titel *Between Friends* (dt. *Im Vertrauen*) veröffentlicht. *Die Gay Street führt uns auf die berühmte Christopher Street; schräg gegenüber sehen wir den Oscar Wilde Memorial Bookshop, die älteste auf homosexuelle Literatur spezialisierte Buchhandlung New Yorks, die sich seit 1967 hier befindet. Wir biegen links ab und gehen bis zum Waverly Place, wo wir noch einmal Max Frisch begegnen.*

⑮ Wohnung von Max Frisch 172 Waverly Place

In einem Brief vom 2. 12. 1951 an den »Lieben Hirschi!« (Kurt Hirschfeld) berichtete Max Frisch: »Ich habe hier ein Zimmer, das leer und lärmig ist, bekomme aber (unter der obigen Adresse) in vierzehn Tagen eine liebe kleine Wohnung im Village, zwei Zimmer mit Kitchenette, mit Kunst an der Wand und mit einer jungen Negerin, die aufräumt. Dann hoffe ich wieder einmal etwas arbeiten zu können... Ich bin froh, wieder in New York zu sein, in der Stadt und mit einiger Bleibe auch wieder mit Büchern.« Und 1975 hieß es in *Montauk*: »Hier oben, im dritten Stock, hast du einmal gewohnt, WAVERLY PLACE/CHRISTOPHER STREET, vor dreiundzwanzig Jahren. Als wüßte ich's nicht! Ich blicke nicht einmal an der Fassade hinauf, sehe bloß, daß im Parterre ein andrer Laden ist; damals ein Lebensmittelgeschäft, ein lausiges, ich verfügte über 200 Dollar im Monat, die Wohnung kostete 100 Dollar im Monat, einmal fiel mir ein Blumentopf vom Fenstersims und traf niemanden.«

Wir folgen Waverly Place bis zur 10th Street. An dieser Ecke befindet sich eine ausgezeichnete Buchhandlung, Three Lives & Co. – benannt nach Gertrude Steins Buch Three Lives *(dt.* Drei Leben*) –, in der häufig auch Lesungen stattfinden. Wir biegen nach rechts in die 10th Street ein. Auf der linken Seite sehen wir das Caffè Torino; schräg gegenüber können wir eines der schönen, über 200 Jahre alten New Yorker Feuerwehrhäuser bewundern.*

⓰ Caffè Torino
139 West 10th Street

Im heutigen Caffè Torino befand sich in den fünfziger Jahren einer der von Edward Albee bevorzugten Saloons. Über der Bar im Souterrain hing ein Spiegel, den die Gäste mit Graffiti bekritzelten und auf dem unter anderem zu lesen war: »*Who's afraid of Virginia Woolf?*« – was Albee zu seinem berühmten Theaterstück inspirierte. Edward Albee wurde 1928 in Washington, D.C., geboren und mit zwei Wochen von dem Millionärsehepaar Reed und Frances Albee adoptiert. Sein Adoptivvater war der Besitzer von über 200 Vaudeville-Theatern landesweit, und Edward wuchs umgeben von Theaterluft und -leuten auf. Er zog 1948 nach New York und lebte zunächst vom Erbe seiner Großmutter; sie hatte ihm 100 000 Dollar vermacht und verfügt, daß ihm vom 21. bis zum 30. Lebensjahr wöchentlich 50 Dollar ausgezahlt werden sollten, ein Grundeinkommen, das er mit Gelegenheitsjobs aufbesserte und das

Edward Albee, *Who's Afraid of Virginia Woolf?* in der Broadway-Inszenierung von Alan Schneider mit Arthur Hill und Uta Hagen, 1961

ihm den Ruf »richest boy in Greenwich Village« einbrachte.

Albees Stück *Who's Afraid of Virginia
Woolf?* (dt. *Wer hat Angst vor Virginia Woolf?*), das 1962 uraufgeführt
wurde, war ein überragender Erfolg
und wurde mit mehreren Preisen ausgezeichnet; daß der Pulitzer Prize
nicht darunter war, verursachte einen
Skandal. Zwei Jurymitglieder traten
aus Protest gegen die Nicht-Nominie-
rung aus der Jury aus – was dem Stück
zu um so größerer Popularität verhalf.
1964 wurden die Filmrechte für die
damals immense Summe von 500 000
Dollar an Warner Brothers verkauft,
und die Verfilmung von 1965 mit
Elizabeth Taylor und Richard Burton
unter der Regie von Mike Nichols
machte Albee weltberühmt. Einige
Straßen weiter werden wir ihm noch
einmal begegnen (vgl. S. 38).

*Wir gehen weiter auf das Jefferson
Market Courthouse zu, das wir auf
unserem zweiten Spaziergang anschauen werden, biegen links in die
Greenwich Avenue und gleich noch
einmal links in die Charles Street ein.*

⑰ Wohnung
von Elizabeth Bishop
16 Charles Street

1934 bezog die in Boston aufgewachsene Dichterin Elizabeth Bishop
(1911–1979) in diesem Haus ein
Apartment. Bei der Wohnungssuche
war ihr Mary McCarthy behilflich, eine ihrer Kommilitoninnen am Vassar
College, die bereits einige Jahre New
York-Erfahrung hatte. Einer Freundin
schrieb Bishop: »Ich... habe ein Apart-

Elizabeth Bishop, 1954

ment in der Charles Street gefunden...
Es hat ein großes, langes Zimmer,
14'x22', mit einem wunderschönen
Kamin aus Ziegeln, ein Schlafzimmer,
Badezimmer und Kitchenette. Die
Wände sind aus einer Art rauhem
Gips, ich lasse sie bleiweiß streichen,
und im Schlafzimmer graublau... New
York ist eigentlich ganz schön im
Sommer – wenn man sich nicht zuviel
bewegt. Besonders gefällt mir das
bunte Treiben in den Parks, und das
ziellose Umherfahren in Straßenbah-
nen und Bussen.« In New York machte Bishop bald die Bekanntschaft von
Marianne Moore, die ihr von ihrem
ursprünglichen Plan, Komponistin zu
werden, abriet und statt dessen ihr
dichterisches Talent hervorhob und
förderte. 1935 schrieb Moore die Ein-
führung zu Bishops erstem Gedichtband, und bis zum Ende ihres Lebens
blieb sie ihre mütterliche Freundin
und Mentorin.

Elizabeth Bishop hielt sich zunächst nur ein knappes Jahr in New York auf; sie reiste viel und zog 1938 mit ihrer Freundin Louise Crane nach Key West, Florida. Auf einer Brasilienreise 1951 verliebte sie sich in die einer Aristokratenfamilie entstammende Architektin Lota de Macedo Soares, mit der sie die nächsten 15 Jahre in Rio de Janeiro verbrachte. 1956 erhielt Bishop den Pulitzer Prize für ihren zweiten Gedichtband und begann, Literatur zu unterrichten. Nach New York kehrte sie nur sporadisch zurück, wo ihre Liebesbeziehung 1967 ein tragisches Ende fand: Lota nahm sich bei einem New York-Besuch mit einer Überdosis Valium das Leben. Nach ihrem Tod ging Bishop nach San Francisco und schließlich nach Harvard, wo sie bis zu ihrem Tod lehrte.

Über New York sagte die weitgereiste Dichterin, deren wunderschöne Gedichte 1979 in dem Sammelband *The Complete Poems* erschienen: »Ich glaube, daß man in diesem Land nur in den Städten, vielleicht sogar ausschließlich in New York, diese plötzliche Ahnung von absoluter Gegenwart hat... Es trifft einen wie ein Ball, der auf einen zufliegt, komprimierter und intensiver als jedes Werk ›moderner Kunst‹.«

Wir gehen bis zur Ecke Waverly Place, halten uns rechts und biegen schräg gegenüber in die Perry Street ein.

⓲ Wohnung von May Swenson 23 Perry Street

Die Dichterin May Swenson (1913–1989), Tochter schwedischer Eltern und aufgewachsen in Utah, kam 1935 nach New York. Bettelarm lebte sie zunächst von der Wohlfahrt und Gelegenheitsjobs und zog 1947 in die Perry Street, in eine Wohnung im zweiten Stock, die sie die folgenden 19 Jahre mit ihrer Lebensgefährtin teilte.

Lesung von May Swenson

Zu ihrem Haus gehörte ein kleiner Garten, und von ihrem Zimmer aus hatte sie einen schönen Blick auf den Garten der Saint John's-in-the-Village Church (Waverly Place / Ecke 11th Street), einer kleinen alten Kirche, die bei einem Brand zerstört und 1974 wiederaufgebaut wurde. Mit Unterstützung des Dichters Alfred Kreymborg gelang es Swenson 1949, eines ihrer Gedichte in der renommierten *Saturday Review of Literature* unterzubringen, was den Beginn ihrer späten literarischen Karriere markierte. Sie freundete sich mit Elizabeth Bishop an, mit der sie in regem Briefwechsel stand. Swensons erster Gedichtband *Another Animal* erschien 1954. Bis zu ihrem Tod veröffentlichte sie elf Gedichtbände; drei weitere Sammlungen erschienen zwischen 1991 und 1993.

In den fünfziger Jahren zählte sie zu den bedeutendsten Dichterinnen ihrer Generation, und es gelang ihr – ähnlich wie Edna St. Vincent Millay in den zwanziger Jahren –, die desillusionierte und doch hoffnungsvolle Atmosphäre von Greenwich Village in ihren humorvoll-melancholischen Gedichten einzufangen. »[May Swensons] Interesse galt dem Wahren, der Wahrheit der Poesie, die sie auf ihre Weise in ihrem Werk zum Ausdruck brachte. Das war es, was sie zu einer der herausragendsten und einflußreichsten Dichterinnen ihrer Zeit machte«, schrieb der Journalist Dan Wakefield in seinen Erinnerungen *New York in the 50s*.

Wir gehen bis zur West 4th Street und biegen links ab.

Edward Albee

⑲ Wohnung von Edward Albee 238 West 4th Street

Hier schrieb Edward Albee 1959 innerhalb von drei Wochen sein erstes Stück, *The Zoo Story*. Abgelehnt von New Yorker Regisseuren, gelangte es über Empfehlungen von Freunden in Florenz über Zürich nach Frankfurt, von wo aus es von Stefanie Hunzinger, damals Lektorin des Fischer Verlags und heute eine renommierte Theateragentin, schließlich nach Berlin weitergereicht wurde. Dort fand am 28. September 1959 in der Werkstatt des Berliner Schillertheaters die Uraufführung statt, produziert von Boreslaw Barlog; zur amerikanischen Erstaufführung kam es dreieinhalb Monate später im Provincetown Playhouse – gemeinsam mit Samuel Becketts *Krapp's Last Tape*. Heute zählt Albee zu den bedeutendsten zeitgenössischen Dramatikern Nordamerikas. Sein letztes Stück, *Three Tall Women*, wurde 1995 mit dem Tony Award ausgezeichnet.

Wir gehen zurück zur Charles Street, in die wir links einbiegen.

⑳ Wohnung von Hart Crane
79 Charles Street

In diesem 1866 errichteten Gebäude wohnte Hart Crane (1899–1932) im Jahr 1920. Crane war einer der begabtesten Dichter der *Lost Generation* – und einer der verzweifeltsten. Geboren in Cleveland, kam Crane 1916 nach New York und hielt sich als Werbetexter über Wasser. Sein erstes Gedicht *C33* hatte er bereits mit nur 15 Jahren veröffentlicht; der Titel dieses Gedichtes bezog sich auf die Nummer der Zelle, in der Oscar Wilde in Reading Goal inhaftiert war. Ein exzessiver Trinker, homosexuell, depressiv und cholerisch, litt Crane unter New York in demselben Maße, in dem er es brauchte und liebte. »Leben in New York ist zu anstrengend. New York fordert einem soviel ab, daß man soviel wie möglich von sich selbst aufsparen muß, sonst verausgabt man sich einfach«, sagte Crane. Ihm selbst gelang es nicht, mit seinen Kräften hauszuhalten; er arbeitete sieben Jahre lang besessen und perfektionistisch an seinem epischen Gedicht *The Bridge* (erschienen 1930), in dem er die 1883 eröffnete Brooklyn Bridge zum mythischen Symbol amerikanischen Fortschrittsglaubens stilisierte. Auf der Gedenktafel, die hier an Hart Crane erinnert, heißt es: »Cranes Gedichte *White Buildings* und *The Bridge* gaben dem Chaos urbanen Lebens einen harmonischen Ausdruck.« Crane selbst hingegen konnte dem »Chaos urbanen Lebens« nicht standhalten: 1932 stürzte sich der knapp 33jährige auf der Rückfahrt von einer Mexikoreise über Bord der Orizaba.

Wir biegen nach rechts in die Bleecker Street ein. Zwischen Perry Street und 11th Street werfen wir einen Blick auf die Nr. 393.

㉑ Wohnung von Mark Van Doren
393 Bleecker Street

Mark Van Doren (1894–1972), angesehener Dichter und Professor für Literatur an der Columbia University, lebte hier von 1929 bis 1959. Gemeinsam mit Freunden kaufte er die-

Mark Van Doren, um 1945

ses Haus, das sie renovierten und dessen Garten sie instand setzten. Es entstanden die sogenannten Bleecker Gardens, die auch heute noch mit Hilfe von Privatfonds erhalten werden und die von der Straße aus weder sichtbar noch zugänglich sind. Marks Sohn Charles Van Doren gelangte in den fünfziger Jahren zu trauriger Berühmtheit. Gefeiert als allwissender Star der Quizsendung *Twentyone*, wurde er zu einem nationalen Idol, zum Symbol intellektueller Jugend, brachte es gar zu einer Cover Story im *Time Magazine* – bis sich herausstellte, daß die Wissensfragen der Show vorher mit dem Kandidaten abgesprochen waren. Robert Redford adaptierte diese Geschichte 1994 für seinen Film *Quizshow*.

Wir biegen nach rechts in die 11th Street ein. An dieser Ecke können wir dem Biography Bookshop einen Besuch abstatten – eine Fundgrube für an Lebensgeschichten interessierte Leserinnen und Leser.

㉒ Wohnung von Thomas Wolfe 263 West 11th Street

Hier lebte Thomas Wolfe (1900– 1938) 1927/28 gemeinsam mit seiner großen Liebe Alice Bernstein (1880– 1955), der 20 Jahre älteren Kostüm- und Bühnenbildnerin. Er widmete ihr seinen ersten autobiographischen Roman *Look Homeward, Angel!* (1929; dt. *Schau heimwärts, Engel!*), den er hier in der 11th Street beendete. Sinclair Lewis pries Thomas Wolfe in seiner Nobelpreisrede 1930 für diesen

Thomas Wolfe, kurz vor Erscheinen von *Schau heimwärts, Engel!*, Ende 1928

Roman als einen der wenigen jungen Autoren, die ihn an die Zukunft der amerikanischen Literatur glauben ließen. Auf den ersten Seiten von *You Can't Go Home Again* (1940; dt. *Es führt kein Weg zurück*) beschrieb Wolfe dieses Gebäude in der 11th Street, verlegte es allerdings in die 12th Street: »Er liebte dieses alte Haus in der Twelfth Street mit seinen roten Backsteinmauern und seinen großzügig hohen und geräumigen Zimmern, er liebte das Knacken der alten nachgedunkelten Balken und Dielen; in der Verzauberung dieses Augenblicks schien es von einer tiefen einsamen Würde beseelt, als wäre es reicher geworden durch all die Menschenwesen, die in den neunzig Jahren seines Bestehens unter seinem Dache gehaust hatten.« Wolfe wird uns noch einmal auf unserem Midtown-Spaziergang

Aline Bernstein
Foto: Carl van Vechten

sowie in Brooklyn begegnen (vgl. S. 110, S. 195).
Wir biegen links in die West 4th Street ein und noch einmal links in die Bank Street, der wir bis zum Ende folgen.

㉓ Westbeth Theater Center
155 Bank Street

Die Bank Street erhielt ihren Namen im Jahre 1798, als die Wall Street Bank of New York hier eine Notzweigstelle einrichtete, da die Hauptgeschäftsstelle downtown wegen Gelbfieber unter Quarantäne stand. Während der Pockenepidemie 1822 folgten andere Banken aus ähnlichen Gründen. Inzwischen ist die Bank Street eine wunderschöne, ruhige Wohnstraße. Zwischen Washington und West Street erhebt sich der große Komplex des Westbeth Theater

Centers, in dem Wohnräume, ein Theater, Galerien und Ateliers untergebracht sind. Bis 1969 waren hier die Bell Telephone Laboratories angesiedelt; dann wurde der Komplex in Wohnraum für Künstler umgewandelt und bekam den heutigen Namen Westbeth. Zu den zahlreichen Künstlerinnen und Künstlern, die hier gelebt und gearbeitet haben, zählen u.a. Merce Cunningham, Robert de Niro und Diane Airbus.
Wir gehen durch das Gebäude hindurch und bleiben einen Moment in dem etwas düsteren Innenhof stehen.

㉔ Wohnung von
Muriel Rukeyser
155 Bank Street

Auch eine angesehene Dichterin lebte hier bis zu ihrem Tod: Muriel Rukeyser (1913–1980). Als älteste Tochter wohlhabender jüdischer Eltern wuchs sie behütet und in Luxus auf. Sie studierte zwei Jahre in Vassar, verließ das College vor dem Abschluß und widmete sich ganz dem Schreiben. Wie so viele der jungen Intellektuellen liebäugelte auch sie mit dem Kommunismus der dreißiger Jahre und schrieb u.a. für *New Masses*, das Parteiorgan. 1936 wurde sie von einem britischen Magazin als Korrespondentin nach Barcelona geschickt, um über die antifaschistische Gegenolympiade zu berichten. Bei Ausbruch des Spanischen Bürgerkrieges wurde sie evakuiert und verarbeitete ihre Eindrücke und Erfahrungen in ihrem Gedichtband *A Turning Wind* (1939). Sie hatte sich von der Marxistin zur Pazifistin ent-

Muriel Rukeyser, 1946

en Sie der Zeichensetzung!«) Im Zentrum ihrer Lyrik standen sogenannte Frauen-Themen. Sie brach ein Tabu, als sie in den vierziger Jahren als erste amerikanische Autorin, unsentimental und dem Klischee des »weiblichen« Schreibens widersprechend, Schwangerschaft und Geburt thematisierte, und sie brach später größere literarische Tabus, indem sie die Sexualität älterer Frauen oder auch das Thema Menstruation zu poetischen Sujets erhob.

Wir durchqueren den Komplex, verlassen ihn in der Bethune Street und gehen zurück zur Washington Street, biegen rechts ab und dann links in die 11th Street ein, die uns direkt zu unserem letzten Halt auf diesem Spaziergang führt.

wickelt, ohne jedoch die ihr positiv erscheinenden Aspekte der kommunistischen Idee aufzugeben.

Rukeysers Popularität sank nach dem Krieg, und auch sie mußte sich in den fünfziger Jahren, als sie am Sarah Lawrence College lehrte, gegen den Vorwurf antiamerikanischer Umtriebe wehren. In den sechziger Jahren kehrte sie zurück auf die literarische Bühne und veröffentlichte mehrere Gedichtbände, einen Roman und eine Biographie. Sie wurde erneut politisch aktiv, engagierte sich gegen den Vietnamkrieg und wurde 1972 Präsidentin des amerikanischen PEN Centers. Rukeyser war ausgesprochen unkonventionell in der Wahl von Themen und Form – insbesondere was die Zeichensetzung betraf; auf den Rand ihrer Manuskripte stempelte sie: »Please believe the punctuation!« («Bitte trau-

㉕ White Horse Tavern
567 Hudson Street

Die White Horse Tavern war in den fünfziger Jahren neben der San Remo-Bar und der Minetta Tavern eines der beliebtesten *Watering Holes* der Literaten. Norman Mailer und der Schriftsteller Vance Bourjaily (geb. 1922), die beide regelmäßig Parties in ihren Wohnungen stattfinden ließen, beschlossen Anfang der fünfziger Jahre, ein etwas formaleres, Salon-ähnliches Treffen junger Schriftsteller zu organisieren, und richteten einen Jour fixe (Sonntag nachmittags) in der White Horse Tavern ein. Zu einem Mekka der Literaturinteressierten

Dylan Thomas in seiner Stammkneipe White Horse Tavern, in den fünfziger Jahren

wurde sie allerdings erst, nachdem Dylan Thomas (1914–1953) sie, wohl auch wegen der irischen Pub-Atmosphäre, zu seiner Lieblingsbar erkoren hatte. Thomas, geboren und aufgewachsen in Wales, unternahm zwischen 1950 und 1953 vier mehrmonatige Lesereisen durch die USA. Schon zu Lebzeiten eine Legende, wurde er nach seinem frühen Tod zu einem Mythos. Noch heute pilgern jährlich Tausende zu seinem Geburtshaus; Dylan Thomas hatte und hat Fans, wie man es ansonsten nur aus der Musikszene kennt. Zu seiner immensen Popularität trug nicht nur sein Talent als Vortragender bei, der als einer der ersten Schriftsteller das Radio als Medium nutzte, sondern auch sein Ruf als unmäßiger Trinker und Frauenheld. Wenn er sich in New York aufhielt, wohnte er im Chelsea Hotel und trank in der White Horse Tavern, wo er am 5. November 1953 seine beiden letzten Biere kippte. Über seinem Stammtisch hängt eine kleine Gedenktafel. Nach einem Kollaps wurde er vom Chelsea Hotel aus ins St. Vincent Hospital schräg gegenüber vom White Horse eingeliefert, wo er vier Tage später mit nur 39 Jahren starb.

Washington Square,
Greenwich Village, 1936.
Foto von
Berenice Abbott

Zweiter Spaziergang
Der östliche Teil von
Greenwich Village

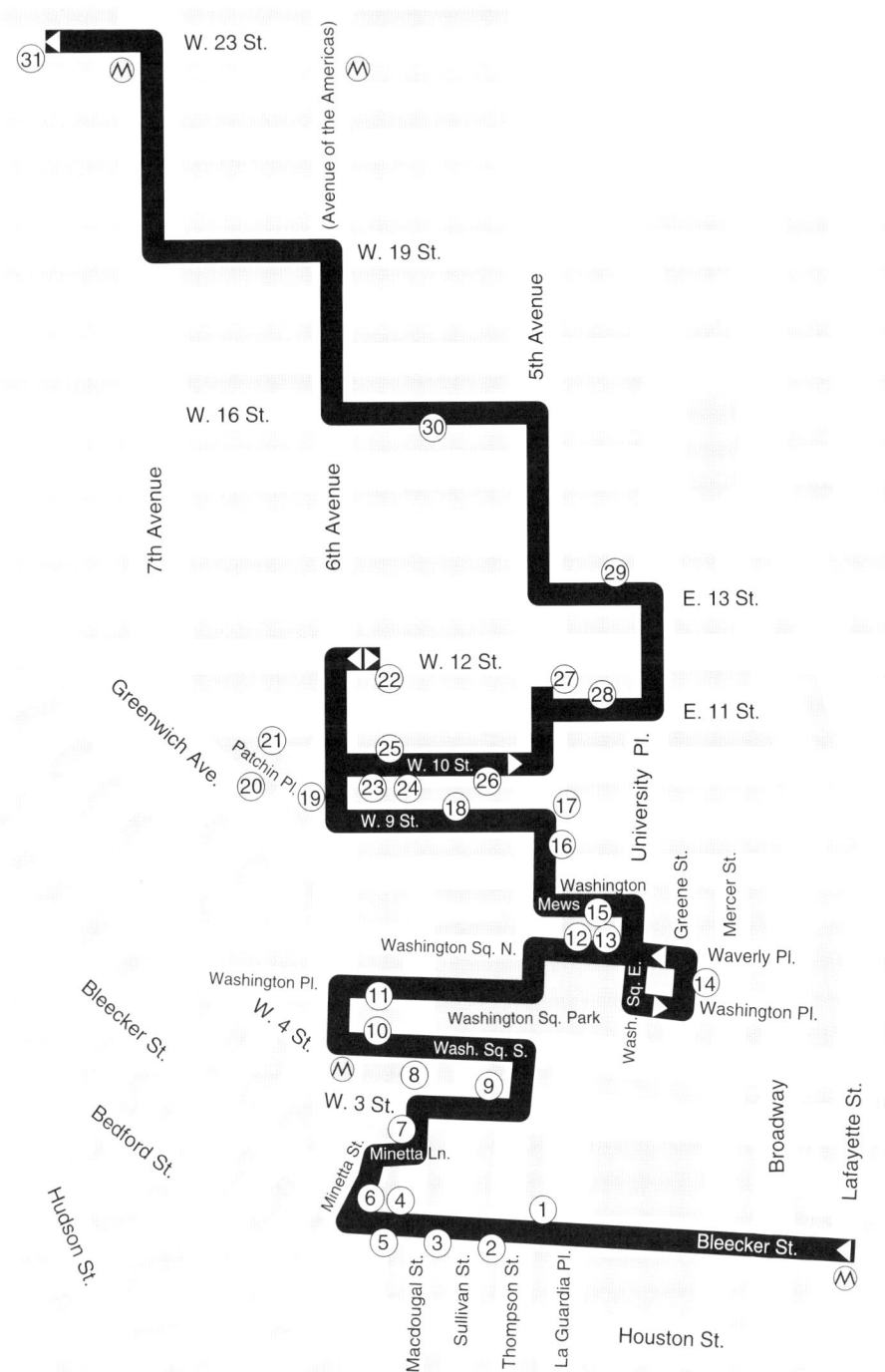

Auf unserem zweiten Spaziergang erkunden wir den östlichen Teil von Greenwich Village. Wir nehmen die Subway Nr. 6 bis Bleecker Street und gehen Richtung Westen. Dabei überqueren wir Broadway, Mercer Street und LaGuardia Place.

❶ Haus von James F. Cooper
145 Bleecker Street

1821 gelang es einem jungen Farmer aus Albany, den Roman als literarische Form in Amerika zu etablieren. James Fenimore Cooper (1789–1851) landete mit *The Spy* einen der ersten kommerziellen Erfolge auf dem sich langsam entwickelnden amerikanischen Buchmarkt. 1822 zog Cooper nach New York und wurde rasch Mittelpunkt des literarischen Lebens. Aus einem regelmäßigen Treffen mit Freunden in einem Buchladen in der New Street entwickelte sich der erste New Yorker literarische Club: *The Cooper Club*, zu dem unter anderen auch William Cullen Bryant und Samuel F. B. Morse – der spätere Erfinder des Telegraphen – gehörten. Washington Irving, der sich in Europa aufhielt, wurde zum Ehrenmitglied erklärt. Nach diversen Umzügen in Manhattan sowie einem siebenjährigen Europaaufenthalt zog Cooper mit seiner Familie 1833 in dieses Haus, das Morse für ihn gesucht hatte. Heute finden wir hier im Souterrain die Peculier Bar, die Hunderte von Biersorten aus aller Welt anbietet. Cooper wird uns auf unserem Spaziergang durch das East Village noch einmal begegnen (vgl. S. 79).

James F. Cooper

Wir bleiben – um des besseren Blicks willen – auf der rechten Straßenseite und gehen weiter bis zur Nummer 160.

❷ The Atrium
160 Bleecker Street

Ursprünglich erbaut als eine Unterkunft für *poor gentlemen*, hatte das einstige Mills Hotel, erbaut 1896 von Ernest Flagg, 1500 winzige Zimmer, alle mit Fenstern, die entweder zur Straße oder auf die zwei begrünten Innenhöfe hinausgingen. Viele Schriftsteller und Künstler fanden hier eine erste Unterkunft, und in den fünfziger und sechziger Jahren war es einer der Treffpunkte der jungen Literaten. Hettie Jones erinnerte sich: »Das Mills Hotel in der Bleecker Street Ecke Thompson war ein muffiger, riesiger, verwahrloster Schuppen und gelegentliche Absteige für verzweifelte Künstler. Auf der Seite zur Thompson Street hin gab es ein schmales Café, das eine Zeit lang *Jazz on the Wagon* hieß. Das ganze war völlig heruntergekommen, hastig aus Sperrholz zusammengezimmert, der Fußboden schief und krumm, und Musik gab es nur selten. Nichtsdestoweniger versammelte sich ab und an eine kleine, aber provokante literarische Gruppe um die dicht an dicht stehenden, wackligen Tische. Sie hatte sogar einen Namen – die ›Beats‹ –, der so vage war, das sich jeder dazugehörig fühlen konnte.« Später wurden die Höfe mit Glas überdacht und gepflastert, und das Gebäude wurde zu einem Stundenhotel, *The Greenwich*. 1976 wurde es zu einem Apartmenthaus umgebaut, mit Balkonen versehen und erhielt den heutigen Namen.

❸ Wohnung von James Agee 172 Bleecker Street

Einige Häuser weiter lebte der Journalist James Agee (1909–1955) von 1941 bis 1951. Agee schrieb für *Fortune* und *Time Magazine*, machte sich einen Namen mit seinen Filmkritiken und verfaßte auch selbst Drehbücher (u.a. für *The African Queen*, verfilmt mit Katherine Hepburn). 1941 erschien sein Essay *Let Us Now Praise Famous Men*, den er im Auftrag von *Fortune Magazine* schrieb. Sein Bericht über das Leben von unter der Armutsgrenze lebenden Baumwollpflückern im tiefsten Süden der USA

James Agee in seiner Wohnung Bleecker Street, vierziger Jahre

war dem konservativen Magazin jedoch zu persönlich geschrieben und wurde nicht gedruckt; der Text erschien zwei Jahre später – versehen mit Fotos von Walker Evans – in Buchform. Die Kritiken waren harsch, und es wurden lediglich 600 Exemplare verkauft. 1960 brachte Houghton Mifflin eine Neuauflage heraus, und Agee wurde fünf Jahre nach seinem Tod als ein Vorreiter des New Journalism gefeiert. Heute zählt der Text zu den Klassikern über die Depressionszeit.

❹ Die ehemalige
San Remo-Bar
189 Bleecker Street

Eine von Agees Stammkneipen war das San Remo, heute Carpo's Café, an der Ecke Macdougal Street. Das San Remo war von den zwanziger bis in die späten fünfziger Jahre hinein der beliebteste und berühmteste *Hangout* im Village. Sein besonderes Flair erhielt es durch die rauh besaiteten Barkeeper, die gelegentlich Raufereien anzettelten, was zunächst toleriert und eher amüsiert zur Kenntnis genommen wurde. Nach einer besonders wilden Prügelei allerdings blieben die Gäste aus und erkoren das heute nicht mehr existierende Louis' in der Nähe vom Sheridan Square zu ihrem Haupttreffpunkt. Auch in den anderen Kaffeehäusern und Straßencafés an dieser geradezu pariserischen Ecke, insbesondere im Café Borgia und in Le Figaro, konnte man in den fünfziger Jahren zu jeder Tages- und Nachtzeit *Beatniks* wie Jack Kerouac oder Allen Ginsberg sichten. Heute ist dieser Teil von Greenwich Village fest in den Händen der Touristen aus aller Welt.

❺ Geburtshaus von
Gregory Corso
190 Bleecker Street

In diesem Gebäude, gegenüber von Carpo's Café, wurde 1930 Gregory Corso geboren. Er wuchs bei verschiedenen Pflegeeltern auf, verließ die Schule nach der sechsten Klasse und wurde mit 16 Jahren nach einem Raubüberfall zu einer dreijährigen Haftstrafe verurteilt. Im Gefängnis begann er, Interesse an der Literatur zu entwickeln und erste Gedichte zu schreiben. Nach seiner Entlassung begegnete er Allen Ginsberg im *Pony Stable*, einer nicht mehr existierenden lesbischen (sic!) Bar in der West 4th Street. Ginsberg ermutigte Corso zum Schreiben und reichte seine Gefängnisgedichte an Mark Van Doren weiter, bei dem Ginsberg an der Columbia University studierte. Mit Van Dorens Unterstützung gelang es Corso schließlich, als Gasthörer an Veranstaltungen der Harvard University teilzunehmen, und sein erster Gedichtband, *The Vestal Lady on Brattle*, wurde 1955 von engagierten Kommilitonen in Eigenregie veröffentlicht. Nach einigen Jahren an der Westküste sowie zahlreichen Reisen nach Frankreich, Deutschland, Italien und Griechenland ließ sich Gregory Corso 1961 wieder in New York nieder, wo er bis heute lebt. Sein jüngster Gedichtband *Mindfield* – mit einer Einleitung von Allen Ginsberg und William S. Burroughs – erschien 1989.

Gregory Corso

Die Geschichte um die Affäre, die Corso 1953 mit Kerouacs Freundin anfing, kann man in dessen Roman *The Subterraneans* nachlesen, den Kerouac unter Benzedrin-Einfluß innerhalb von drei Tagen und drei Nächten schrieb.

*Wir gehen weiter bis zur 6th Avenue und biegen scharf rechts in die Minetta Street ein. Ehemals verlief hier ein Bach, Minetta Brook, der um 1820 herum trockengelegt wurde. Im 18. Jahrhundert siedelten sich hier viele schwarze Einwanderer an, was zu dem Spitznamen Little Africa führte, und in der zweiten Hälfte des letzten Jahrhunderts war diese Gegend als herun-*tergekommenster und gefährlichster Slum der Stadt verschrieen. Während des Civil War (1861–1865) war sie das Zentrum von Aufständen gegen die Zwangsrekrutierung für das Militär, die mehrere hundert Menschen das Leben kosteten. In den folgenden Jahrzehnten ließen sich hier hauptsächlich italienische, französische und auch deutsche Einwanderer nieder.*

❻ Wohnung von Mascha Kaléko 1–3 Minetta Street

In dieser schönen kleinen Straße wohnte Mascha Kaléko (1907–1975). Geboren in Polen, zogen sie und ihre Familie nach dem Ersten Weltkrieg nach Berlin, wo Kaléko zur Dichterin avancierte und zum Kreis um das Romanische Café zählte. 1933 brachte Rowohlt ihren ersten Gedichtband heraus, *Das lyrische Stenogrammheft*. 1938 verließ sie Deutschland gemeinsam mit ihrem zweiten Mann, dem Komponisten und Dirigenten Chemjo Vinaver (1900–1973), und ihrem Sohn und ging nach New York. Nach mehreren Umzügen fand die Familie schließlich hier in der Minetta Street eine Wohnung. Kaléko schrieb für den *Aufbau* und verdiente ihren Lebensunterhalt als Werbetexterin. 1945 erschienen im Schoenhof Verlag in Cambridge ihre *Verse für Zeitgenossen*, in denen es in ihrem Gedicht *Minetta Street* heißt: »Wenn einst, in friedlicheren Zeiten, / Die Länder um das Vorrecht streiten, / (Scheint die Besorgnis auch verfrüht): / ›Tja, welches von M.K.'s Quartieren /

Soll die ›Hier wohnte‹-Tafel zieren...?‹ / – Ich stimme für Minetta Street.«

In ihrem Text *Der Gott der kleinen Webfehler,* der 1977 zu ihrem 70. Geburtstag erstmals gedruckt wurde, beschrieb Mascha Kaléko das Leben im Village der vierziger Jahre: »Aber Greenwich Village, das ist längst keine rein geographische Bezeichnung mehr. Greenwich Village, das ist schon so etwas wie ein Geisteszustand... Hier werden alle Sprachen gesprochen und gebrochen, sogar Berlinerisch kannst du hören, in der Christopher St., wo Lotte Lenya die Songs aus der Drei-groschenoper zum besten gibt, oder Ecke Morton, in der einstigen ›Beggar Bar‹ bei Valeska Gert, wo man früher so manchen alten Berlinern begegnen konnte – Eric Godal und Sonja Wronkow, der einstigen Yvette Guilbert des Romanischen Cafés, Alexander Granach und dem immer einsamer werdenden, nun verstorbenen expressionistischen Dichter Albert Ehrenstein.« Kaléko verließ New York 1960 und verbrachte ihre letzten Lebensjahre in Israel.

Wir biegen rechts in die Minetta Lane ein.

Mascha Kaléko mit ihrem Mann, dem Komponisten Chemjo Vinaver, und ihrem Sohn Steven in der Minetta Street, 1950

❼ Minetta Tavern
113 Macdougal Street

Ecke Minetta Lane und Macdougal
Street sehen wir einen weiteren belieb-
ten literarischen Treffpunkt der zwanziger Jahre: die Minetta Tavern, deren
Wände bedeckt sind mit Fotografien
von den ehemaligen Berühmtheiten,
die hier ein- und ausgingen. Einer der
Stammgäste war der Schriftsteller Joe
Gould, den Joseph Mitchell (1908–
1996), einer der herausragendsten
Journalisten und Essayisten des *New
Yorker*, 1965 in seinem Buch *Joe
Gould's Secret* mit sanfter Ironie porträtierte und um den sich eine skurrile
Geschichte rankt. Joe Gould (1889–
1957) wuchs in der Nähe von Boston
auf, absolvierte ein Harvard Studium
und zog 1916 nach New York, wo er
das Leben eines Bohèmiens führte. Er
lebte mehr als 30 Jahre in Greenwich
Village, schlief auf Parkbänken und in
Hauseingängen, ließ sich von Freunden und Verwandten aushalten und
besserte sein »Einkommen« auf, indem er Bücher stahl, die er an Second-
hand-Buchhandlungen weiterverkauf-
te. Seine Tage verbrachte er mit Aufzeichnungen für sein hochambitio-
niertes literarisches Projekt, das er *An
Oral History of Our Time* nannte. In
unzähligen Kladden notierte er Unterhaltungen in Kneipen und auf Partys,
Sätze, die er auf der Straße auf-
schnappte, und Alltagsgespräche, die
er mit essayistischen Kommentaren
versah, um die versteckte soziolo-
gisch-historische Bedeutung mündli-
cher Konversationen für die Nachwelt
sichtbar zu machen. Im Juni 1942 ver-
traute er Joseph Mitchell an, daß der

Umfang des Werkes bereits bei etwa
9 250 000 Wörtern läge, und kurz vor
seinem Tod in einer psychiatrischen
Klinik war die Sammlung, Goulds
Schätzungen zufolge, auf sagenhafte
elf Millionen Wörter angewachsen. In
seinem Testament verfügte er kurioserweise, daß seine Kladden dem *Ge-
wicht* nach zwischen Harvard (zwei
Drittel) und der Smithonian Institution (ein Drittel) aufgeteilt werden
sollten. Nach seinem Tod machten
sich Freunde auf die Suche nach dem
sagenumwobenen Manuskript – aber
alles, was sich unter Goulds Papieren
fand, waren ein Gedicht, ein Essay-
fragment und ein Bettelbrief. Kein
einziges seiner Notizbücher, mit denen
er jahrzehntelang im Village herum-
gelaufen war, wurde je gefunden.
*Wir biegen links in die Macdougal
Street ein und folgen ihr bis zur West
3rd Street.*

❽ Provincetown Playhouse
133 Macdougal Street

Von der Ecke Macdougal Street und
West 3rd Street aus sehen wir schon
die Eingangsmarkise des berühmten
Provincetown Playhouse, das hier
1917 in einem umgebauten Stall eröffnet wurde. Ab 1915 verbrachte eine
Gruppe junger Amateurschauspieler
und Schriftsteller, die zu ihrem Vergnügen Stücke inszenierte und zu der
u.a. Djuna Barnes und John Reed
gehörten, die Sommerferien in Provincetown (Cape Cod). Reed überzeugte die Truppe davon, in New
York aufzutreten. Nachdem der Ort –
zunächst einige Häuser weiter, 139

Provincetown Playhouse, um 1920

Macdougal Street – gefunden und hergerichtet war, fand die Premiere 1916 mit Eugene O'Neills Stück *Bound East for Cardiff* statt. Rasch entwickelte sich das Provincetown Playhouse zu einer der bedeutendsten Off-Broadway-Spielstätten und wurde zum Stammtheater Eugene O'Neills. Stücke von Edna St. Vincent Millay, Djuna Barnes, später von Edward Albee und Samuel Beckett wurden hier uraufgeführt. Das seit einigen Jahren wegen Restaurierungsarbeiten geschlossene Provincetown Playhouse wird im Herbst 1997 wiedereröffnet. *Wir biegen in östlicher Richtung in die West 3rd Street ein.*

❾ Wohnung von Edgar Allan Poe 85 West 3rd Street

In diesem Haus, in dem sich heute ein Teil der juristischen Fakultät der New York University befindet, lebte 1845 Edgar Allan Poe (1809–1849) in zwei Zimmern im ersten Stock. Durch das schmale Gitter rechts neben dem Eingang können wir einen Blick auf den verwilderten Garten werfen, der durchaus Poesche Qualitäten hat. Poe wurde in Boston als zweites Kind einer Wanderschauspieler-Familie geboren. Sein Vater starb 1810, die Mutter ein Jahr später, und er wuchs in einer Pflegefamilie auf. Bevor er sich 1844 mit seiner eigenen Familie in New York niederließ, zog er ruhelos durch die Weltgeschichte und lebte u.a. in Baltimore, Richmond und Philadelphia. Trotz seines exzentrischen Lebensstils, seiner Alkohol- und Drogenabhängigkeit war Poe einer der angesehensten Literaturkritiker seiner Zeit. Er arbeitete für viele Literaturzeitschriften in verschiedenen Städten, wurde 1844 Herausgeber des *Broadway Journal* und veröffentlichte nebenher seine düsteren Romane und Erzählungen. In seiner Kolumne *Doings of Gotham* (dt. *Leben und Treiben in Gotham)* für die Zeitung *Columbia Spy* schrieb Poe über das New York von 1844: »Auf der östlichen oder ›Sund‹-seite von Manahatta (warum nur sind wir so darauf aus, die richtigen Namen zu verballhornen?) befindet sich eine der entzückendsten Villengegenden, die die christliche Welt überhaupt kennt... Diese prachtvollen Anwesen sind unwiderruflich dem Untergang geweiht. Der Geist des Fortschritts mit seinem scharfen Atem hat sie welken lassen. Durchgangsstraßen sind bereits ›geplant‹, und sie sind nicht länger vorstädtische Wohnsitze, sondern ›Stadtparzellen‹. In ungefähr dreißig Jahren ist jeder vornehme Felsenvorsprung ein Landungssteg, und die Insel wird mehr und mehr verschandelt von Backsteingebäuden mit schrecklichen Fassaden aus braunem Sandstein... «

Wir gehen durch die Thompson Street, biegen links in den Washington Square South ein und passieren die Judson Memorial Church (erbaut 1892) sowie die Arthur Vanderbilt Hall, die zur juristischen Fakultät der New York University gehört. Um einen Überblick über die Gebäude zu bekommen, die rund um den Wa-

Edgar Allan Poe, Daguerreotypie, 1848

shington Square der Universität angehören, kann man sich den Lageplan anschauen, der am Zaun Macdougal Street/Ecke Washington Square South angebracht ist. Wir überqueren die Macdougal Street und gehen die West 4th Street weiter bis zur 6th Avenue.

⑩ Das ehemalige Polly Halliday Restaurant 147 West 4th Street

In diesem 1849 errichteten Gebäude, in dem sich heute das Ristorante Volare befindet – *Best Old Fashioned Greenwich Village Italian Restaurant*, ist im Fenster zu lesen –, wurde 1918 das Polly Halliday Restaurant eröffnet. Hier schrieb John Reed (1887-1920) die Artikel, die später die Grundlage zu seinem Roman *Ten*

Days that Shook the World (1919; dt. *Zehn Tage, die die Welt erschütterten)* bildeten. Reed, geboren in Portland, Oregon, war nach seinem Harvard Studium 1911 nach New York gekommen, wohnte in einem nicht mehr existierenden Haus am Washington Square South 42 – wo 1915 auch Djuna Barnes ihre erste Bleibe in Manhattan fand – und arbeitete als Reporter und Kriegsberichterstatter für die Zeitschriften *The Masses* und *Seven Arts*. Reed wurde rasch eine der zentralen Persönlichkeiten im Village und Mitbegründer der First Communist Party of the U.S. 1917 ging er nach Rußland und nahm als Berichterstatter an der Oktoberrevolution teil. Nach seiner Rückkehr nach New York wurde er aufgrund seines kommunistischen Engagements wegen »aufrührerischer Umtriebe« angeklagt und flüchtete 1919 über Finnland nach Moskau. Kurz darauf erkrankte Reed an Typhus, woran er im Oktober 1920 starb; er wurde unter großen Ehren im Kreml beigesetzt.

Wir biegen rechts in die 6th Avenue ein und gehen bis zum Washington Place. In der Ferne sehen wir wieder den Turm des Jefferson Market Courthouse; in westlicher Richtung fällt die Spitze des Sheridan Square Building ins Auge, eines Wohnhauses, dessen burgähnlicher Aufsatz seltsam archaisch anmutet. Wir biegen rechts in den Washington Place ein.

Im Washington Square Park: John Reed (li.), Fannie Hurst (Mitte)

⓫ Wohnungen von Willa Cather und Richard Wright 82 Washington Place

Eine Gedenktafel an diesem schönen Beaux-Arts Gebäude, 1903 von Horenburger & Straub erbaut, erinnert an Willa Cather und Richard Wright, zwei Autoren, die in ihren Werken ganz unterschiedliche Seiten von Amerika aufzeigen. Obwohl Willa Cather (1873–1947) schon 1906 nach New York zog, machte sie die Stadt in ihren zahlreichen Romanen nur am Rande zum Thema. Sie war in Nebraska aufgewachsen, zu einer Zeit, als das Land noch so gut wie unberührt war, und sie beschrieb in erster Linie nostalgisch die Pionierzeiten Amerikas, das einfache und harte Leben der ersten Siedler, deren Energie und Beharrlichkeit sie bewunderte – Qualitäten, die sie im 20. Jahrhundert mehr und mehr schwinden sah. 1908 wurde sie Mitherausgeberin der Zeitschrift *McClure's* und zog mit ihrer Lebensgefährtin Edith Lewis hier in den Washington Place, wo sie 1912 ihren ersten Roman *Alexander's Bridge* schrieb. 1918 erschien *My Ántonia* (dt. *Meine Antonia)*, ein Roman, in dem sie das Leben böhmischer Einwanderer in Nebraska schilderte und mit dem sie berühmt wurde. 1923 wurde sie für den Roman *One of Ours* mit dem Pulitzer Prize ausgezeichnet, und bis heute zählt Willa Cather zu den bedeutendsten amerikanischen Autorinnen des 20. Jahrhunderts.

Willa Cather, 1936

Richard Wright, 1939

Mehr als 30 Jahre später zog Richard Wright (1908–1960) in dieses Gebäude, und hier schrieb er seinen autobiographischen Roman *Black Boy* (1945), mit dem er zum unumstritten führenden schwarzen Autor der vierziger Jahre wurde. Aufgewachsen im tiefsten Süden der USA, in Mississippi, flüchtete sich der jugendliche Wright nach Chicago und kam schließlich nach New York. Er gab die Zeitschrift *New Challenge* heraus und beeinflußte die jüngeren schwarzen Autoren wie beispielsweise James Baldwin und Ralph Ellison wesentlich. Bereits mit seinem ersten, 1940 erschienenen Roman *Native Son* hatte sich Wright große Anerkennung erworben und literarisches Neuland betreten. Wright war der erste schwarze Autor, der – in der sozialkritischen Tradition Theo-

dore Dreisers – die besondere Situation und Problematik der Schwarzen innerhalb einer weißen Gesellschaftsordnung zum Thema machte.

Wir gehen weiter Richtung Washington Square Park und machen eine kleine Pause. Bei schönem Wetter gibt es hier immer eine Performance, Musikdarbietungen oder Jongleure und in jedem Fall eine Menge bunter Vögel anzuschauen. Wir verlassen den Park auf der Nordseite an dem kleinen Triumphbogen, hinter dem die 5th Avenue beginnt. Anläßlich des 100. Jahrestages der Vereidigung George Washingtons 1889 in Holz errichtet, fand der Bogen so großen Anklang, daß man ihn 1892 in Marmor faßte. Wir gehen nach rechts den Washington Square North entlang.

⑫ Wohnung von Edith Wharton
7 Washington Square North

Hineingeboren in eine wohlhabende, angesehene New Yorker Familie, wuchs Edith Jones (1862–1937) in Chelsea auf, einer der zu jener Zeit exklusivsten Wohngegenden New Yorks. Schon als Jugendliche entwickelte sie den Wunsch zu schreiben, was ihr von ihren Eltern ebenso verwehrt wurde wie der Zugang zu zeitgenössischen Romanen. Den viktorianischen Vorstellungen von der Bestimmung und der Rolle der Frau entsprechend, wurde sie von Privatlehrern unterrichtet und auf ein Leben als Ehefrau und angesehenes Mitglied der New Yorker High Society vorbereitet. Nach dem Tod ihres Vaters und der

Rückkehr von einem Europaaufenthalt zogen sie und ihre Mutter 1882 für kurze Zeit in dieses schöne Gebäude am Washington Square North. Die Häuserreihe, vor der wir stehen, bekannt als *The Row*, wurde 1832/33 erbaut und ist die bedeutendste erhaltene Straßenzeile im sogenannten Greek Revival Style. Nach ihrer Heirat mit Edward Wharton 1885 in der Trinity Chapel begann Edith Wharton, der Etikette trotzend, zu schreiben, und veröffentlichte einige Gedichte und Kurzgeschichten – ermutigt von Henry James, der zu ihrem

Edith Wharton bei ihrer »Rückkehr« in die New Yorker Gesellschaft, 1883

Freundeskreis zählte. Das Ehepaar Wharton lebte für einige Zeit in der Nähe von Boston, und selbstironisch stellte Edith nach ihrer Rückkehr nach New York fest: »Ich war ein Fehlschlag in Boston..., weil sie dachten, ich sei zu elegant, um intelligent zu sein. Und ich war ein Fehlschlag in New York, weil sie befürchteten, ich sei zu intelligent, um elegant zu sein.« Dennoch gelang ihr 1905 der literarische Durchbruch mit *The House of Mirth*, einem Roman, der jahrelang zu den meistgelesenen in Amerika zählte. Mehr und mehr durchschaute Wharton die Hohlheit und Öde der New Yorker High Society, von der sie geprägt war und mit der sie in ihren Romanen abrechnete. Das dekadente, aristokratische Leben der Snobs wird geradezu vernichtend porträtiert – besonders markant in *The Age of Innocence* (1920; dt. *Im Himmel weint man nicht)*, für das sie 1921 den Pulitzer Preis erhielt. Mit der ausgezeichneten Verfilmung dieses Romans verhalf der Regisseur Martin Scorsese der Klassikerin Wharton 1993 zu erneuter Popularität.

⑬ Wohnung von Edmund Wilson
3 Washington Square North

Einige Häuser weiter wohnte Edmund Wilson (1895–1972), Schriftsteller, Literaturkritiker und zweiter Ehemann von Mary McCarthy, von 1921 bis 1923. Geboren in New Jersey, war er 1916 nach seinem Studium in Princeton nach New York gezogen. Er arbeitete als Reporter und Heraus-

Edmund Wilson

geber für *Vanity Fair, New Republic* und den *New Yorker* und gilt heute als einer der bedeutendsten Chronisten des New York der zwanziger Jahre, dessen Lebendigkeit, Buntheit und Freizügigkeit er immer wieder hervorhob und das er in der Person von Edna St. Vincent Millay verkörpert sah – »pulsierend und schön«, wie er in einem Porträt über sie schrieb. Ihre einjährige Liebesbeziehung 1920 hatte Millay abgebrochen, worüber Wilson jahrzehntelang nicht hinwegkam und was er literarisch zu verarbeiten suchte. In seinem Roman *I Thought of Daisy* (1929) und dem Erzählzyklus *Memoirs of Hecate County* (1946) steht Millay verschlüsselt im Mittelpunkt. Im Laufe der Jahre wurden Wilsons Gefühle für New York immer ambivalenter. Er beklagte vor allem die hemmungslose Abriß- und Neubauwut, die seiner Meinung nach letztlich nur ein Zeichen für fortschreitende Dehumanisierung war. In den fünfziger Jahren, als er mehr und mehr Zeit in Europa und auch im Nahen Osten verbrachte, erkannte er dennoch verblüfft: »In Europa denke ich mit einer Nostalgie an New York, die ich nicht erwartet habe... Uns allen gemein war, daß wir gegen New York ankämpften und gleichzeitig von New York stimuliert wurden. New York ist interessanter und – alles in allem – wohl auch lohnender als Europa. Dort wurde die neue Kultur, die neue Zivilisation wirklich begründet; der neue Amerikanische Internationalismus.«

Am University Place biegen wir rechts und gleich wieder links in den Washington Place ein und gehen bis zur Greene Street.

⑭ Der Geburtsort von Henry James 21 Washington Place

An der Nordostecke dieser Kreuzung, wo sich heute der Activities Annex der New York University befindet, stand das Geburtshaus von Henry James (1843–1916), auf das bedauerlicherweise keine Gedenktafel hinweist. 1904, nach 14jähriger Abwesenheit, kam James zurück an den Ort seiner Geburt und fand ein neues Universitätsgebäude vor. In seinem Essay *The American Scene* (1907) bemerkte er traurig: »Für mich hieß das, der Hälfte meiner Geschichte beraubt zu werden.« Der junge Henry James verbrachte viel Zeit im ebenfalls nicht mehr existenten Haus seiner Großmutter am Washington Square North,

Das Haus von Henry James' Großmutter, Schauplatz des Romans
Die Erbin vom Washington Square (3. Haus von re.)

Henry James

wo er die Atmosphäre absorbierte, die er später in *Washington Square* (1881; dt. *Die Erbin vom Washington Square)* beschrieb. James verbrachte den größten Teil seines Lebens in England, wo er 1916 auch starb. Zu Lebzeiten war ihm kein großer literarischer Erfolg beschieden; als ernstzunehmender Schriftsteller wurde er erst 1943, anläßlich seines 100. Geburtstages, wiederentdeckt. Auch Henrys Bruder William James (1842–1910), der Psychologie an der Harvard University unterrichtete, nahm indirekt Einfluß auf die Literatur des 20. Jahrhunderts: Unter seinen Schülern befand sich die junge Gertrude Stein, deren Mentor und Freund er wurde und die ihm entscheidende literarische Anstöße verdankte.

Nach diesem Abstecher gehen wir durch die Greene Street zurück zum University Place, wo wir einen Blick in die ausgezeichnet sortierte Universitätsbuchhandlung Posman Books (1 University Place) werfen, und biegen nach links ab in die Washington Mews.

⑮ Wohnung von John Dos Passos 14a Washington Mews

Gleich rechts sehen wir das Deutsche Haus, das Teil des germanistischen Instituts der New York University ist und in dem öffentliche Lesungen und Vorträge deutscher Autoren und Wissenschaftler veranstaltet werden; direkt gegenüber ist die Maison Française untergebracht. Auf der Nordseite dieser beschaulichen, kopfsteingepflasterten Gasse befanden sich bis ins 20. Jahrhundert hinein Ställe, die zu den Gebäuden am Washington Square North gehörten. Die Häuser auf der Südseite hingegen wurden erst in den dreißiger Jahren errichtet. In Nr.14a lebte zeitweise der Maler Edward Hopper, und John Dos Passos (1896–1970) kam hier unter, wenn er sich in New York aufhielt. Dos Passos schrieb mit *Manhattan Transfer* (1925) zwar den bedeutsamsten New York-Roman des 20. Jahrhunderts, war jedoch keineswegs als New York-Enthusiast zu bezeichnen. Ihm ging es wie vielen der New Yorker Schriftsteller und Künstler, von den zwanziger Jahren bis heute: Er wollte nicht mit und konnte nicht ohne New York leben. Ebenso häufig wie er New York den Rücken kehrte, kam er wieder zurück.

Dos Passos wurde unehelich in einem Chicagoer Hotelzimmer geboren. Sein Vater war ein angesehener Rechtsanwalt und ebenso konservativ, wie Dos Passos es in seiner zweiten Lebenshälfte wurde. Nach seinem Studium in Harvard ging er nach Spanien, um Architektur zu studieren, entschied sich jedoch nach dem Tod seines Vaters und dem Kriegsausbruch, dem Medizinischen Corps der USA beizutreten. Er kehrte 1920 nach New York zurück und beschrieb die Stadt als umwerfendes, »verrückt gewordenes Babylon«, das er in *Manhattan Transfer* montagehaft in allen Aspekten ein-

zufangen suchte. »New York war ein Kontinent für sich«, schrieb er 1968 in seinen Erinnerungen, *The Best Times* (dt. *Die schönen Zeiten)*. »Angeregt durch Freunde und Bekannte, erforschte ich mit großem Vergnügen die Flüsse, Kanäle und toten Gewässer der Stadt – stets als der Besucher, als der Tourist auf dem Weg zum Bahnhof.« »Aber«, fragte sich hingegen Jimmy Herf, der Protagonist in *Manhattan Transfer,* »was hat es für einen Zweck, das ganze Leben mit der Flucht vor der Stadt-der-Zerstörung zu verbringen?«

Wir durchqueren die Washington Mews und gehen die 5th Avenue hinauf.

🔟 The Brevoort
11 5th Avenue

Den Block zwischen 8th und 9th Street nimmt das Brevoort-Building ein. Bevor dieses Apartmenthaus Mitte der fünfziger Jahre errichtet wurde, befand sich hier das Brevoort-Hotel, das 1854 eröffnet wurde und bekannt für seine illustren Gäste war. Im Souterrain gab es ein Café im Pariser Stil, das besonders zu Prohibitionszeiten florierte. Eugene O'Neill, Edna St. Vincent Millay, John Reed, Mabel Dodge, Isadora Duncan, Theodore Dreiser u.a. waren hier anzutreffen. Djuna Barnes schrieb: »Das Breevort wird wegen seines Souterrains geliebt, wo man das Lichtgefunkel zwischen dem Gesträuch mitbekommt. Dort gibt es außerdem den Kellner, der einen seit zehn Jahren bedient. Alles, was man ißt, kommt einem irgendwie

Brevoort Hotel

vertraut vor. Mit geschlossenen Augen kann man sagen, wo man sich aufhält.«

An der Ecke 9th Street, auf der Südostseite, stand das Haus, in dem einmal Washington Irving und Mark Twain lebten – eine an der riesigen Hausfassade etwas verloren wirkende bronzene Gedenktafel weist darauf hin.

⓱ Der Salon von Mabel Dodge ehemals 23 5th Avenue

Ab 1912 unterhielt Mabel Dodge (1879–1962) in einem ebenfalls nicht mehr existierenden Gebäude ihren Mittwochssalon in ihrem Apartment, das sie mit weißen Tüchern verhängte und mit einem weißen Eisbärenfell vor ihrem weißen Marmorkamin dekorierte. Jeder Abend stand unter einem

anderen thematischen Schwerpunkt – man diskutierte die neuesten Erkenntnisse von Freud und Jung, redete sich die Köpfe heiß über den letzten Streik der International Workers of the World oder stritt mit Emma Goldman über Anarchie. Nicht nur Goldman, auch Carl Van Vechten, John Reed, mit dem Dodge eine Liebesaffäre hatte und der zeitweise bei ihr wohnte, und Djuna Barnes gehörten zu dem illustren Kreis. Barnes erinnerte sich an ihren ersten schüchternen Besuch: »Es war irgendwann zu Frühlingsbeginn, ich glaube, im Jahr 1914, da kreuzte ich gegen Abend im Haus von Mabel Dodge auf, um ihr meine Bilder zu zeigen... Es waren meine dankbaren Tage. Ich war Mabel Dodge dankbar, die mich soviele belegte Brote essen ließ, wie in meinen vorstädtischen Magen paßten. Ich war Carl Van Vechten dankbar, weil er mir das Empfehlungskärtchen geschrieben hatte, das mir Zugang zu soviel Neuem verschaffte. Ich weiß noch, wie komisch ich inmitten jener künstlerischen Atmosphäre aussah. Ich weiß noch, daß ich mir damals sogar die Frage stellte: ›Woher kommt es bloß, daß gleiche Vorstellungen und geschmackliche Übereinstimmung stets von der gleichen Art, sich zu kleiden und zu reden, der gleichen Lebensweise begleitet werden?‹« Dodge empfahl Barnes mit ihren Zeichnungen weiter an den Fotografen Alfred Stieglitz und seine berühmte Galerie 291 auf der 5th Avenue, den Barnes besuchte und über den sie 1917 ein einfühlsames Porträt schrieb.

Mabel Dodge in ihrem New Yorker Apartment, um 1914

Mit der liberalen Atmosphäre ihres Salons, in der Tabuthemen wie Sexualität und Geburtenkontrolle ebenso wie Gewerkschaftsfragen und die Ideen des Marxismus' debattiert wurden, spielte Mabel Dodge eine nicht zu unterschätzende Rolle in dem Veränderungsprozeß, der Greenwich Village im folgenden Jahrzehnt ins Zentrum der Bohème verwandeln sollte. *Wir biegen nach links in die 9th Street ein.*

⓲ Die letzte Wohnung von Marianne Moore 35 West 9th Street

1966 – nach mehr als 30 Jahren in Brooklyn – kehrte Marianne Moore nach Greenwich Village zurück und bezog eine Wohnung im siebten Stock dieses Gebäudes, in der sie bis zu ihrem Tod 1972 lebte. Eine Gedenktafel erinnert an die »Pulitzer Preisträgerin, Baseball-Enthusiastin und lebenslange New Yorkerin«. Ecke 6th Avenue werfen wir einen Blick in das bekannteste Delikatessengeschäft im Village: Balducci's. Ursprünglich ein schlichter Marktstand, hat sich Balducci's in den letzten Jahrzehnten zum beliebtesten Grocery Store der besserverdienenden Village-Bewohner entwickelt. *Wir überqueren die 6th Avenue und besichtigen das Jefferson Market Courthouse.*

⑲ Jefferson Market Courthouse
425 6th Avenue

Dieses märchenhaft anmutende, mit kleinen Zinnen, Bleiverglasungen, Spitzdächern und einem verspielten Turm verzierte Bauwerk beherbergt heute eine Zweigstelle der Public Library. Bevor das Gebäude 1874–77 von Withers & Vaux in seiner jetzigen Form errichtet wurde, diente der Turm als Feuerwachturm, der von einem belebten Marktplatz umgeben war. Ab Ende des letzten Jahrhunderts als Gerichtsgebäude mit angeschlossenem Gefängnis genutzt, stand es ab 1945 leer und war vom Abriß bedroht. Dank des Engagements und der großzügigen finanziellen Unterstützung der Anwohner wurden zunächst der Turm und die Uhr instand gesetzt, und schließlich ließ sich die Stadt überzeugen, die Restaurierung und

Patchin Place mit dem Turm des Jefferson Market Courthouse

Angliederung an die Public Library zu finanzieren. Die Restaurierung wurde 1967 von Giorgio Cavaglieri vorgenommen. Es lohnt sich, die steinerne Wendeltreppe hinaufzugehen, an den bemalten Glasfenstern vorbei, und einen Blick von oben auf Balducci's zu werfen – einen Blick aus dem Märchenschloß aufs Schlaraffenland.

Wenn wir die Bibliothek verlassen, wenden wir uns zweimal nach links und sehen auf der gegenüberliegenden Straßenseite eine hübsche kleine Sackgasse: den Patchin Place.

⑳ Wohnung von e. e. cummings
4 Patchin Place

Eine Tafel weist am Haus Nr. 4 darauf hin, daß hier e. e. cummings (1894–1962) von 1923 bis zu seinem Tod lebte. Geboren in Cambridge, Massachusetts, studierte er in Harvard Literatur und in Paris Malerei, bevor er sich als Maler und Dichter in New York niederließ. Er diente 1917 in einem Ambulanzkorps des amerikanischen Roten Kreuzes in Frankreich, zusammen mit seinem Freund William Slater Brown, der seiner angeblich zu deutschfreundlichen und zu wenig kriegsenthusiastischen Briefe wegen des Landesverrats bezichtigt und inhaftiert wurde. cummings schlug sich auf seine Seite und wurde ebenfalls verhaftet. Nach einer Odyssee durch verschiedene französische Gefängnisse landeten sie schließlich in dem kleinen Konzentrationslager von La Ferté Macé in Südfrankreich. cummings' Vater erreichte nach Monaten durch ein Gesuch an Präsident Wilson die

Entlassung von cummings. Aus dieser Erfahrung heraus entstand der Roman *The Enormous Room* (1922; dt. *Der ungeheure Raum)*, cummings' einzige längere Prosaarbeit – ebenso experimentell, unkonventionell und avantgardistisch wie seine Lyrik. Von 1921 bis 1923 schloß sich cummings der *Lost Generation* in Europa an und bezog nach seiner Rückkehr mit seiner dritten Ehefrau Marion Morehouse den größten Teil dieses Hauses. John Dos Passos erinnerte sich an cummings: »Wenn Cummings dem Rotwein zwei Cognacs hinterhergejagt hatte, brachen wahre Redegeysire aus ihm hervor. Ich habe nie etwas gehört, das auch nur im entferntesten damit vergleichbar gewesen wäre. Es war komisch, ironisch, gelehrt, buntschillernd, verschachtelt, verteufelt poetisch und zuweilen einfach nur frech. Es war, als speie er seitenweise Prosa und Verse aus einem noch ungeschriebenen Band. Dann lief er plötzlich nach Hause zum Patchin Place, um einiges niederzuschreiben, bevor der Quell versiegte.«

㉑ Wohnung von Djuna Barnes 5 Patchin Place
Direkt gegenüber von e. e. cummings wohnte Djuna Barnes (1892–1982), »die berühmteste Unbekannte ihrer Zeit«, wie sie sich selbst einmal nannte, von Anfang der vierziger Jahre bis zu ihrem Tod. Ihre Selbsteinschätzung scheint auch heute noch der Wahrheit

e. e. cummings vor seinem Haus am Patchin Place

zu entsprechen, denn im Gegensatz zu cummings weist keine Tafel auf sie hin. Nach einigen Jahren in Greenwich Village, in denen sie unzählige Reportagen und Porträts für die verschiedensten Blätter schrieb, schloß sie sich den *Expatriates* an, ging nach Paris und kehrte 1941 nach New York zurück. Bereits 1916 hatte sie Greenwich Village als einzigen lebenswerten Teil New Yorks bezeichnet: »Der größere Teil New Yorks ist so seelenlos wie ein Warenhaus; Greenwich Village hingegen hat Erinnerungen wie Ohren, die angefüllt sind mit verstummter Musik, und Hoffnungen wie blicklose Augen, die bestrebt sind, einen Blick auf die himmlische Vision zu erhaschen.« So prominent und gesellig Barnes in Paris gewesen war, so zurückgezogen und einsam verbrachte sie die ihr bleibenden vier Jahrzehnte in New York. Nach ihrem 1936 erschienenen Roman *Nightwood* (dt. *Nachtgewächs),* der keineswegs ein Verkaufsschlager war, heute jedoch zu den literarischen Klassikern dieses Jahrhunderts zählt, gelang ihr lediglich mit ihrem hier in Patchin Place entstandenen Theaterstück *The Antiphon* (1958; dt. *Antiphon)* noch einmal der Sprung in eine breitere Öffentlichkeit: 1961 produzierte Dag Hammerskjöld das Stück in Stockholm. Der Fotograf Hank O'Neal, der Barnes durch die Vermittlung von Berenice Abbott kennenlernte und einer ihrer wenigen regelmäßigen Besucher war, beschrieb die kleine Wohnung am Patchin Place, die Barnes in späteren Jahren nur noch selten verließ: »Djuna Barnes' Einzimmerwohnung

Djuna Barnes, Patchin Place, 1962

liegt im zweiten Stock von Patchin Place Nr. 5. Sie enthält ein kleines Zimmer – etwa 4 m zu 4,60 m, ein winziges Badezimmer, eine noch kleinere Kochnische und einen großen begehbaren Schrank... Die beiden Fenster gehen auf den engen Hof von Patchin Place hinaus, den ein Eisentor vor mutmaßlichen Eindringlingen schützt... Zwischen den Fenstern steht ein massiver Tisch aus dunkelbraunem Holz, der bedeckt ist mit verstreuten Papieren, Schachteln voll Papier, alten Bleistiften, verschiedenem Krimskrams und von einem sehr alten, kaum noch funktionierenden Fernsehapparat... Unter dem Tisch befinden sich Ordner mit Briefen, sie tragen laufende Nummern, geben aber kein Jahr an. Ihre leuchtend orangefarbenen Rücken sind so ziemlich das Farbigste im Zimmer.« Barnes hatte so gut wie keine sozialen Kontakte mehr in New York, das immer weniger dem glich, das sie gekannt und geschätzt hatte, und das sich einer ihrer Visionen von 1917 immer mehr anzugleichen schien: »Wenn man die Skyline betrachtete, während das Schiff den Battery Park umrundete, stieg New York aus dem Wasser wie eine mächtige Woge, die nicht wußte, wie sie wieder zurücksinken sollte, und deshalb grauenerfüllt verharrte, wie sie war, und aus der Million Fenster hinausspähte, hinter die sie die Menschen gesperrt hatte.«

Wir machen einen Abstecher in die 12th Street, in die wir von der 6th Avenue aus rechts einbiegen.

㉒ New School for Social Research
66 West 12th Street

Der Hauptsitz der New School for Social Research, gegründet 1919, befindet sich seit 1930 in diesem Gebäude, das von dem Architekten Joseph Urban entworfen und vom Bauhaus inspiriert wurde. Anfang der dreißiger Jahre wurde die New School zur »University in Exile« und zum Fluchtpunkt vieler der Künstler und Akademiker, die Deutschland verlassen mußten. Erwin Piscator beispielsweise gründete hier seinen erfolgreichen *Dramatic Workshop*. Erika und Klaus Mann notierten in *Escape to Life*: »Der Kritiker und Essayist Kurt Pinthus forderte alle auf: ›Ihr müßt in die New School kommen und Euch meine Bibliothek anschauen. Dort ist nämlich ein Teil von ihr ausgestellt. Ihr seid alle vertreten, alle Eure Bücher sind da, und ich habe von allen die Erstausgaben. Ihr werdet Werke von Euch wiederfinden, die ihr selber schon ganz vergessen habt. Eure wilden Ausbrüche von 1919 und 1920, ich habe sie alle gesammelt, es ist wirklich eine umfassende Kollektion!‹«

Wir kehren um und gehen durch die 10th Street zurück zur 5th Avenue. Die 10th Street ist eine der städtebaulich interessantesten Straßen in Greenwich Village, und wir finden hier gleich vier literarische Adressen.

㉓ Unterkunft von Hart Crane
54 West 10th Street

In diesem 1839 erbauten, ursprünglich drei Stockwerke hohen Gebäude lebte Hart Crane 1917 in einem Zimmer für sechs Dollar die Woche. Das kleine Haus rechts daneben – die 1832 erbaute Nr. 56 – gilt als eines der ältesten Häuser in diesem Teil des Village.

㉔ Haus von Edward Albee
50 West 10th Street

Zwei Häuser weiter finden wir ein Mitte des letzten Jahrhunderts erbautes ehemaliges Kutschenhaus – die hohen hölzernen Stalltüren sind original, ebenso wie die Laterne über dem Eingang. Dieses schöne Haus bewohnte Edward Albee in den sechziger Jahren. Die ungewöhnliche Häuserreihe mit ihrem durchgehenden Balkon von Nr. 20 bis 38 ist bekannt als *The English Terrace Row*, erbaut zwischen 1856 und 1858 in Anlehnung an den Londoner Baustil der vierziger und fünfziger Jahre des 19. Jahrhunderts. Lediglich zwei oder drei Treppenstufen trennen den ersten Stock vom Straßenniveau – im Unterschied zu den üblichen Gebäuden im holländischen Stil, die mit zehn oder 12 Stufen die Wohnungen vor Überflutungen schützen sollten.

Sinclair Lewis, 1938

㉕ Wohnung von Sinclair Lewis und Dorothy Thompson
37 West 10th Street

In diesem 1830 errichteten Gebäude, auf das in den zwanziger Jahren zwei Stockwerke aufgesetzt wurden, lebten Sinclair Lewis (1885–1951) und Dorothy Thompson (1893–1961) für ein Jahr 1928/29. Sinclair Lewis wuchs im Mittleren Westen auf, studierte in Yale und kam 1907 nach New York. Der literarische Durchbruch gelang ihm 1920 mit dem Roman *Main Street* (dt. *Die Hauptstraße)*, und große internationale Anerkennung erlangte er 1922 mit *Babbit*. Sinclair Lewis erhielt 1930 als erster amerikanischer Schriftsteller den Nobelpreis. 1936 wurde sein Roman *It Can't Happen Here* als Theaterstück, finanziert von der US-Regierung, gleichzeitig auf vier New Yorker Bühnen in vier verschiedenen Sprachen (Englisch, Deutsch, Italienisch, Jiddisch) aufgeführt. Klaus Mann erinnerte sich im *Wendepunkt* mit großer Anerkennung der Premiere dieses Stückes. Basierend auf den Eindrücken und Recherchen Dorothy Thompsons, die sie als Reporterin in Deutschland gesammelt hatte, zeigte Lewis warnend, wie ein amerikanischer Faschismus aussehen könnte.

Klaus Mann schätzte die Anspruchslosigkeit und Bescheidenheit des zu jener Zeit bereits zu Weltruhm gelangten Lewis' sehr – ein Charakterzug, den er amerikanischen Schriftstellern allgemein bescheinigte: »Ein Schriftsteller, der sich die Allüren eines Stefan George, eines Mallarmé, eines D'Annunzio oder Gerhart Hauptmann anmaßen wollte, in New York würde er ausgelacht. Das Sakrale liegt den Amerikanern nicht.« Obwohl weder Lewis noch Thompson Staralüren hatten, wurde ihre Beziehung doch durch den Ruhm, den sie beide unabhängig voneinander auf ihren jeweiligen Gebieten errangen, im Laufe ihrer Ehejahre zu einer unüberbrückbaren Kluft. Sie hatten sich 1927 in Berlin kennengelernt, wo Dorothy Thompson den schon berühmten Schriftsteller interviewte. Noch am Abend ihrer ersten Begegnung hielt er um ihre Hand an – die sie ihm nach der Scheidung von ihren jeweiligen ersten Ehepartnern 1928 in London gab. 1930 wurde ihr Sohn Michael geboren; auf einige glückliche Jahre folgten lange Streitereien und Eifersüchteleien, und 1942 willigte Dorothy Thompson schließlich widerstrebend in die Scheidung ein. Sie kaufte ein Haus in der

48th Street, das wir auf unserem Midtown-Spaziergang ansehen werden (vgl. S. 108).

❷❻ Wohnung von Mark Twain
14 West 10th Street

Dieses 1855/56 errichtete Gebäude ist das letzte, das wir hier anschauen. Ein halbrundes rostiges Metalldach überwölbt den Eingang, und eine kleine Gedenktafel weist darauf hin, daß Mark Twain (1835–1910) hier einmal lebte. Geboren und aufgewachsen in Missouri, begann Samuel Clemens nach einer Zeit als Dampfschiffkapitän auf dem Mississippi, sich als Journalist und Reiseschriftsteller einen Namen zu machen. 1869 erschien *The Innocents Abroad* (dt. *Die Arglosen auf Reisen)*, in dem er unter dem

Mark Twain, 1906

69

Pseudonym Mark Twain über seine 1867 unternommene Kreuzfahrt in die Mittelmeerländer berichtete. Dieses Buch machte Twain zum höchstbezahlten Schriftsteller seiner Zeit und wurde an Beliebtheit und Auflagenhöhe nur von Harriet Beecher Stowes *Uncle Tom's Cabin* (dt. *Onkel Toms Hütte*) übertroffen. Nach der Veröffentlichung von *The Adventures of Tom Sawyer* (1876; dt. *Die Abenteuer des Tom Sawyer*) und *The Adventures of Huckleberry Finn* (1883; dt. *Huckleberry Finns Abenteuer*) und einem wohlhabenden Leben in Hartford, Connecticut, ging Clemens 1894 aufgrund von Fehlinvestitionen seines Verlegers und Geschäftspartners Charles L. Webster bankrott und war gezwungen, die nächsten vier Jahre ununterbrochen Lesereisen in alle Welt zu unternehmen, um seine Schulden abzuzahlen. 1900 zog er mit seiner Familie für einige Monate in dieses Haus, bevor er sich in Riverdale, einem New Yorker Vorort, niederließ. Nach dem Tod seiner Frau 1904 kehrte er zurück nach Greenwich Village und mietete ein nicht mehr existierendes Haus an der 5th Avenue (21), wo er seine Tage damit zubrachte, im Bett liegend Gäste zu empfangen, stundenlang Billard zu spielen und nebenbei seine Autobiographie zu diktieren. 1908 verließ er New York und zog nach Connecticut zurück, wo er zwei Jahre später starb.
Ecke 5th Avenue besichtigen wir die 1841 von Richard Upjohn erbaute Church of the Ascension (geöffnet täglich von 12 bis 14 und von 17 bis 19 Uhr), in der sich Henry James vom Trubel der Stadt zu erholen pflegte – versunken in die Betrachtung des Wandgemäldes hinter dem Altar, das Rhinelander Altarpiece, das sein Freund John La Farge gemalt hatte. Unseren nächsten Halt machen wir auf der 5th Avenue zwischen 11th und 12th Street.

➋➐ Salmagundi Club
47 5th Avenue

In diesem letzten der ursprünglichen *Brownstone Mansions*, die einmal die 5th Avenue säumten, befindet sich auch heute noch der Salmagundi Club. Gegründet 1871 zur Förderung des Austauschs zwischen Künstlern, wurde er nach Washington Irvings satirischem Magazin, *The Salmagundi Papers*, benannt. Zunächst in der 12th Street (14 West) untergebracht, hat der Club seit 1917 seinen Sitz in diesem Gebäude. Heute werden hier Ausstellungen gezeigt und Mal- und Zeichenkurse angeboten.
Wir gehen durch die 11th Street weiter in östlicher Richtung.

➋➑ Der Salon von
Mary Cadwalader Jones
21 East 11th Street

In diesem schönen Haus wurde Ende des 19. Jahrhunderts einer der ersten New Yorker Salons gegründet. Der breite Treppenaufgang wirkt auch heute noch einladend und geeignet für einen gepflegten Abend mit Salonatmosphäre. Hier lud Mary Cadwalader Jones, die mit Edith Whartons Bruder verheiratet und eine Jugendfreundin von Henry James war, ihre Gäste zum Sonntagsbrunch: Theodore Roosevelt, Brooks und Henry Adams, Augustus Saint-Gaudens, John Singer Sargent u.a. gingen bei ihr ein und aus. Henry James wohnte hier bei seinem New York-Besuch 1904. Die Tafel neben der Haustür weist auf Beatrix Ferrand (1872–1959) hin, eine Nichte Edith Whartons und eine bekannte Landschaftsarchitektin, die hier in diesem Haus geboren wurde. Schräg gegenüber, 20 East 11th Street, werfen wir einen Blick auf das Haus, in dem Eleanor Roosevelt von 1933 bis 1942 lebte. Eine Gedenktafel erinnert an die bedeutendste der First Ladies.

Wenn wir in University Place einbiegen, sehen wir linker Hand die berühmte Cedar Tavern (82, ursprünglich beheimatet in der Nr. 24), eine in den fünfziger Jahren hauptsächlich von Malern frequentierte Bar. Hier waren Berühmtheiten wie Jackson Pollock, Franz Kline, Willem de Kooning u.a. anzutreffen. Wir gehen den University Place hoch bis zur 13th Street, in die wir links einbiegen. Bevor wir zu unserer nächsten literarischen Adresse gelangen, sei an dieser Stelle auf Strand hingewiesen, eine der größten Buchhandlungen New Yorks, die sich nicht weit von hier am Broadway / Ecke 12th Street befindet. »8 Miles of Books« lautet der keineswegs aufschneiderische Werbeslogan dieses Paradieses für Buchliebhaber, dessen größtenteils antiquarisches Sortiment alle nur erdenklichen Fachgebiete umfaßt. Hier kann man gar Bücher am Meter kaufen oder leihen – ein Service, der häufig von Filme- oder Ausstellungsmachern in Anspruch genommen wird. Da ein Besuch bei Strand erfahrungsgemäß mindestens eine Stunde in Anspruch nimmt, behalten wir ihn uns für einen anderen Tag vor und setzen unseren Spaziergang in der 13th Street fort.

㉙ Anaïs Nins Verlag
Gemor Press
17 East 13th Street

In diesem zweistöckigen, würfelförmigen Häuschen, das heute das kleine Café Thé Adoré beherbergt, richtete 1944 die Schriftstellerin und Verfasserin zahlreicher erotischer Erzählungen Anaïs Nin (1903–1977) ihren Verlag Gemor Press ein. In Neuilly geboren, war Anaïs Nin in Paris und New York aufgewachsen – auf unserem West Side-Spaziergang werden wir das Haus anschauen, in dem sie einen Teil ihrer Kindheit verbrachte. Seit 1924 lebte sie mit ihrem Mann Hugo Guiler wieder in Paris. Nach dem Kriegsausbruch 1939 sah sie sich gezwungen, Europa zu verlassen, und entschied sich, nach New York zu reisen. Nachdem Nins Bemühungen gescheitert waren, einen amerikanischen Verleger für ihre Bücher zu finden, beschloß sie 1942, ihren eigenen Verlag zu gründen, und fand zunächst ein Loft in der Macdougal Street Nr. 144. Das erste Buch, das sie eigenhändig setzte, war *Winter of Artifice*, von dem zwar in kurzer Zeit 250 Exemplare verkauft wurden, das jedoch fast durchweg negative Kritiken erhielt. Mit ihrem zweiten im Eigenverlag erschienenen Buch hatte sie mehr Erfolg: *Under a*

Glass Bell wurde 1944 im *New Yorker* von Edmund Wilson besprochen, der mit seiner anerkennenden Rezension wesentlich zur Akzeptanz Nins als ernstzunehmender Schriftstellerin beitrug. Im Frühjahr 1944 zog sie mit ihrem Verlag in dieses kleine Haus in der 13th Street, das sie in ihrem Tagebuch beschrieb: »Das Erdgeschoß hatte Zementboden und war daher als Standplatz für die Druckerpresse geeignet. Eine schmale, eiserne Wendeltreppe führte in den ersten Stock. Hier war ein idealer Platz für die Lithopresse. Das Haus kostete 65 Dollar Miete im Monat, beinahe doppelt soviel wie das alte Atelier in der Macdougal Street... Das kleine Haus ist grün angestrichen. Es hat ein großes Fenster zur Straße hin, groß genug, um unsere schönen Bücher dort auszustellen.« Trotz aller Anstrengungen waren Nin keine großen Verkaufserfolge in den Vereinigten Staaten beschieden. 1946 gab sie den Verlag auf und zog im Jahr darauf an die Westküste. Die letzten drei Jahrzehnte ihres Lebens pendelte sie zwischen ihrem ersten Mann Hugo Guiler in New York und ihrem zweiten Mann Rupert Pole in Los Angeles hin und her. Sie heiratete Pole in den fünfziger Jahren – ohne sich allerdings zuvor von Guiler scheiden zu lassen, womit sie ihrem Ruf als besessener Tagebuchschreiberin und Verfasserin erotischer Geschichten den der Bigamistin hinzufügte. Die Ehe mit Rupert Pole wurde 1966 annulliert. Anaïs Nin starb 1979 in Los Angeles an einer Krebserkrankung.

Die letzten beiden Stationen unseres Spazierganges führen uns mit der Überquerung der 14th Street aus Greenwich Village heraus ins Chelsea-Viertel. Wir gehen die 5th Avenue hoch bis zur 16th Street und biegen links ab.

❸⓿ Wohnung von Margaret Anderson 24 West 16th Street

1917 zog Margaret Anderson (1893–1973) gemeinsam mit Jean Heap (gest. 1964), ihrer Lebensgefährtin und Assistentin, in dieses Haus, das einst William Cullen Bryant (1794–1878) gehört hatte. Bryant, in der ersten Hälfte des 19. Jahrhunderts der führende amerikanische Dichter, fungierte von 1829 bis 1878 als Herausgeber der *New York Evening Post* und lebte hier von 1867 bis zu seinem Tod. Eine ausführliche Gedenktafel weist auf Bryant hin. Margaret Anderson gab in New York weiterhin ihre 1914 in Chicago gegründete Zeitschrift *Little Review* heraus, deren Büroräume sich gleich um die Ecke in der 14th Street befanden. In Chicago noch hauptsächlich der Literaturkritik gewidmet, wurde *Little Review* in New York zu einem Hort der Poesie und experimentellen Prosa. Anderson druckte u.a. eine der ersten Erzählungen von Djuna Barnes, *A Night Among the Horses* (dt. *Eine Nacht mit den Pferden*), und 1918 erschien *Ulysses* von James Joyce in Fortsetzungen – was Anderson eine Geldstrafe von 100 Dollar wegen »Obszönität« einbrachte. Auch Anderson und Heap gingen

Anaïs Nin an der Druckerpresse in der 13th Street,
wo sie von 1944–46 die Gemor Press betrieb.

Margaret Anderson (Mitte) beim Signieren in Gotham Book Mart.
Li.: Djuna Barnes, re. Carl Van Vechten. Hinter ihr: Frances Steloff

Jane Heap

1924 nach Paris und mit ihnen die Zeitschrift *Little Review*, die bis 1929 erschien. Margaret Andersons Erinnerungen an ihre Zeit als Herausgeberin wurden 1930 unter dem Titel *My Thirty Year's War* veröffentlicht.

Wir beenden unseren Spaziergang in der 23rd Street, zwischen 7th und 8th Avenue. Auf dem Weg dorthin werfen wir in der West 19th Street (151) einen Blick in den renommierten Different Light Bookstore, dessen Schwerpunkt auf schwuler und lesbischer Literatur liegt. Ein kleines integriertes Self-Service-Café lädt zu einer Pause ein.

③ Chelsea Hotel
222 West 23rd Street
Das Chelsea Hotel ist eines der bekanntesten unter Denkmalschutz stehenden Gebäude der Stadt. 1884 erbaut, ging es als erstes 12stöckiges Apartmenthaus in die Annalen New Yorks ein. Ab 1905 wurde es als Hotel genutzt und avancierte zu einem der beliebtesten bei Schriftstellern und

Künstlern. Mehrere Gedenktafeln am Eingang erinnern an einen Teil der berühmten Bewohner, von denen wir nur einige aufzählen wollen: Mark Twain; die Schauspielerin Sarah Bernhardt; O. Henry (d. i. Sidney Porter), Journalist und Erzähler, der meisterhafte New Yorker Kurzgeschichten schrieb; der Dichter und Rechtsanwalt Edgar Lee Masters; Thomas Wolfe, der hier letzte Hand an seinen Roman *You Can't Go Home Again* (dt. *Es führt kein Weg zurück)* legte; Dylan Thomas; Mary McCarthy; der irische Dichter Brendan Behan, der die Zimmermädchen durch die Flure zu jagen pflegte; der Dichter James Schuyler; Tennessee Williams; der Romancier Nelson Algren; William S. Burroughs; Vladimir Nabokov; der Komponist Virgil Thomson, der mehr als 30 Jahre hier lebte; Jackson Pollock; Peter Brook; Arthur Miller, der von 1962 bis 1968 im Chelsea Hotel wohnte und hier u.a. *After the Fall* schrieb.

Andy Warhol porträtierte das Hotel in den sechziger Jahren in seinem Film *Chelsea Girls*. Als trauriger Höhepunkt in der Geschichte des Chelsea Hotels sei noch erwähnt, daß hier 1978 der Punk-Star Sid Vicious im Rausch seine Freundin erstach. Ein Blick auf die von Hotelgästen geschaffenen Gemälde, die in der Lobby ausgestellt sind, lohnt sich; ebenfalls sehenswert ist die ehemalige Hotelbar einen Eingang weiter, in der sich heute das spanische Restaurant El Quijote befindet.

Lyric Theatre, 100 3rd Avenue, East Village, 1936. Foto von Berenice Abbott

Dritter Spaziergang
Das East Village

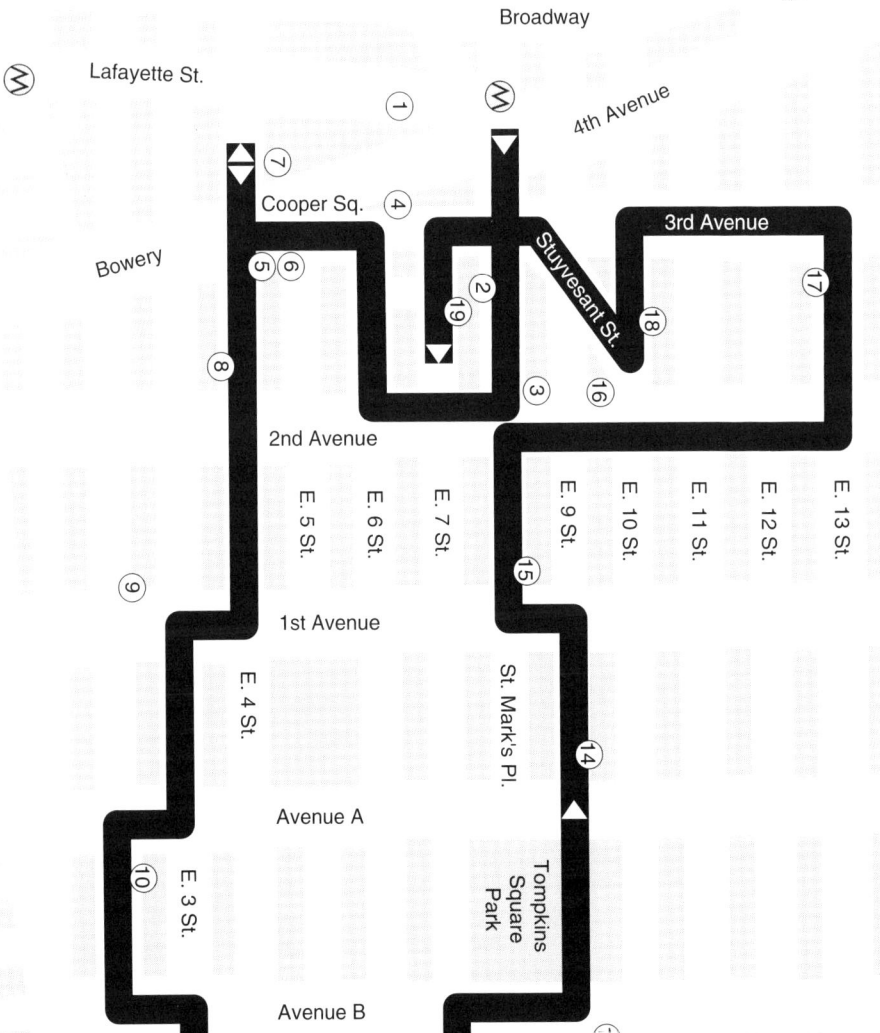

Unseren dritten Spaziergang unternehmen wir im East Village – einem der lebendigsten und buntesten Viertel Manhattans. Wir fahren mit der Subway Linie 6 bis Astor Place und überqueren diesen verkehrsreichen Platz Richtung Osten.

❶ Public Theater
425 Lafayette Street

Wenn wir die Lafayette Street entlang Richtung Süden schauen, sehen wir auf der linken Seite das Public Theater. In diesem Bauwerk wurde 1853 die erste, von John Jacob Astor gestiftete Stadtbücherei eingerichtet. 1921 übernahm die *Hebrew Immigrant Aid Society* das Gebäude, eine Organisation, die osteuropäischen Einwanderern zur Seite stand. 1965 überzeugte der Impressario Joseph Papp (1921–1991) die Stadt, das Gebäude zu erwerben, und auf seine Anregung hin wurde es zu einem Theater umgebaut. Unter der Regie von Papp fand hier u.a. 1967 die Uraufführung des Musicals *Hair* statt. Heute ist das Theater das Zentrum des New York Shakespeare Festivals. Die 4th Avenue, die wir überqueren, war bis in die siebziger Jahre bekannt als *Book Row*. Vom Astor Place bis hoch zum Union Square befanden sich hier mehr als 50 Buchhandlungen und Antiquariate – von denen heute nichts mehr zu erahnen ist.

Wir gehen den St. Mark's Place, die Verlängerung der 8th Street, entlang und befinden uns mitten im Zentrum des East Village. Zu Beginn des 19. Jahrhunderts eine elegante Wohn- und Geschäftsstraße, ist dieses Viertel heute von unzähligen alternativen und skurrilen Mode- und Schmuckläden sowie vielen kleinen Bars, Cafés und Restaurants geprägt.

❷ Adresse von James F. Cooper
4 St. Mark's Place

An dieser Stelle befand sich das Haus, das James F. Cooper 1834 mietete und das seine letzte New Yorker Adresse war. Während seines Europaaufenthalts hatte Cooper eine amerika- und demokratiekritische Haltung entwickelt, die 1838 in seinem Essay *The American Democrat* ihren Ausdruck fand: New York wurde Symbol für geistiges Mittelmaß, Geldgier und Amoralität. Cooper machte seinen Standpunkt ein weiteres Mal drastisch klar, als er die Stadt in seinem Roman *Home as Found* (1838) in Flammen aufgehen ließ. In seinen berühmten Lederstrumpf-Geschichten hingegen, die er zwischen 1823 und 1841 schrieb, ließ er die guten alten Zeiten wiederauferstehen, feierte amerikanischen Primitivismus und verlorenes Heldentum. Nach seiner Rückkehr aus Europa fand Cooper aufgrund seiner politischen Haltung seinen einst so guten Ruf dramatisch verändert: Freunde grüßten ihn nicht mehr, und er sah sich attackierenden Zeitungsartikeln ausgesetzt. Er überzog die Presse mit unzähligen Verleumdungsklagen, die er zum größten Teil gewann, und trug damit maßgeblich zur Neudefinierung von Persönlichkeitsrechten in der Öffentlichkeit bei. Ende der dreißiger Jahre des 19. Jahrhunderts kehrte er verbittert in seine Heimatstadt Coopersville in Albany zurück, wo er 1851 starb.

Wir gehen den St. Mark's Place entlang, am besten auf der linken Straßenseite, um das Haus Nr. 12 gebührend bewundern zu können. 1895 wurde dieses Gebäude für die German-American Schützengesellschaft errichtet – wie bis heute, in Stein gemeißelt, im ersten Stock zu lesen ist. Am oberen Teil der Fassade symbolisieren gekreuzte Gewehre den Zweck des Gebäudes, und wir erfahren: »Einigkeit macht stark«. Die Verfasser des empfehlenswerten AIA-Guide (American Institute of Architecture) merken lakonisch an: »Ein Deutscher Schützenverein tummelte sich hier – und schoß woanders.« Heute befindet sich im Erdgeschoß dieses Gebäudes ein Internet-Café. Das leuchtend-blau gestrichene Gebäude schräg gegenüber war in den fünfziger und sechziger Jahren der beliebteste kulturelle Treffpunkt im East Village: The Electric Circus. Heute ist hier ein Community Center untergebracht. Wir gehen weiter bis zur 2nd Avenue und machen noch einen kleinen Ausflug in die deutsche Geschichte des East Village.

❸ Ottendorfer Branch of the Public Library 135 2nd Avenue

Linker Hand auf der 2nd Avenue befindet sich die Ottendorfer Zweigstelle der Public Library, die 1884 als »Freie Bibliothek und Lesehalle«, wie über dem Eingang zu lesen ist, von Anna und Oswald Ottendorfer gestiftet wurde. Oswald Ottendorfer war der zweite Ehemann Annas, der nach dem Tod ihres ersten Mannes Jacob Uhl die Leitung der von diesem gegründeten *New Yorker Staatszeitung* übernahm und sie zu einer respektablen, konservativen deutschsprachigen Zeitung machte, die bis heute existiert. Im Gebäude nebenan befindet sich die Stuyvesant Polyclinic, ebenfalls von den Ottendorfers im selben Jahr gestiftet und ursprünglich German Polyclinic genannt. Aufgrund der antideutschen Stimmung während des Ersten Weltkrieges wurde der Name geändert. Nach dem Krieg wiederum umbenannt, wiederholte sich die Prozedur im Zweiten Weltkrieg, und schließlich blieb es bei Stuyvesant Polyclinic.

Wir setzen unseren Spaziergang Richtung downtown auf der 2nd Avenue fort, gehen durch die 6th Street zurück zur 3rd Avenue und befinden uns wieder am Cooper Square.

❹ Cooper Union Foundation Building Cooper Square

Das imposante Gebäude auf diesem Platz wurde 1859 errichtet. Der Autodidakt Peter Cooper (1791–1883), der sein Vermögen in der Eisenindustrie machte und die erste Dampflokomotive baute, etablierte hier die Cooper Union Foundation, eine kostenlose Ausbildungsstätte für Künstler und Wissenschaftler. Frauen und Männer konnten an diesem Institut studieren, unabhängig von ihrem gesellschaftlichen oder finanziellen Status. Henry

Im Büro von *Village Voice*: der Herausgeber Daniel Wolf (re.) und der Mitbegründer Norman Mailer

❺ Haus von Hettie und LeRoi Jones
27 Cooper Square

Im Winter 1962 bezogen Hettie und LeRoi Jones dieses noch immer etwas heruntergekommen wirkende Haus. Hettie beschrieb ihren ersten Besuch: »Das einzige, was ich spürte, war das Alter des Hauses. Aber die Nummer an der Tür – 27 – entsprach der auf dem Schlüsselanhänger, den ich in der Hand hatte. Ich ging hinein. Die Holztür hatte eine Glasscheibe wie – was hatte Roi gesagt – ein richtiges Haus? – also, es war zumindest eine richtige Tür. Eine schmale, steile Treppe führte hinauf in die nächsten beiden Geschosse und endete im obersten Stock, den wir beziehen würden – ein dickwandiger Kaninchenbau, in dem ich mich sofort verlief. Wie der Rest des Hauses hatte er jahrelang leergestanden.« Nach ihrer Trennung 1965 begann Hettie Jones, ihre eigenen literarischen Ambitionen zu verfolgen. Sie schrieb ein Dutzend Kinderbücher, veröffentlichte Gedichte in verschiedenen Anthologien, und ihre 1990 erschienene Autobiographie wurde von der *New York Times* zu den besten Büchern des Jahres gezählt.

Ward Beecher und William Cullen Bryant sprachen hier vor dem Civil War gegen Sklaverei, und 1860 hielt Abraham Lincoln in diesem Gebäude seine berühmte *Might makes right*-Rede, die in seine Präsidentschaftskandidatur mündete.

Auf der gegenüberliegenden Straßenseite sehen wir das Gebäude der *Village Voice*, die 1955 von Daniel Wolf und Norman Mailer gegründet wurde. Seit Anfang 1996 liegt diese alternative Wochenzeitung kostenlos an jeder Straßenecke aus. In der *Village Voice* ebenso wie in der ebenfalls kostenlosen *New York Press* findet man Auflistungen von Veranstaltungen jeder Art, Restauranttips, Wohnungs- und Jobanzeigen.

Wir gehen auf der Ostseite des Cooper Squares einen Block in südlicher Richtung.

❻ Wohnung von Diane DiPrima
31 Cooper Square

Zwei Häuser weiter wohnte Diane DiPrima (geb. 1934), eine der wenigen Schriftstellerinnen der *Beat Generation*. Hettie und LeRoi Jones veröffentlichten in ihrem kleinen Verlag *Totem Press* 1958 DiPrimas ersten Gedichtband *This Kind of Bird Flies*

LeRoi Jones und Diane DiPrima,
1960

Backward. Mit Ironie und auch einer Prise Zynismus reflektierte die Mutter von fünf Kindern immer wieder ihre Rolle als Frau in der »befreiten« Atmosphäre der *Beat*-Ära, die – wie auch später die 68er-Bewegung – von Männern dominiert wurde. Selbstbewußt und unabhängig experimentierte DiPrima mit Drogen, hatte zahllose sexuelle Affären (u.a. auch mit LeRoi Jones, von dem sie ein Kind bekam) und verfolgte zielstrebig die Idee eines bohèmehaften Dichterinnenlebens. In den späten sechziger Jahren wurde sie von Maurice Girodias, dem Herausgeber der *Olympia Press*, aufgefordert, ihre erotischen Memoiren zu schreiben. 1969 erschienen ihre – fast schon pornographisch zu nennenden – *Memoirs of a Beatnik*, in denen DiPrima ein lebendiges und zugleich entmystifizierendes Bild der New Yorker Fünfziger-Jahre-Bohème zeichnet. Über eine Orgie mit Ginsberg, Kerouac und zwei weiteren Teilnehmern schrieb sie: »Es war warm und freundlich und

sehr unsexy – als wäre man mit vier anderen in einer Badewanne.«
Wir gehen weiter Richtung downtown bis zur 4th Street.

❼ Old Merchant's House
29 East 4th Street
Wer Lust und Zeit hat, sollte einen Abstecher ins Old Merchant's House zwischen Bowery und Lafayette Street machen (Öffnungszeiten: Sonntag bis Donnerstag, 13–16 Uhr), in dem man einen authentischen Eindruck vom Leben im New York des letzten Jahrhunderts gewinnen kann. Seit 1936 ist dieses Haus, das einmal einer Kaufmannsfamilie gehörte, ein Museum, in dem auch Konzerte und Theaterstücke aufgeführt werden – und das man gar für private Festivitäten mieten kann. Wer nach diesem Ausflug ins 19. Jahrhundert einen Blick auf das 20. werfen will, sollte bis zur Ecke Lafayette Street weitergehen und dem Art & Industrial Design Shop einen Besuch abstatten – interessante und bizarre Originalstücke aller namhaften Designer sind zu finden in diesem Wunderland der Wohnkultur.
Wir gehen die 4th Street in östlicher Richtung weiter.

❽ La Mama Theater
74a East 4th Street
Die 4th Street war einmal das Herz der Off-Off-Broadway-Szene – der La Mama Experimental Theater Club ist eines der letzten und sehr regen Theater. Ellen Stewart, die in den fünfziger Jahren als erste schwarze Modedesi-

gnerin für das exklusive Kaufhaus Saks auf der 5th Avenue arbeitete, gründete das Theater 1961. Im Laufe der folgenden zehn Jahre gelang es ihr, das La Mama zum bedeutendsten Avantgarde- und Experimentaltheater New Yorks zu machen; 1968 kaufte sie dieses Gebäude hier in der 4th Street. Die meisten der großen amerikanischen Schauspieler, unter ihnen Nick Nolte, Bette Midler, Al Pacino und Robert de Niro, haben hier in jungen Jahren auf der Bühne gestanden; Peter Brook gastierte hier, und Stücke von David Mamet und Sam Shepard wurden hier uraufgeführt. Bis heute eröffnet die Mittsiebzigerin Ellen Stewart jede Vorstellung eigenhändig, indem sie eine kleine Glocke ertönen läßt und das Publikum begrüßt. *Wir folgen der 4th Street bis zur 1st Avenue und biegen nach rechts ab.*

❾ Wohnung von Norman Mailer
41 1st Avenue

Hier bezog Norman Mailer 1951 ein Apartment im obersten Stockwerk. Er hatte es gefunden durch die Unterstützung Daniel Wolfs, der im Nachbarhaus (39) wohnte. Mailers spätere zweite Ehefrau Adele Morales zog ebenfalls in die Nr. 39, und die drei pflegten einander über das Dach zu besuchen. Zu Zeiten Mailers befand sich eine koschere Brauerei im Haus, deren Bierdunst das Gebäude durchzog. Heute ist hier »dba« ansässig – eine Bar und Brauerei mit einem schönen, ruhigen Biergarten. Als Mailer einzog, war gerade sein zweiter Roman *Barbary Shore* erschienen, der

extrem schlechte Kritiken erhielt. Mailer verkraftete diesen Fehlschlag nur schwer nach seinem so erfolgreichen Erstling *The Naked and the Dead* (1948; dt. *Die Nackten und die Toten)*, und er kompensierte diese Niederlage mit unzähligen Parties hier in seinem Loft, bei denen Berühmtheiten wie Marlon Brando, Montgomery Clift, Lillian Hellman, Alberto Moravia und Susan Sontag ein- und ausgingen. In den fünfziger Jahren gehörte diese Gegend nicht eben zu den besten und sichersten, was Mailer schmerzhaft zu spüren bekam, als während einer der Parties eine Horde Halbstarker in seine Wohnung eindrang, eine heftige Prügelei anfing und Mailer mit einem Hammer k.o. schlug.

Norman Mailer, 1956

Durch die 3rd Street gehen wir weiter Richtung Avenue A. Der Wohnblock, den wir auf der rechten Seite sehen, heißt First Houses und wurde 1935 angelegt. Von den zuvor existierenden Gebäuden wurde jedes dritte abgerissen, um Licht und Luft für die verbleibenden zu schaffen. Die Anlage gilt als eines der gelungensten sozialen Wohnungsbauprojekte in New York. In der 2nd Street, zwischen Avenue A und Avenue B, finden wir unsere nächste literarische Adresse.

❿ Wohnung von Allen Ginsberg
170 East 2nd Street

In dieses Gebäude, das den Namen The Croton trägt, zogen Allen Ginsberg (1926–1997) und Peter Orlov-

Allen Ginsberg in seiner Wohnung 170 East 2nd Street, 1960

sky (geb. 1933) 1958 nach ihrem zweijährigen Europaaufenthalt. Sie hatten sich 1954 in San Francisco kennengelernt und verbrachten 30 Jahre gemeinsam. Beide entstammten Familien, die von Geisteskrankheit heimgesucht wurden; drei von Orlovskys fünf Geschwistern lebten Jahre in psychiatrischen Kliniken, und noch vor Ginsbergs Geburt wurde bei seiner Mutter Naomi Dementia Praecox diagnostiziert. Ihren Tod 1956 begann Ginsberg, ein Jahr später in seiner langen Elegie *Kaddish* zu verarbeiten. Die letzten 58 Seiten dieses bewegenden Textes schrieb er hier in der 2nd Street – innerhalb von 48 Stunden unter heftigem Drogeneinfluß. Hier lektorierte er außerdem William S. Burroughs Roman *The Naked Lunch*. Auch Peter Orlovsky schrieb, von Ginsberg ermuntert, sporadisch Gelegenheitsgedichte, die 1978 unter dem psychedelischen Titel *Clean Asshole Poems & Smiling Vegetable Songs* veröffentlicht wurden. Wir werden Ginsberg einige Straßen weiter noch einmal begegnen (vgl. S. 85).

Wir gehen durch die 3rd Street weiter Richtung Avenue C und befinden uns im puertoricanischen Teil des East Village.

⓫ Nuyorican Poets Café
236 East 3rd Street

1986 wurde die Avenue C Loisada Avenue getauft, was – mit dem richtigen Akzent ausgesprochen – die puertoricanische Version von Lower East Side ist. Vor einigen Jahren noch einem Slum ähnlich, hat sich die *Neigh-*

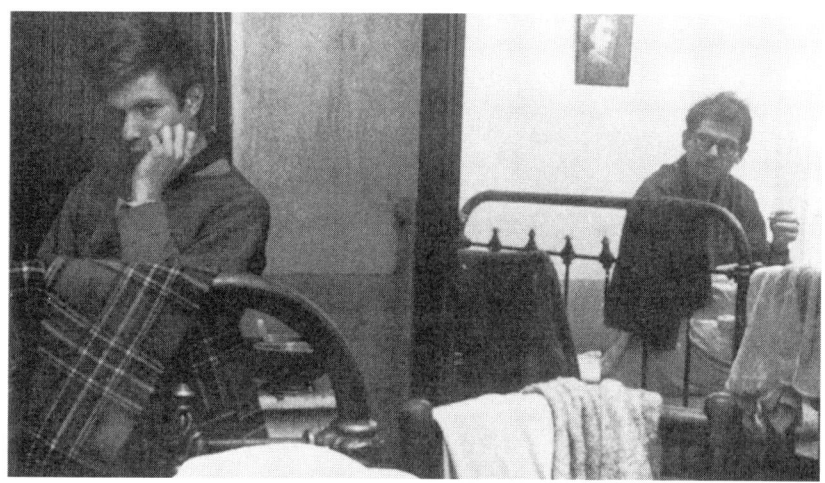

Allen Ginsberg (re.) und Peter Orlovsky (li.), 1957

borhood inzwischen zu einer akzeptablen Wohngegend entwickelt. Wir gehen vorbei an einem kleinen originellen Skulpturengarten und werfen einen Blick auf das Nuyorican Poets Café – das Zentrum der jungen New Yorker Literaturszene. Hier wurden die *Open Mike*-Abende erfunden, offene Lese- oder auch Musikveranstaltungen, bei denen dem Publikum die Bühne gehört. Beachtenswert in dieser Gegend sind zum einen die zahlreichen kleinen Gärten, die auf ehemaligen Müllkippen und Häuserruinen angelegt und in nachbarschaftlicher Zusammenarbeit gepflegt werden, zum anderen die vielen *Murals*, Gemälde an den Hauswänden, die das Viertel nicht nur bunter und freundlicher machen, sondern oftmals auch der Erinnerung an verstorbene Freunde – häufig Opfer von Drogen- und Bandenkriegen – gewidmet sind.

Auf der Avenue C gehen wir Richtung uptown weiter und biegen links in die 7th Street ein.

⓬ Wohnung von Allen Ginsberg 206 East 7th Street

In diesem Gebäude mit seinen imposanten, drei Meter hohen Eingangstüren bezog Ginsberg 1951 ein Apartment. Während zur selben Zeit Jack Kerouac in einem Loft in Chelsea (454 West 20th Street) auf einer 50 Meter langen Papierrolle die erste Fassung seines Romans *On the Road* (dt. *Unterwegs*) tippte, reiste William S. Burroughs auf der Suche nach einer neuen Droge (Yagé) durch Ecuador. Allen Ginsberg stattete derweil Joan Burroughs in Mexiko einen Besuch ab – bei dem er Joan zum letzten Mal sehen sollte. Am 6. September 1951

Joan Vollmer, um 1946
William Burroughs in Tanger,
etwa 1957

tötete Burroughs seine Frau versehentlich bei dem Versuch, in Wilhelm-Tell-Manier einen Apfel von ihrem Kopf zu schießen. Nach 13 Tagen Gefängnis, der Zahlung von Bestechungsgeldern und einer Kaution wurde er freigelassen, kehrte 1953 nach New York zurück und kam in Ginsbergs Apartment hier in der 7th Street unter. Da Ginsberg seine amourösen Avancen nicht erwiderte, reiste Burroughs nach Tanger ab, wo *The Naked Lunch* entstand.

Als Allen Ginsberg in die 7th Street zog, war die *Beat Generation* noch keineswegs als literarischer Begriff geprägt. Erst 1952 tauchte dieses Schlagwort in dem Artikel *This is the Beat Generation*, den John Clellon Holmes für das *New York Times Magazine* schrieb, zum erstenmal in der Presse auf. Holmes entnahm den Begriff einem Gespräch, das er einige Zeit zuvor mit Jack Kerouac geführt hatte; Kerouac hatte gesagt: »You know, this is really a *beat* generation.« (»Weißt du, das ist tatsächlich eine *geschlagene* Generation.«) Geprägt von der Erfahrung des Zweiten Weltkrieges, rebellierte die *Beat Generation* gegen die prüden fünfziger Jahre – ähnlich desillusioniert und unpolitisch wie die *Lost Generation* der zwanziger Jahre, die auf den Ersten Weltkrieg folgte. Jack Kerouac (1922–1969), Allen Ginsberg (1926–1997) und William S. Burroughs (1914–1997) waren die Initiatoren und das Zentrum dieser Bewegung. Ihre geistige Verbundenheit und Freundschaft entstand 1943/44, als Ginsberg und Kerouac an der Columbia University

**Hal Chase, Jack Kerouac, Allen Ginsberg und William Burroughs,
Upper West Side, ca. 1946**

studierten; der einige Jahre ältere Burroughs hatte bereits in Harvard ein
Literaturstudium absolviert und einige Jahre in Wien verbracht, wo er ein
Medizin- und Psychologiestudium begann, das er aufgrund der politischen
Umstände jedoch nicht zu Ende
führen konnte. Alle drei hatten eine
von traumatischen Erfahrungen geprägte Kindheit hinter sich: Ginsberg
litt unter der Geisteskrankheit seiner
Mutter, Kerouac unter dem Tod seines
vier Jahre älteren Bruders, der neun-
jährig an einer Herzkrankheit verstor-
ben war und von der tiefreligiösen Familie wie ein Märtyrer verehrt wurde,
und Burroughs hatte unter dem Einfluß eines Kindermädchens gestanden,
das schwarze Magie praktizierte.

Ihre Seelenverwandtschaft vertiefte
sich im August 1944 durch ein dra-
matisches Ereignis im engeren Freundeskreis: Lucien Carr erstach David
Kammerer bei einem Streit im Riverside Park. Gemeinsam versuchten sie,
den Mord psychisch und literarisch zu
bewältigen: Sie zogen in die Wohnung
einer Freundin, Joan Vollmer (419
West 115th Street), lebten, lasen,
schrieben und schliefen gemeinsam,
Burroughs fungierte als Psychoanaly-
tiker für Kerouac und Ginsberg, und
sie fingen an, mit Drogen zu experi-
mentieren. 1946 begann die Liebesge-
schichte von Joan Vollmer und Burroughs, die fünf Jahre später mit der
versehentlichen Erschießung Joans ein
tragisches Ende fand. Burroughs ver-

87

Jack Kerouac (li.) und Lucien Carr,
Columbia University, August 1944,
bevor sie eingezogen wurden

und schrieb bis zu seinem Tod im April 1997 – er starb an Leberkrebs – im East Village; William S. Burroughs zog Anfang der achtziger Jahre nach Lawrence, Kansas, wo er bis zu seinem Tod im August 1997 lebte. U.a. schrieb er dort 1989 das Libretto für *The Black Rider*, eine moderne Oper von Robert Wilson und Tom Waits. Jack Kerouac hingegen überlebte die wilden *Beat*-Jahre nicht: Er starb bereits 1969 im Haus seiner Mutter in

Allen Ginsberg (re.) und Lucien Carr,
Washington Square,
Ostersonntag 1948

arbeitete dieses Ereignis in *The Naked Lunch*, das 1959 in Paris und aufgrund rigider Zensurbestimmungen erst 1962 in New York erschien. Der Roman hieß zunächst *Naked Lust*, wurde jedoch von Burroughs umbenannt, weil ihm Jack Kerouacs Version des Titels besser gefiel, der sich schlicht verlesen hatte. Mit diesem Buch wurde Burroughs ebenso zum Kultautor wie Jack Kerouac zuvor mit *On the Road* (1957). Ginsberg erzielte als erster der drei Autoren den literarischen Durchbruch mit seinem langen Prosa-Gedicht *Howl* (dt. *Das Geheul*), das 1956 erschien und von dem bereits bis Ende der sechziger Jahre über 250 000 Exemplare verkauft wurden. Allen Ginsberg lebte

St. Petersburg, Florida, an einer überdosierten Mixtur aus Johnny Walker Red und Dexedrine.
Wir biegen rechts in die Avenue B ein und gehen am Rand des Tompkins Square Parks entlang.

Links: Fotografiert von Allen Ginsberg: Jack Kerouac auf der Feuertreppe von Ginsbergs Apartment East 7th Street, 1953
Unten: Lasen nach 16 Jahren noch einmal Gedichte in der Columbia University, 17. April 1975: Gregory Corso, William Burroughs, Allen Ginsberg und Peter Orlovsky (von li. nach re.)

⓭ Wohnung von Charlie Parker
151 Avenue B

Wir werfen einen Blick auf das Haus, in dem der Jazzmusiker und Saxophonist Charlie Parker (1920–1955) zwischen 1950 und 1954 lebte. Eine Gedenktafel weist auf Parker hin, und dieser Abschnitt der Avenue ist nach ihm benannt. Allen Ginsberg und Charlie Parker waren die ersten Künstler, die in den fünfziger Jahren ins East Village zogen und den Anstoß für andere gaben, diese Gegend Manhattans allmählich in ein lebendiges Künstlerviertel zu verwandeln.

Wir durchqueren den großzügig angelegten Tompkins Square Park Richtung Westen. Zu Beginn dieses Jahrhunderts führte ein tragisches Schiffsunglück dazu, daß die seit Mitte des 19. Jahrhunderts im East Village ansässige deutsche Bevölkerung die Gegend verließ und in andere Viertel zog: Am 15. Juni 1904 sank ein Ausflugsdampfer auf dem East River – und mit ihm etwa 1200 Menschen, hauptsächlich Frauen und Kinder deutscher Herkunft. Die verzweifelten Ehemänner und Väter, von denen viele ihre gesamte Familie verloren, verließen das East Village. Zunächst zogen viele jüdische Familien nach, dann immer mehr polnische, russische, ukrainische und hispanische Einwanderer. Wer Lust auf Kaffee verspürt, sollte eines der kleinen Cafés in der 9th Street aufsuchen, in der wir unseren Spaziergang fortsetzen.

Frank O'Hara, 1962

⓮ Wohnung von Frank O'Hara
441 East 9th Street

In diesem Haus lebte der New York-Enthusiast und Dichter Frank O'Hara (1926–1966) Anfang der sechziger Jahre. Geboren und aufgewachsen in Massachusetts, kam O'Hara 1951 nach New York und verfiel geradezu in einen New York-Rausch, der sich immer wieder in seinen Gedichten Bahn brach. »Ich liebe diese haarige Stadt. New York / großartiger als die Rocky Mountains«, schrieb er. Obwohl er sich den Dichtern der *Beat Generation* nahe fühlte und zu ihrem Umkreis gezählt wird, gehörte er dennoch nicht direkt dazu. Er war weder bettelarm oder drogenabhängig noch kriminell, sondern arbeitete als Kurator und Kritiker am Museum of Modern Art. O'Hara gehörte zum Kreis der *New York School of Poets*, einer Gruppe von Autoren (unter ihnen James Schuyler, John Ashbery und Kenneth Koch), die sich den abstrakten expressionistischen Malern der fünfziger Jahre verbunden fühlte und eng mit diesen zusammenarbeitete. Frank O'Hara starb im Alter von nur 40 Jahren auf Fire Island, nachdem ihn ein Strandauto überfahren hatte. *Auf der 1st Avenue gehen wir einen Block downtown und biegen rechts in den St. Mark's Place ein.*

⑮ Wohnung von
W. H. Auden
77 St. Mark's Place

In diesem Gebäude lebte der Dichter W. H. Auden (1907–1973) von 1953 bis 1972. Auden, der im englischen York geboren wurde, veröffentlichte 1934 mit Unterstützung von T. S. Eliot seinen ersten Gedichtband. Bereits zu Schulzeiten freundete er sich mit Christopher Isherwood (1904–1986) an,

über dessen Vermittlung Auden 1935 Erika Mann heiratete, um ihr die britische Staatsbürgerschaft zu verschaffen. (Die Ehe wurde nie geschieden.) 1939 ließ er sich in New York nieder, wurde sieben Jahre später amerikanischer Staatsbürger und lehrte an verschiedenen Universitäten. Ab 1953 wohnte er hier im East Village – zeitweise mit seinem Lebensgefährten Chester Kallman – in einer kleinen Wohnung, die nach Beschreibungen von Zeitgenossen einem Schlachtfeld glich: »Auden schreibt auf einer neuen tragbaren Schreibmaschine... in seinem kleinen, fensterlosen Wohnzimmer, das überquillt von Büchern, Schallplatten und Manuskripten. Neben dem Wohnzimmer befinden sich eine Schlafnische mit einem zerwühlten Bett, eine Küche, wo er seine

W. H. Auden beim Bücherpacken in seiner Wohnung 77 St. Mark's Place, vor seinem Umzug nach Österreich, 1972

Gourmet Mahlzeiten kocht..., und ein weiterer, ebenfalls vollgestopfter Raum, der auf St. Mark's Place hinausgeht.« Ab 1958 pendelte Auden zwischen dem East Village und seinem Haus im österreichischen Kirchstetten hin und her, wo er 1973 starb und auch begraben liegt. *Wir folgen St. Mark's Place bis zur 2nd Avenue, die wir bis zur 10th Street hochgehen.*

⑯ St. Mark's Church in the Bowery
131 East 10th Street

Dort, wo sich jetzt die wunderhübsche Kirche St. Mark's Church in the Bowery befindet, stand einmal die private Kapelle des holländischen Gouverneurs Peter Stuyvesant (1592–1672), dessen Besitztümer sich über das gesamte heutige East Village erstreckten. Die heutige Kirche wurde zwischen 1795 und 1799 erbaut und ist damit die zweitälteste Kirche der Stadt. Ihr Beiname stellt die englische Version von bouwerie, niederländisch für Farm, dar. Wir schauen uns die Gedenksteine auf dem kleinen Friedhof an, auf dem u.a. Mitglieder der Stuyvesant-Familie beigesetzt wurden, sowie die Gedenktafel zu Ehren von W. H. Auden, der Mitglied dieser Gemeinde war. Die gesprungene Glocke, die hier zu sehen ist, war die erste der Kirche und wurde 1978 bei einem Brand beschädigt. Sie wurde nur zu besonderen Anlässen geläutet – nach der Ermordung von John F. und Robert Kennedy und Martin Luther King und zum letzten Mal bei Beendi-

gung des Vietnamkrieges. Die großen Innenräume der Kirche werden heute für Ausstellungen und Theateraufführungen und insbesondere für literarische Veranstaltungen genutzt. *Wir gehen bis zur 13th Street und biegen links ab.*

⑰ Wohnung von Emma Goldman
208 East 13th Street

Eine Gedenktafel weist auf Emma Goldman (1869–1940) hin: Die »Anarchistin, Rednerin und Verfechterin freier Rede und freier Liebe« lebte hier von 1903 bis 1913. Goldman, geboren in Litauen, emigrierte 1885 in die Vereinigten Staaten. Sie engagierte sich mit ihrer Zeitschrift *Mother Earth*, die sie seit 1906 herausgab, insbesondere für die Belange von Frauen, veröffentlichte aber auch literarische Texte. In *Mother Earth* erschienen beispielsweise Arbeiten von in den USA noch gänzlich unbekannten Autoren wie Henrik Ibsen und August Strindberg. Goldmans pazifistische Haltung brachte sie während des Ersten Weltkrieges ins Gefängnis, und 1919 wurde sie nach Rußland deportiert. Ihre kritische Haltung dem bolschewistischen Regime gegenüber zwang sie, Rußland zu verlassen. Sie ließ sich in Frankreich nieder, wo 1931 ihre Autobiographie *Living my Life* (dt. *Gelebtes Leben*) veröffentlicht wurde. *Wir gehen die 3rd Avenue hinunter bis zur 10th Street, in die wir links einbiegen. Direkt an der Ecke, am Gebäude, das die medizinischen Labors von*

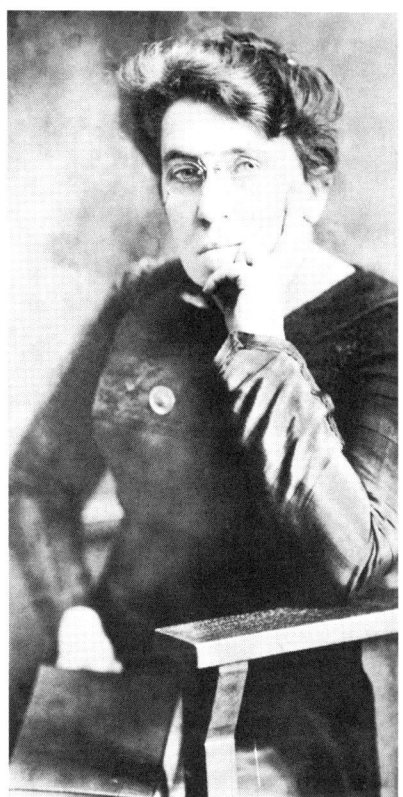

Emma Goldman

Bandiner & Schlesinger beherbergt, hängt eine 1890 von der Holland Society gestiftete Gedenktafel. Sie erinnert an den Birnbaum, den Peter Stuyvesant 1664 aus Holland mitbrachte und hier zu seinem eigenen Gedenken anpflanzte – und der über 200 Jahre alt wurde. Wir bleiben auf der linken Straßenseite und sehen uns die Reihe roter Backsteinhäuser an.

⑱ Wohnung von Dwight Macdonald
117 East 10th Street

Hier lebte Dwight Macdonald (1906–1982), in dessen Wohnung häufig Redaktionssitzungen der *Partisan Review* stattfanden. Macdonald war einer der Herausgeber, und zu den Mitarbeitern und Autoren gehörten u.a. Philip Ravh, Mary McCarthy, Edmund Wilson, Norman Mailer, Susan Sontag und W. H. Auden. 1934 als Organ der Kommunistischen Partei gegründet, wurde die Zeitschrift vier Jahre später unabhängig und entwickelte sich mehr und mehr zu einer bis heute existierenden kritischen, intellektuellen Kultur- und Literaturzeitschrift. Von 1944 bis 1949 gab Macdonald eine eigene anarchistische und pazifistische Zeitschrift, *Politics*, heraus und schrieb in späteren Jahren für den *New Yorker* sowie *Esquire*.

Wir biegen scharf rechts in die Stuyvesant Street ein und werfen einen Blick auf die Nummer 21, die Stuyvesant-Fish Residence. Dieses Gebäude wurde 1804 von Peter Stuyvesants Urenkel als Hochzeitsgeschenk für seine Tochter erbaut. Die für jene Zeit ungewöhnlichen Ausmaße des Hauses bezeugten den ebenso ungewöhnlichen Reichtum der Familie. Ecke 3rd Avenue können wir dem hervorragend sortierten St. Mark's Bookshop einen Besuch abstatten. Um zu unserem letzten Halt auf diesem Spaziergang zu gelangen, gehen wir die 3rd Avenue hinunter bis zur 7th Street und biegen links ein.

⑲ McSorley's Old Alehouse
15 East 7th Street

Hier finden wir eine der ältesten Bars der Stadt: McSorley's Old Alehouse. Joseph Mitchell setzte ihr bereits 1940 mit seiner amüsanten Reportage-Erzählung *McSorley's Wonderful Saloon* ein Denkmal. Eröffnet 1854 von dem Iren John McSorley (»Old John«, 1823–1910), wurde McSorley's rasch zu einer Institution im East Village und hat bis heute nichts von seinem altertümlichen Charme verloren. »Es ist eine verschlafene Bar; die Barkeeper machen niemals eine überflüssige Bewegung, die Gäste nuckeln an ihrem Bier, und die drei Uhren an den Wänden werden sich seit Jahren nicht einig«, schrieb Mitchell. Old Johns Maxime war: Gutes Ale, rohe Zwiebeln und keine Frauen – und bis in die sechziger Jahre hinein war Frauen der Zutritt verboten, wie die gerahmten Zeitungsartikel an den Wänden bezeugen. In der unkonventionellen Atmosphäre sollte man das im Keller gebraute und in Windeseile servierte Bier sowie die traditionell schlichte Käseplatte mit Crackern und rohen Zwiebeln probieren. Falls es hier zu voll ist, kann man sein Glück einige Häuser weiter im Burb Castle versuchen, wo die Kellner die reichhaltige Bierauswahl in Mönchskutten servieren und die *Carmina Burana* oder Gregorianische Gesänge zu hören sind. Wem der Sinn nach einem indischen Lunch oder Dinner steht, sollte in der 6th Street (zwischen 2nd und 1st Avenue) eines der unzähligen, preiswerten indischen Restaurants aufsuchen.

Grand Central Station,
Midtown

Vierter Spaziergang
Midtown

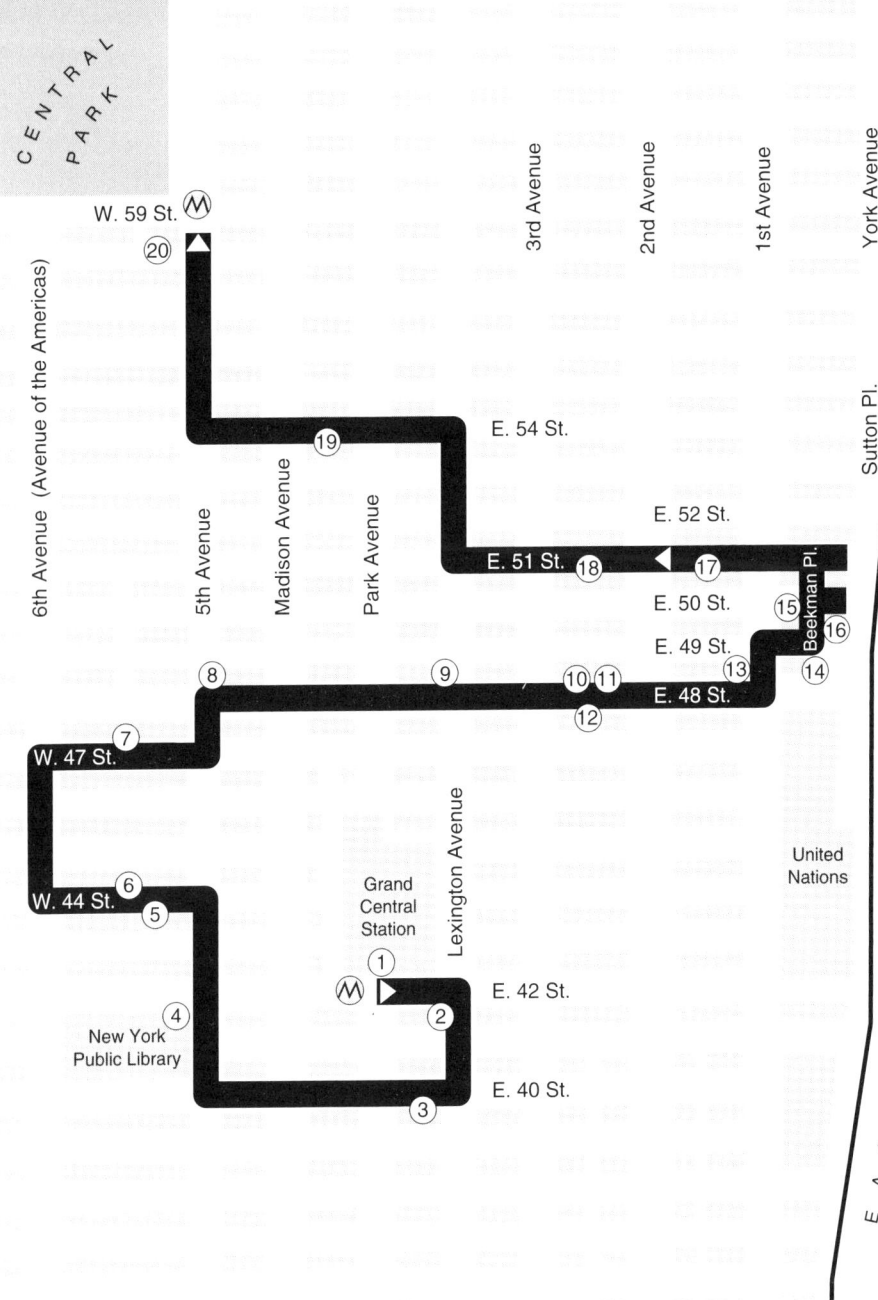

Unser vierter Spaziergang führt uns nach Midtown und in einen Teil der East Side; man sollte ihn auf einen Wochentag legen, da einige der sehenswerten Bürogebäude am Wochenende geschlossen sind. Wir fahren mit der Subway (4, 5 oder 6) bis zur Grand Central Station und schauen uns die imposante Schalterhalle an.

❶ Schauplatz von
Der gute Gott von Manhattan
Grand Central Station /
42nd Street

»Gegen fünf Uhr nachmittag, kurz nachdem der Schnellzug aus Boston in der Unterwelt von Grand Central eingelaufen war und die Reisenden sich in den Hallen und vor den Ausgängen verliefen, als sie den rotglühenden und grünenden Pfeilen nachgingen, als die Orgelmusik aus den Wänden quoll – als alle Uhrzeiger liefen und das Licht ohne Unterlaß in den Röhren tanzte gegen die immerwährende Finsternis, waren zwei Neue angekommen... Sie ging hinter ihm in Weiß und Rosa. Es waren so viele Stimmen da, und ihre war nichtig; es gab so viele Möglichkeiten, und diese war die unmöglichste, aber sie versuchte es.« Hier in der Grand Central Station siedelte Ingeborg Bachmann (1926–1973) die erste Begegnung von Jennifer und Jan, den beiden Hauptfiguren in ihrem Hörspiel *Der gute Gott von Manhattan* an. Es wurde 1958 erstmals gesendet und mit dem Hörspielpreis der Kriegsblinden ausgezeichnet. Bachmann unternahm 1955 ihre erste USA-Reise, um auf Einladung von

Ingeborg Bachmann
in New York, 1955

Henry Kissinger an einem internationalen Seminar der Harvard Summer School teilzunehmen. Daß sie in New York an Land gehen durfte, verdankte Bachmann allein der überzeugenden Fürsprache von Kissinger – denn sie hatte ihren Paß vergessen. Die Veröffentlichung von *Der gute Gott von Manhattan* war der Anlaß für Max Frisch, den Kontakt mit Bachmann aufzunehmen (wie er in *Montauk* berichtet), und mündete in ihre knapp vier Jahre andauernde Liebesbeziehung.

Wir verlassen den Bahnhof am Ausgang 42nd Street und gehen die 42nd Street ein Stück in östlicher Richtung, wo sich unübersehbar das Chrysler

Building erhebt. Auf der Südseite der 42nd Street passieren wir das monumentale Bowery Savings Building (110), das 1923 erbaut wurde und unter Denkmalschutz steht und dessen in Marmor gehaltene Schalterhalle einen Blick lohnt. Ecke Lexington Avenue gelangen wir zu unserer nächsten literarischen Adresse.

❷ Chanin Building
122 East 42nd Street

In diesem 1929 errichteten 56stöckigen Gebäude trat Erika Mann 1936 mit ihrem Kabarettprogramm *Die Pfeffermühle* auf. Wir werfen einen Blick auf das mit Fisch- und Vogelabbildungen dekorierte Bronzeband, das sich über die gesamte Breite des Gebäudes zieht, und schlendern ein wenig in der atemberaubenden, von Jacques Delamarre entworfenen Lobby dieses Art déco Gebäudes herum. Klaus Mann erinnerte sich im *Wendepunkt:* »Erika eröffnete ihre Kleinkunstbühne, vielleicht etwas übereilt, am 29. Dezember 1936 in einem schmucken, aber nicht sehr stimmungsvollen kleinen Theater, das im obersten Stock eines Wolkenkratzers, dem ›Chanin Building‹, nahe dem ›Grand Central‹-Bahnhof, gelegen war. Ein Teil der Presse und des Publikums zeigte sich durchaus nicht unempfänglich für den besonderen Reiz der Szenen, Lieder und Rezitationen, von denen einige in englischer Übersetzung, andere im deutschen Original zum Vortrag kamen. Aber irgendwie fehlte es doch an Kontakt zwischen Parkett und Bühne; das Programm

zündete nicht, schlug nicht ein... Warum diese Kühle?... Eine ›amerikanisierte‹, dem landesüblichen Geschmack konsequent angepaßte ›Pfeffermühle‹ wäre vielleicht zur Sensation geworden... Die bedeutende Giehse... und Magnus Henning, kehrten nach Europa zurück, während andere Mitglieder des Ensembles... in den USA ihr Glück versuchen wollten. Auch Erika entschloß sich zu bleiben.«

Hier im Chanin Building befand sich ab 1940 auch der Sitz des *Emergency Rescue Committee*, das die politischen Flüchtlinge unterstützte, indem es Visaanträge weiterleitete oder auch Arbeitsverträge deutschsprachiger Au-

Programm von Erika Manns
***Peppermill*, Chanin Building, 1936**

Geheime Sitzung des
Emergency Rescue Committee, 1941.
Hinten links: Hans Sahl

toren mit Metro Goldwyn Mayer und Warner Brothers vermittelte, was die Einreise in die USA ermöglichte.

Bevor wir unseren Spaziergang die Lexington Avenue entlang in südlicher Richtung fortsetzen, lassen wir uns noch von der Art déco Lobby des Chrysler Buildings beeindrucken. 1930 fertiggestellt, konnte es für einige Monate den Titel des höchsten Gebäudes der Welt für sich in Anspruch nehmen – bevor das Empire State Building ihm den Rang ablief. Wir bleiben auf den Spuren der Familie Mann, wenn wir jetzt nach rechts in die 40th Street einbiegen.

❸ Hotel Bedford
118 East 40th Street

Im Hotel Bedford kam die Familie Mann unter, wann immer sie sich in New York aufhielt. Klaus Mann schrieb: »Im Hotel Bedford, sehr zentral gelegen, in der vergleichsweise

stillen Vierzigsten Straße, zwischen der geschäftigen Lexington- und der fashionablen Park Avenue, wimmelte es von Schicksalsgenossen, fast wie früher in gewissen Cafés von Zürich oder Paris. Erika und ich gehörten zu den ›Bedford‹-Habitués. Während wir in unserem ›apartment‹ an *Escape to life* werkelten, trafen sich die im Buch geschilderten Personen, oder doch manche von ihnen, unten in der Bar zur ›coctail party‹.« Zum erstenmal hatten Klaus und Erika Mann 1927 im Rahmen ihrer »großen Ferien- und Entdeckungsreise ›rundherum‹« New York einen Besuch abgestattet. Klaus Mann beschrieb die Veränderung der Stadt innerhalb eines Jahrzehnts: »Die

Klaus Mann im Foyer des
Hotel Bedford

enorme Siedlung, die Hyper-Metropolis und Stadt-der-Städte war jetzt unvergleichlich intensiver und bewußter sie selbst geworden; ›die Idee New York‹ (um mich platonisch auszudrücken) hatte sich nun weitgehend erfüllt und in dynamische Realität umgesetzt... Das New York der zwanziger Jahre war ein erregendes Versprechen, eine noch ungeformte oder nur halb-geformte Masse, trächtig mit widerspruchsvollen Möglichkeiten. Das New York, das ich nun zum zweiten Male kennenlernte und in das ich mich zum zweiten Male verliebte, war ein fertiger, kompletter Organismus, nicht mehr chaotisch, nicht mehr unartikuliert. Es wußte um seine eigene Größe, seinen Reiz, seine Macht. Es hatte ein Gesicht. Es hatte eine Stimme.«

Wir gehen weiter Richtung Westen und biegen an der 5th Avenue rechts ab. Von hier aus haben wir einen schönen Blick auf das Empire State Building und die in der Ferne sich erhebenden Türme des World Trade Centers.

❹ The New York Public Library
5th Avenue zwischen
40th und 42nd Street

Das 1911 errichtete Beaux Arts Gebäude, das sich zwischen 40th und 42nd Street erstreckt, beherbergt eine der bedeutendsten und umfangreichsten Bibliotheken der Welt: die Central Research Branch of the New York Public Library. Im Sommer lädt der breite Treppenaufgang, bewacht von den beiden berühmten Steinlöwen, zu

einer Erholungspause ein. Im Eingangsbereich der Bibliothek ist Informationsmaterial erhältlich, und es werden Besichtigungstouren angeboten. In jedem Fall sollte man den Hauptkatalograum sowie den wunderschönen Lesesaal im dritten Stock anschauen; mehr als neun Millionen Bände aller erdenklichen Fachbereiche sowie über 20 Millionen anderer Druckerzeugnisse wie etwa Fotografien oder Landkarten sind hier katalogisiert. Hinter dem Gebäude befinden sich der schöne und relativ ruhige Bryant Park sowie ein riesengroßes Café-Restaurant, das mit seinen Korbstühlen an Pariser Cafés erinnert. Der Literatur wird hier mit einer 1992 gestifteten Gertrude-Stein-Statue von Jo Davidson gedacht, die in buddhistischer Haltung von ihrem Podest auf den Betrachter herunterlächelt.

Wir gehen die 5th Avenue hoch und durch die 44th Street weiter Richtung Westen. Linker Hand sehen wir das Hotel The Mansfield mit seiner im Sonnenlicht bronzen schimmernden Fassade, in dem Uwe Johnson 1961 bei seinem ersten New York-Aufenthalt unterkam.

❺ Ehemaliger Sitz von
The New Yorker
26–28 West 44th Street

Eine Tafel weist darauf hin, daß sich in diesem Gebäude, dem National Association Building, das sich über eine ganze Blockbreite bis zur 43rd Street erstreckt, von 1925 bis 1991 auf mehreren Stockwerken die Büros der renommierten Zeitschrift *The*

Der Bildhauer Joe Davidson, Modell und Skulptur Gertrude Stein, 1926

New Yorker befanden. Selbstironisch heißt es: »Charakteristisch für das Magazin war sein Argwohn moderner Technologie gegenüber. Der Mietvertrag forderte, daß jederzeit mindestens ein von Hand bedienter Fahrstuhl in Betrieb war.«

Harold Ross (1892–1951), der von 1917 bis 1919 die Armeezeitschrift *Stars and Stripes* in Paris herausgegeben hatte und nach seiner Rückkehr zum engeren Kreis um den *Round Table* zählte (zu dem uns unser nächster Halt führen wird), beschloß, dem Esprit und Witz dieser illustren Runde mit einer Zeitschrift zu Öffentlichkeit zu verhelfen. Mit 55 000 Dollar Grundkapital brachte er 1925 die erste Nummer heraus, eine humoristische Wochenzeitschrift, die innerhalb der zwei folgenden Jahre insbesondere durch die Mitarbeit von E. B. White, Dorothy Parker und James Thurber ihren offenen, ironischen, aber nie arroganten Ton entwickelte, der die Zeitschrift bis heute auszeichnet. Seit

1991 befinden sich die Redaktionsräume in 25 West 43rd Street.

Gegenüber sehen wir den Harvard Club und ein Stück weiter das Gebäude des New York Yacht Clubs, das mit seiner geschwungenen Fassade und den Schiffshecks nachgebildeten Fenstern seine Bestimmung eindrucksvoll und spielerisch sichtbar macht. Unser nächster Halt ist von hier aus nicht mehr zu übersehen:

❻ Hotel Algonquin
59 West 44th Street

Seit dem 6. Juli 1996 wird das Hotel Algonquin auch offiziell als Wahrzeichen mit einer Gedenktafel geehrt. Auf dieser heißt es: »Sitz des legendären Round Table, an dem so scharfzüngige Geister wie Dorothy Parker, Robert Benchley und Alexander Woollcott Sticheleien und Bonmots über ihrem täglichen Lunch austauschten. Die literarischen Größen dieses Jahrhunderts – William Faulkner, Sinclair Lewis, Harold Ross, Gertrude Stein, James Thurber sowie unzählige andere – fanden ebenfalls einen Hafen innerhalb der eichengetäfelten Wände.« Gertrude Stein und Alice B. Toklas kamen hier 1934 auf ihrer Vortragsreise unter. Von diesem Hotel aus unternahm das Paar einen ersten Spaziergang zum Times Square, auf dem in Leuchtbuchstaben Steins Ankunft bekanntgegeben wurde. Alice kommentierte trocken: »Als ob wir das nicht wüßten.«

Gegründet wurde der *Round Table* 1919, der Legende nach auf eher komische Weise: Eines Tages bat der Dramatiker Robert Sherwood (1896–1955) Dorothy Parker (1893–1967) sowie den Theaterkritiker Robert Benchley (1889–1945), ihn als Begleitschutz zum Lunch ins Algonquin zu eskortieren, da er sich vor den Neckereien der Liliputaner fürchtete, die in der Nähe im Hippodrome arbeiteten und ihn, so oft er auftauchte, mit seiner ungewöhnlichen Körpergröße aufzogen. Die drei machten sich das gemeinsame Mittagessen zur Gewohnheit und saßen bald regelmäßig mit Alexander Woollcott, Edna Ferber, Harold Ross u.a. zusammen.

Heute legendär ob der hochkarätigen Besetzung, glich der *Round Table* zu Zeiten seiner Entstehung eher einem belanglosen, geselligen Beisammensein. Dorothy Parker erinnerte sich bescheiden: »Die Leute romantisieren den Round Table... Der Round Table bestand lediglich aus einer Menge Leute, die Witze erzählten und sich gegenseitig versicherten, wie großartig sie doch seien.« Der berühmte runde

Holztisch ist noch heute im Oak Room, der Bar des Algonquin, zu bewundern. Einem Aberglauben zufolge wird alles, was im Algonquin geschrieben wird, ein Erfolg – was wohl dazu beitrug und beiträgt, daß es eines der bevorzugten Hotels für Schriftsteller und Schriftstellerinnen geblieben ist. Tennessee Williams, John Updike, Graham Greene, Thornton Wilder, William Faulkner und auch Günter Grass mieteten sich unter unzähligen anderen hier ein.

Gertrude Stein bei der ersten Radiosendung in ihrem Leben, 1934 in New York. Daneben: Alice B. Toklas

Der *Round Table* im Hotel Algonquin. Am li. Bildrand: die Begründerin
Dorothy Parker. Gemälde von Paul Hyde Bonner

Wir gehen die 6th Avenue entlang weiter Richtung uptown, passieren 46th Street, die aufgrund der zahlreichen brasilianischen Restaurants Little Brazil Street heißt, und biegen nach rechts in die 47th Street ein – den Diamond Jewelry Way. Der Grund für diesen Namen ist unschwer erkennbar: Ein Schmuckgeschäft neben dem anderen ist hier in diesem Zentrum internationalen Diamantenhandels zu finden. Das Juwel, das uns interessiert, wirkt hier ganz deplaziert und vielleicht gerade deswegen so wohltuend.

❼ Gotham Book Mart
41 West 47th Street

Wise men fish here (»Weise Menschen fischen hier«) steht auf dem Ladenschild über Gotham Book Mart – und tatsächlich ist diese Buchhandlung ein Paradies für Büchernarren. Tausende von antiquarischen und neuen Büchern, bis unter die Decke gestapelt, sowie unzählige Fotos berühmter oder weniger berühmter Autoren an den Wänden zeugen von den mehr als 75 Jahren, die diese Buchhandlung existiert. 1920 eröffnete Frances Steloff (1887–1989) ihren Buchladen in der 45th Street, der sich seit 1946 am heutigen Ort befindet. Steloffs Geschichte scheint einem Märchenbuch entsprungen: Ihre erstaunliche Karriere begann die in bitterer Armut in Saratoga Springs aufgewachsene 12jährige Frances als Blumenmädchen. Ihrer Adoptivfamilie lief sie weg, landete in New York, fand zunächst einen Aushilfsjob als Korsettverkäuferin in einem Warenhaus und wurde bald darauf in die Buchabteilung versetzt. Ein Jahrzehnt lang sammelte sie Erfahrungen in diversen Buchhandlungen und eröffnete schließlich Gotham Book Mart. Steloff wurde rasch die wichtigste Anlaufstelle für junge Autorinnen und Autoren, die dankbar für das umfassende Sortiment an neuer Lyrik und Prosa und die große Auswahl kleiner Literaturzeitschriften waren. Couragiert beeinflußte Steloff die amerikanische Literaturszene maßgeblich: Zu Zeiten rigider Zensurbestimmungen schmuggelte sie Exemplare von D. H. Lawrences *Lady Chatterley's Lover* ebenso wie Henry Millers *Tropic of Cancer* und James Joyces *Ulysses* ins Land, und sie war initiierende Mitbegründerin der James Joyce Society.

In den dreißiger Jahren wurde in Gotham Book Mart von den *Expatriates* in Erinnerung an die Jahre im Pariser »Exil« der *Left Bank Club* gegründet, der Lesungen und Vortragsabende sowie zahllose Feste anläßlich der Neuerscheinungen junger Autoren oder zu Ehren ausländischer Schriftsteller veranstaltete. U.a. wurden hier Dylan Thomas, Anaïs Nin und Jean

Empfang in Gotham Book Mart zu Ehren von Edith und Osbert Sitwell (in der Mitte sitzend) am 9. November 1948. W. H. Auden (re. hinten auf einer Leiter sitzend). Im Uhrzeigersinn: Elizabeth Bishop, Marianne Moore, Delmore Schwartz, Randall Jerrell, Charles Henri Ford, William Rose Benet, Stephen Spender, Marya Zaturenska, Horace Gregory, Tennesse Williams, Richard Eberhart, Gore Vidal und Jose Garcia Villa

Cocteau gefeiert, und 1939 lud man mit einer schwarz umrandeten Karte zur »Trauerfeier« für *Finnegans Wake*, bei der echter irischer Tabak in Tonpfeifen herumgereicht wurde. Noch heute treffen sich die *Wake Watchers*, wie sich die Gesellschaft selbst bezeichnet, mehrmals im Jahr. Frances Steloff unterstützte junge Autoren und Autorinnen nach Kräften: Edmund Wilson lieh sich Geld aus der Kasse, John Dos Passos, der die 200 Dollar für seine Versicherung nicht zahlen konnte, wurde ebenso aus der Patsche geholfen wie der Tänzerin Martha Graham, die sich 1000 Dollar für ihre erste Aufführung lieh. An einer Pinnwand konnte man Notrufe von Henry Miller finden, dem Essen, Kleidung, ein Auto oder auch das Geld für eine Mexikoreise fehlten. 1967 übergab Frances Steloff die Geschäftsleitung ihrem langjährigen Mitarbeiter Andreas Brown, dem heutigen Besitzer. Im ersten Stock gibt es eine kleine Galerie, in der immer eine interessante Ausstellung zu finden ist; neben vielen anderen wurden hier Werke von Max Ernst, e. e. cummings und auch Andy Warhol gezeigt.

Wir gehen weiter bis zur 5th Avenue und biegen in östlicher Richtung in die 48th Street ein, der wir bis zum Ende folgen.

Frances Steloff, 1964.
Foto: Carl Van Vechten

❽ Charles Scribner's Sons
597 5th Avenue

An der Ecke 48th Street / 5th Avenue sehen wir in großen Lettern an die Hauswand geschrieben: *Charles Scribner's Sons, Publishers and Booksellers, founded 1846.* Der renommierte Verlag ist längst Teil eines größeren Verlagsimperiums geworden; die einmal dazugehörende Buchhandlung wurde von Brentano's übernommen, einer ebenfalls renommierten Buchhandlung, die Anfang 1996 einer höhere Umsätze machenden italienischen Modekette weichen mußte. Brentano's ist nicht die einzige Buchhandlung, die dem wirtschaftlichen Druck nicht standhalten konnte. Mehr und mehr kleinere und unabhängige Buchhandlungen werden durch die horrenden Mieten und von gigantischen Buchhandelsketten wie Barnes & Noble in den Bankrott getrieben. Da es in den USA keine Buchpreisbindung gibt, ist die Konkurrenzfähigkeit der kleineren Buchhandlungen bedauerlicherweise stark eingeschränkt.

Auf unserem Weg durch die 48th Street zum östlichen Rand Manhattans machen wir eine kleine Weltreise: Wir kommen vorbei an der Church of Sweden, passieren Hatsuhana, ein hervorragendes japanisches Restaurant, sowie die Bank of China und überqueren Madison und Park Avenue. Auf Höhe der 49th Street auf der Park Avenue sehen wir das berühmte Waldorf Astoria Hotel und, wenn wir Richtung downtown schauen, das Helmsley Building, dessen Pracht vor dem Turm des Met Life Buildings verblaßt. Unseren nächsten Halt machen wir Ecke Lexington Avenue.

Ernest Hemingway bei der Arbeit an seinem Roman
Wem die Stunde schlägt,
1939

❾ Hotel Intercontinental
111 East 48th Street

Im Hotel Intercontinental – vormals Hotel Barclay – überarbeitete Ernest Hemingway (1899–1961) 1940 das Manuskript von *For Whom the Bell Tolls* (dt. *Wem die Stunde schlägt)* ohne Unterbrechung innerhalb von 96 Stunden. Hemingway lebte nie für längere Zeit in New York, sondern machte nur kurze Stippvisiten. Um der Presse zu entgehen, die ihn spätestens seit Erhalt des Nobelpreises 1954 verfolgte, bezog er 1959 eine Wohnung in 1 East 62nd Street, in der er sich jedoch insgesamt nur wenige Wochen aufhielt. Die Lobby des Hotels Intercontinental lohnt einen Blick.

Wir gehen weiter bis zur 3rd Avenue. Das flache, grünweiße, zwischen den Glastürmen archaisch wirkende Gebäude, das wir linker Hand sehen, ist das Restaurant Smith & Wollensky – ein exklusives Steakhouse. Kurz hinter der 3rd Avenue, auf der linken Straßenseite, kommen wir an einem experimentellen Stadthaus vorbei (211), das 1933 von dem Architekten William Lescaze (1896–1969) für sich selbst als Wohn- und Bürohaus entworfen wurde. Zwischen 3rd und 2nd Avenue und 48th und 49th Street befinden sich die sogenannten Turtle Bay Gardens. Zwei Reihen mit jeweils zehn kleinen, heimeligen Häuschen umschließen einen großen, für den Spaziergänger unzugänglichen Garten, in dessen Mitte sich ein von der Villa Medici kopierter Brunnen befindet.

❿ Wohnung von E. B. White
229 West 48th Street
In diesem Haus lebte Ende der vierziger Jahre der Journalist und Essayist E. B. White (1899–1985) in einer mit mehreren zitronengelben Couchen ausgestatteten Wohnung, deren vier Fenster auf den Garten hinausgingen. Die zunächst banal erscheinende Erwähnung von Fenstern, die immer wieder in Biographien bei der Beschreibung von Wohnungen zu finden ist, wird jedem einleuchten, der je – mit knappem Budget – auf Wohnungssuche in Manhattan war. Helle, mit zahlreichen Fenstern ausgestattete Wohnungen sind in den eng bebauten Straßen noch heute eine luxuriöse Rarität. White machte sich Ende der zwanziger Jahre mit seinen Beiträgen für den *New Yorker* einen Namen, in dem er hauptsächlich für die Rubrik *Talk of the Town* mit witzigen, kritischen Kommentaren zum kulturellen Leben der Stadt brillierte. Trotz aller New York-Begeisterung verließ White Mitte der fünfziger Jahre die Stadt, nicht gerade verbittert, aber doch ernüchtert von zunehmendem Verkehr, Lärm und steigender Kriminalität. Aus seinen Glossen und Essays gingen zahlreiche Bücher hervor, u.a. *Here is New York,* ein Porträt der Stadt, in dem White bereits 1949 zu der halbironischen Erkenntnis kam: »New York ist genau dann am reizvollsten..., wenn man abreist und goodbye sagen muß und wenn man zurückkehrt und hello sagen darf.«

⓫ Wohnung von Kurt Vonnegut, Jr.
228 East 48th Street
Auf der gegenüberliegenden Straßenseite können wir einen Blick auf das Haus werfen, in dem der Schriftsteller Kurt Vonnegut (geb. 1922) bis in die achtziger Jahre hinein lebte. Vonnegut wurde in Indianapolis geboren, studierte Anthropologie in Chicago und wurde bekannt als Reporter und Autor von Science-fiction-Erzählungen. 1969 machte er mit seinem Roman *Slaughterhouse-Five or the Children's Crusade* (dt. *Schlachthof 5 oder der Kinderkreuzzug)* Furore, in dem er sich mit der Zerstörung Dresdens im Zweiten Weltkrieg auseinandersetzte. Für diesen Roman griff er auf die Erfahrungen zurück, die er als Kriegsgefangener in Deutschland gemacht hatte (er diente bei der US Air Force). Sein letzter Roman *Hocus Pocus* erschien 1990.

⓬ Haus von Dorothy Thompson
237 East 48th Street
Dieses Haus kaufte Dorothy Thompson (1893–1961) nach ihrer Scheidung von Sinclair Lewis. Eine Tafel erinnert an die »unerschrockene Reporterin«, die bis 1957 hier lebte. Thompson hatte ihren zweiten Ehemann 1927 in Berlin kennengelernt, wo sie als Hauptberichterstatterin für die Zeitungen *Ledger* (Philadelphia) und die New Yorker *Evening Post* arbeitete. 1931 gelang es ihr, im Auftrag von *Cosmopolitan* ein Interview mit Adolf Hitler zu arrangieren, das im Hotel Kaiserhof in Berlin stattfand.

Dorothy Thompson in ihrem Haus, Turtle Bay Gardens, 1942

Thompson beschrieb diese Erfahrung in ihrem Essay *I Saw Hitler* (1932; dt. *Kassandra spricht):* »Ich war ein wenig nervös. Ich überlegte, ob ich Riechsalz nehmen sollte. Und Hitler verspätete sich. Eine Stunde... Als ich schließlich Adolf Hitlers Salon im Hotel Kaiserhof betrat, war ich überzeugt, dem zukünftigen Diktator Deutschlands zu begegnen. Nach etwas weniger als fünfzig Sekunden war ich absolut sicher, daß dies nicht der Fall sein konnte. Genau diese Zeit brauchte es, um die erschreckende Bedeutungslosigkeit des Mannes zu erkennen, der die Welt so sehr in Neugier versetzt hat.« Trotz dieser intuitiven Fehleinschätzung, die ihr Kollegen noch jahrelang nachtrugen, war Dorothy Thompson die erste, die ein umfassendes und erhellendes Porträt Hitlers und der Nazibewegung in den Vereinigten Staaten veröffentlichte,

das durchaus Einfluß auf die amerikanische Deutschlandpolitik jener Jahre hatte. Bei einem weiteren Deutschlandaufenthalt 1934 wurde sie aufgrund jenes Interviews des Landes verwiesen. Dorothy Thompson galt jahrzehntelang als die *First Lady of American Journalism* und wurde von *Time Magazine* Ende der dreißiger Jahre neben Eleanor Roosevelt als einflußreichste Frau der USA bezeichnet. Sie wurde für ihren politischen Scharfsinn ebenso geschätzt wie für ihre profunden wirtschaftlichen Kenntnisse und ihren originellen Blick auf die Dinge des alltäglichen Lebens, dem sie in ihrer mehr als 20 Jahre lang erscheinenden Kolumne im *Ladies Home Journal* Ausdruck verlieh.

Wer Lust hat, kann sich die Turtle Bay Gardens noch einmal von der 49th Street aus anschauen und einen Blick auf das Haus Nr. 244 werfen, das die

Schauspielerin Katharine Hepburn vor mehr als 50 Jahren kaufte. Wir folgen der 48th Street, überqueren die 2nd Avenue, gehen bis zur 1st Avenue und sehen rechter Hand das UN-Gebäude, das öffentlich zugänglich ist und in dem auch deutschsprachige Touren angeboten werden. Wir biegen links in die 1st Avenue ein und stehen sogleich vor unserer nächsten literarischen Adresse.

⓭ Wohnung von Thomas Wolfe
865 1st Avenue

In diesem Gebäude lebte Thomas Wolfe 1935. Hier besuchte ihn Klaus Mann, der sich im *Wendepunkt* erinnerte: »Die Stunde, die ich mit dem Autor von *Schau heimwärts, Engel!* in seiner New Yorker Wohnung verbringen durfte, bleibt mir unvergeßlich wie jene zugleich trivialen und geheimnisvollen, sonderbar suggestiven Episoden, aus denen die autobiographischen Romane von Thomas Wolfe sich zusammensetzen. Er logierte damals in einem ziemlich abgelegenen, wenig eleganten Distrikt der großen Stadt. Treppenhaus und Korridor rochen muffig, aber von seinem Arbeitszimmer hatte man den schönsten Blick über den East-River, dessen Brücken und Schiffe im grauen Dunst eines nebligen Winternachmittags verschwammen.«

Auch Thomas Wolfe stand im Laufe seines Lebens New York immer kritischer gegenüber. In *The Story of a Novel* (1936) hieß es traurig: »Das Leben in der großen Stadt faszinierte mich wie immer, aber es brachte auch altbe-

kannte Gefühle von nackter Heimatlosigkeit, Entwurzelung und Einsamkeit hervor, die ich dort schon immer gespürt habe. Die Stadt war – und bleibt, zumindest für mich – die heimwehkrankeste Stadt der Welt.«

Wir überqueren die 1st Avenue an der 49th Street.

⓮ Wohnung von Truman Capote
870 United Nations Plaza

In diesem riesigen, unübersehbaren Glaskomplex auf der Ostseite der 1st Avenue kaufte Truman Capote (1924–1984) 1966 ein großzügiges, im 22. Stock gelegenes Dreizimmerapartment, in dem er bis zu seinem Tod lebte. In New Orleans geboren, hatte Capote bereits einige Jahre seiner Kindheit in New York verbracht; der erste Schritt in die Literaturwelt gelang ihm 1942, als er einen Job als Botenjunge beim *New Yorker* fand, für den er bis 1944 arbeitete. Vier Jahre später war der *Darling of the Gods*, wie ein Freund, Howard Doughty, ihn nannte, in aller Munde: Mit seinem ersten Roman *Other Voices, Other Rooms* (dt. *Andere Stimmen, andere Räume)* wurde das Wunderkind zum vielversprechendsten Autor der Nachkriegs-Schriftstellergeneration, ein Attribut, das er 1951 mit *The Grass Harp* (dt. *Die Grasharfe)* bekräftigte. Capote avancierte zu einer der schillerndsten Schriftstellerpersönlichkeiten, die New York je gesehen hatte. Sein Talent, sich Freunde und Feinde in jedweder Gesellschaftsschicht zu machen, ist unübertroffen, und der

ESOTERIC NEW ORLEANS-BORN TRUMAN CAPOTE (L WRITES HAUNTING SHORT STORIES   HIS NOVEL, "OTHER VOICES, OTHER ROOMS," WILL BE OUT THIS FALL

YOUNG U.S. WRITERS

A REFRESHING GROUP OF NEWCOMERS ON THE LITERARY SCENE IS READY TO TACKLE ALMOST ANYTHING

Truman Capote posiert für das Magazin *Life*, 1947

Maskenball, der *Black and White Ball*, zu dem er 1966 die New Yorker High Society ins Plaza Hotel lud, ist bis heute legendär. Über New York schrieb Truman Capote: »Ein Mythos ist sie, die große Stadt... Diese Insel, wie ein demantener Eisberg auf den Wassern des Flusses schwimmend, heißt sie New York, nennt sie, wie immer ihr wollt; auf den Namen kommt es kaum an, weil man, aus der vertrauteren Wirklichkeit des Anderswo kommend, nur auf der Suche nach der großen Stadt ist, einem Ort zum Verbergen, sich darin zu verlieren oder sich selbst zu entdecken, einen Traum wahrzumachen, mit dem man beweist, vielleicht letzten Endes doch kein häßliches Entlein zu sein, sondern wunderbar und der Liebe wert...«

An der Ecke 49th Street / 1st Avenue befindet sich das Beekman Tower Hotel. Täglich außer sonntags ab 17 Uhr ist das rundum verglaste Bar-Restaurant Top of the Tower im obersten Geschoß (26. Stock) geöffnet, dem man um des Art déco Interieurs und des umwerfenden Blicks willen unbedingt einen abendlichen Besuch abstatten sollte. Wir gehen die Rampe des Mitchell Place hoch, die uns in eine der verborgensten und exklusivsten Ecken Manhattans führt.

ⓖ Wohnungen von Mary McCarthy und Antoine de Saint-Exupéry 2 Beekman Place

1933 bezog Mary McCarthy in diesem Gebäude mit ihrem ersten Ehemann ein Einzimmerapartment. In ihren *Intellectual Memoirs* erinnerte sie sich: »Die meisten Monate konnten wir die Miete nicht bezahlen. Es war ein hübsches Apartment, aprikosenfarben mit weißen Umrandungen; es hatte Flügelfenster und Jalousien (damals etwas ganz neues), eine Küche mit einem anständigen Herd, eine ›Frühstücksecke‹ und einen Ankleideraum mit Bad. Viel Stauraum. Nette Liftboys und einen Pförtner.« McCarthy wohnte hier bis 1936 und zog dann nach Greenwich Village in die Gay Street, die wir schon besucht haben.

Antoine de Saint-Exupéry mit seinem Verleger Eugène Reynal und dessen Frau in New York, 1942

Im selben Gebäude bezog 1941 Antoine de Saint-Exupéry (1900–1944) eine Sechszimmersuite, die zuvor Greta Garbo bewohnt hatte und deren Möbel er zum Teil übernahm. Ein Freund erinnerte sich: »Gelbbraune Teppiche von Wand zu Wand, große halbblinde Spiegel, eine alte dunkelgrüne Bibliothek, eine Art venezianischer Patina, wo die Schiffe vor den Fenstern vorbeigleiten, als wären sie auf einer Ebene mit den Teppichen.« Ende 1940 hatte Saint-Exupéry das besetzte Frankreich verlassen und war zunächst in ein Penthouse am Central Park South (240) gezogen. Der erfolgreiche Militärflieger war zu jener Zeit schon ein ebenso erfolgreicher Schriftsteller und hatte sich mit seinen beiden Werken *Courrier Sud* (1928; dt. *Südkurier)* und *Vol de Nuit* (1931; dt. *Nachtflug)* bereits große Anerkennung erworben. In New York entstand *Pilote de Guerre* (dt. *Flug nach Arras)*, das 1942 in den USA veröffentlicht wurde und sechs Monate lang an der Spitze der Bestsellerliste lag; in Frankreich wurde es 1943 veröffentlicht und sofort verboten. Hier am Beekman Place arbeitete Saint-Exupéry an seiner berühmten Erzählung *Le Petit Prince* (1943; dt. *Der kleine Prinz)*, für die er bereits 1939 erste Entwürfe gemacht hatte und die das letzte zu seinen Lebzeiten erschienene Buch werden sollte. 1944 ist Antoine de Saint-Exupéry mit seinem Flugzeug irgendwo zwischen Korsika und den Alpen verschollen.

⓰ Wohnung von John P. Marquand
1 Beekman Place

Im Gebäude gegenüber lebte John P. Marquand (1893–1960), der seine Schriftstellerkarriere mit populären Liebesromanen begann und bekannt wurde mit seinen Geschichten um den japanischen Detektiv Mr. Moto, von denen einige ab 1937 unter der Regie von James Tinling mit Peter Lorre in der Hauptrolle verfilmt wurden. Nachdem Marquand 1937 den Pulitzer Prize für seinen Roman *The Late George Apley* (dt. *Der selige Mr. Apley)* erhalten hatte, bezog er hier ein zweigeschossiges Apartment. In seinem Roman *Point of No Return* (1949), der in New York spielt, schrieb er über seinen Protagonisten: »Es tat nichts zur Sache, daß er hier nicht geboren und aufgewachsen war, weil New York fast ausschließlich von Leuten bevölkert war, die von woanders her kamen. Letztlich war New York bloß eine seltsame, undefinierbare Mischung aus Triumph, Entmutigung und Erinnerungen.«

Wir biegen ein in die 50th Street, eine kleine Sackgasse, von der aus sich uns der Blick über den East River eröffnet. Am Gebäude rechts von uns – dem Generalkonsulat des Herzogtums Luxemburg – weist eine Gedenktafel auf den Komponisten Irving Berlin (1888–1989) hin, der die letzten 40 Jahre seines langen Lebens hier wohnte. Wir gehen weiter bis zur 51st Street, wo eine Treppe hinunter auf eine Brücke über einen Park und die Schnellstraße ans Ufer des East Rivers führt. Wer schwindelfrei ist, kann sich einen Moment auf eine der Bänke setzen, die zwischen Straße und Ufer geklemmt sind. Alles andere als romantisch mit dem rasenden Verkehrslärm im Rücken, bieten sie immerhin einen weiten Blick. Links sehen wir die Queensborough Bridge; wenn man genau hinschaut, kann man dahinter die Seilbahn erspähen, die Manhattan mit Roosevelt Island verbindet, der kleinen Wohninsel, deren verfallenen Teil wir direkt gegenüber von unserem Standpunkt aus sehen. Die Brücke rechts in der Ferne ist die Williamsburg Bridge. Wir gehen die Treppenstufen wieder hinauf – und säße einem nicht der rauschende Verkehr im Nacken, könnte man sich dem Gefühl hingeben, ein Märchenburgen-Wunderland betreten zu haben. Die auf die Felsen gesetzten Gebäude wirken geradezu idyllisch – am Gebäude Nr. 443 flackern gar Gaslampen am Eingang. Wer noch nicht genug gesehen hat, sollte einen Abstecher in die 52nd Street (ebenfalls eine Sackgasse) machen. Ganz am Ende auf der rechten Seite das letzte Gebäude (450) ist The Campanile, wo u.a. Greta Garbo, Rex Harrison und auch Alexander Woollcott (1887–1943), zu Beginn dieses Jahrhunderts der bedeutendste Theaterkritiker der New York Times, gelebt haben. Wir folgen der 51st Street in westlicher Richtung.

⓱ Wohnung von John Steinbeck 330 East 51st Street

1943 bezog John Steinbeck (1902–1968) zwei Etagen dieses schlichten kleinen Hauses. »Mein neues Zuhause bestand aus Erdgeschoß und erstem Stock eines dreigeschossigen Hauses, und das Wohnzimmer ging auf ein kleines, verrußtes Gelände hinaus, Garten genannt. Ich würde in New York leben, ja, aber ich würde es zu vermeiden wissen. Ich legte einen Rasen im Garten an, kaufte große Töpfe und pflanzte Tomaten, deren Blüten ich mit einem Aquarellpinsel bestäubte.« Steinbecks erster Versuch 1925, in New York Fuß zu fassen, war gescheitert, und er war nach einigen Jahren der Arbeitslosigkeit, Armut und verfehlten Schreibversuchen zurückgekehrt nach San Francisco. Dort gelang ihm 1935 der Durchbruch mit seinem Schelmenroman Tortilla Flat (dt. Die wunderlichen Schelme von Tortilla Flat), den er selbst nicht sonderlich schätzte und dessen großer Erfolg beim Publikum ihn überraschte. 1937 erschien Of Mice and Men (dt. Von Mäusen und Menschen) und zwei Jahre später The Grapes of Wrath (dt. Die Früchte des Zorns), der zu Weltruhm gelangte Roman, den John Ford 1940 mit James Dean verfilmte. Of Mice and Men wurde gar für zwei Filme (unter demselben Titel) adaptiert: 1939 von Lewis Milestone und erneut 1992 von Gary Sinise mit John Malkovich in der Hauptrolle. Als anerkannter, berühmter Autor kehrte Steinbeck nach New York zurück und lebte die nächsten acht Jahre hier in der 51st Street. 1953 erschien im New York Times Magazine sein häufig zitierter Essay The Making of a New Yorker, in dem es gleichermaßen kritisch und anerkennend hieß: »New York ist eine häßliche, eine schmutzi-

John Steinbeck wird vor der Premiere von *East of Eden* interviewt, 1956

ge Stadt. Das Klima ist ein Skandal, die politischen Machenschaften sind geeignet, Kinder in Angst und Schrecken zu versetzen, der Verkehr ist Wahnsinn, der Konkurrenzkampf mörderisch. Aber eines muß man sagen – wer einmal in New York gelebt hat und heimisch geworden ist, für den ist kein anderer Ort mehr gut genug. *Alles* konzentriert sich hier, Völker, Theater, Kunst, Literatur, Verlage, Import, Geschäfte, Mord, Raubüberfälle, Luxus, Armut. New York ist alles von Allem. Es pulsiert Tag und Nacht, und die Luft ist energiegeladen. Ich kann in New York länger und härter arbeiten ohne zu ermüden als an jedem anderen Ort.« Steinbeck blieb in New York. Er erhielt 1962 als siebenter amerikanischer Autor den

Nobelpreis und lebte von 1951 bis zu seinem Tod in der 72nd Street (206 East).

Wir folgen der 51st Street und schauen uns zwischen 2nd und 3rd Avenue das Pickwick Arms Hotel an, das besonders bei deutschen Touristen als für New Yorker Verhältnisse preiswerter Geheimtip gilt.

⓲ Pickwick Arms Hotel
230 East 51st Street

1933 mietete sich John O'Hara (1905–1970) für acht Dollar die Woche im Pickwick Arms Hotel ein. O'Haras erste Ehe mit der Schauspielerin Helen Petit war aufgrund seines cholerischen Temperaments und seiner Trunksucht in die Brüche gegangen, und nach der Trennung kam er zunächst hier im Pickwick Arms unter. Er hatte als Journalist in Pennsylvania gearbeitet, war von zahlreichen Zeitungen, für die er schrieb, hinausgeworfen worden und hatte bereits einige Texte im *New Yorker* untergebracht, für den er u.a. die Football Kolumne verfaßte. Im Pickwick Arms begann O'Hara mit der Arbeit an seinem ersten Roman *Appointment in Samarra* (dt. *Treffpunkt in Samara*), der 1934 erschien. Wie für Steinbeck war New York auch für ihn inspirierend. An seinen Bruder schrieb er: »Wenn ich New York verlassen müßte, wäre es mir unmöglich zu arbeiten, und das einzig wesentliche in meinem Leben ist Arbeit, ist dieser Roman...« Zu O'Haras engem Freundeskreis zählte u.a. Dorothy Parker, die ihn von Zeit zu Zeit finanziell unterstützte und seine erste Leserin und Kritikerin war.

Nur ein Jahr nach der erfolgreichen Veröffentlichung von *Appointment in Samarra* erschien *Butterfield 8*, betitelt nach einer ehemaligen Telefonvermittlungsstelle. In diesem in den fünfziger Straßen der East Side spielenden Roman verarbeitete O'Hara den aufsehenerregenden und ungeklärten Tod der 21jährigen Starr Faithfull. An seiner Protagonistin, der als Kind sexuell mißbrauchten Gloria Wandrous, zeigte er mit zynischer Schärfe die Kehrseite des glitzernden, vor Optimismus strahlenden New York, das ebenso rasch Erfolg, Reichtum und Ruhm produziert wie es unbarmherzig die zerstört, die dem Druck nicht standhalten können.

O'Hara konzentrierte sich mehr und mehr auf das Genre der Kurzgeschichte, das er meisterhaft beherrschte. Bis zu seinem Tod veröffentlichte er über 400 Short Stories in Zeitschriften und Sammelbänden, die ohne Ausnahme Bestseller wurden und ihm ein Vermögen einbrachten. Bis heute gilt John O'Hara als einer der herausragendsten amerikanischen Erzähler dieses Jahrhunderts.

Schräg gegenüber vom Pickwick Arms Hotel, neben der Sutton Place Synagoge, können wir uns einen Moment ausruhen im Greenacre Park – einer schattigen Oase im Sommer, mit Wasserfall und Erfrischungsstand. Wir folgen der 51st Street, gehen auf das ehemalige General Electric Building zu, dessen gezackter Turmschmuck phantasievollerweise Radiowellen versinnbildlicht, und biegen nach rechts in die Lexington Avenue ein. Wir gehen am Citicorp Center vorbei, das auf seinen fünf gewaltigen Pfeilern schwindelerregend wirkt, und sehen auf Höhe der 53rd Street dahinter das sogenannte Lipstick-Building hervorlugen. Der verwinkelte Bau zu Füßen des Citicorp Building ist die St. Peter's Church; durch das Fenster kann man direkt auf den Altar im Untergeschoß schauen. Das auffallende Gebäude an der 55th Street ist die Central Synagogue, erbaut 1872 und damit eine der ältesten Synagogen der Stadt. Wir biegen Richtung Westen in die 54th Street ein und machen Halt zwischen Park und Madison Avenue am Hotel Elysee, das mit echten Palmen vor dem Eingang der kühlen Funktionalität dieses Viertels zu trotzen sucht.

Tennessee Williams, 1947

⓳ Hotel Elysee
60 East 54th Street

In diesem Hotel kam Tennessee Williams (1911–1983) unter, wenn er sich in New York aufhielt, und hier starb er. Geboren und aufgewachsen in Mississippi, kam er 1939 nach New York. Er belegte Kurse an der New School – u.a. auch bei Erwin Piscator –, in der die ersten seiner Stücke uraufgeführt wurden. Er schlug sich als Hotelportier, Platzanweiser und als Kellner in Valeska Gerts Beggar Bar durch. 1945 hatte er seinen ersten großen Erfolg mit dem Stück *The Glass Menagerie* (dt. *Die Glasmena-*

gerie), das ihm gleich drei kleinere Theaterpreise einbrachte. Zwei Jahre später wurde *A Streetcar Named Desire* (dt. *Endstation Sehnsucht*) unter der Regie von Elia Kazan am Broadway uraufgeführt, ein Stück, für das Williams als erster Dramatiker die drei renommiertesten Preise erhielt: Pulitzer Prize, New York Drama Critics' Circle Award und Donaldson Award. Mit einem weiteren Pulitzer Prize wurde 1955 *Cat on a Hot Tin Roof* (dt. *Die Katze auf dem heißen Blechdach)* geehrt, ebenfalls unter der Regie von Elia Kazan inszeniert; Kazan führte ein Jahr später auch Regie bei der Verfilmung von *Baby Doll*, einem Stück, das ob seiner vermeintlichen Obszönität ungnädig aufgenommen wurde und heute dennoch wie so viele andere Stücke von Williams zu einem Klassiker geworden ist.

Eine der Maximen von Williams war es, nur Emotionen zu beschreiben, die er selbst erfahren hatte, was ihm dank seiner ungewöhnlichen, widersprüchlichen Persönlichkeit in geradezu universellem Ausmaß gelang. Robert Rice schrieb 1958 in einem Artikel über Tennessee Williams: »Er ist zweifellos einer der vertrauensvollsten, mißtrauischsten, großzügigsten, egozentrischsten, hilflosesten, selbstsichersten, angstvollsten, mutigsten, zerstreutesten, aufmerksamsten, bescheidensten, eitelsten, zurückgezogensten, geselligsten, puritanischsten, leichtlebigsten, ärgerlichsten, sanftesten, unsichersten, selbstbewußtesten Männer in den Vereinigten Staaten.«

Wir gehen weiter bis zur 5th Avenue, biegen rechts ab und gelangen Ecke Central Park South zu unserem letzten Halt. Wer Heimweh nach Deutschland verspürt, sollte durch die 53rd Street zur 5th Avenue gehen. Zwischen Madison und 5th Avenue lassen sich fünf mit Graffiti verzierte Segmente der Berliner Mauer bewundern, die hier auf Anregung der Künstler Thierry Noir und Kiddy Citny aufgestellt wurden.

Für einen Samstag in jedem September gehört die 5th Avenue zwischen 48th und 57th Street den Bücherfreunden: Seit 1968 findet hier ein wunderschönes Bücher-Straßenfest unter dem Motto »New York is Book Country« statt.

⑳ Plaza Hotel
Central Park South / Ecke 5th Avenue

Wir spazieren in der großen Lobby des berühmten, 1907 erbauten Plaza Hotels umher, dem F. Scott Fitzgerald (1896–1940) in seinem Roman *The Great Gatsby* (dt. *Der große Gatsby*) ein Denkmal setzte. Nach einem abgebrochenen Studium in Princeton und drei Jahren in der Armee kam der in Minnesota geborene Fitzgerald 1919 nach New York. Da er seinen ersten Roman *The Romantic Egotist* nicht unterbringen konnte und die ambitionierte Zelda Sayre (1899–1948) aufgrund seiner erbärmlichen finanziellen Lage ihre Verlobung löste, ging Fitzgerald nach Minnesota zurück und schrieb das Buch um. Ein Jahr später machte er einen erneuten Versuch; Scibner's akzeptierte den Roman schließlich und brachte ihn unter dem

F. Scott und Zelda Fitzgerald, 1920

Titel *This Side of Paradise* (dt. *Diesseits vom Paradies*) heraus – mit durchschlagendem Erfolg. Fitzgerald wurde über Nacht berühmt, Zelda ließ sich heiraten, und zwar im Pfarrhaus der St. Patrick's Cathedral, 5th Avenue, und das junge Ehepaar mietete unverzüglich eine Suite im Plaza Hotel. Das wilde Leben von Scott und Zelda ist legendär. Jung, talentiert, berühmt und ununterbrochen betrunken, machten sie das Leben in New York zur immerwährenden Party – mit nächtlichen Planschereien im Pulitzer Brunnen hier vor dem Plaza Hotel oder auch mit Fahrten auf Taxidächern – und wurden das bekannteste Paar des *Jazz Age*. 1922 zogen sie nach Great Neck auf Long Island, wo sie den von Manhattan gewöhnten Lebensstil fortsetzten und verschwenderische Parties feierten, bis zum Exzeß tranken – und wo Fitzgerald seinen Roman *The Great Gatsby* schrieb, der 1925 erschien und weltweite Beachtung fand. In diesem Roman brachte er das besinnungslose, idealistische und gleichzeitig zynische Lebensgefühl der *Lost Generation* auf den Punkt und relativierte seine eigene Sicht auf New York: »Ich begann, New York zu lieben – seine kühne, abenteuerliche Atmosphäre bei Nacht und das unablässige Getriebe der Fußgänger – Männer und Frauen – und der mechanischen Verkehrsmittel, das dem ruhelos schweifenden Auge solche Befriedigung gewährt... Im Zwielicht der Großstadt, das die Dinge verzauberte, fühlte ich manchmal eine quälende Einsamkeit und spürte sie auch bei anderen... kleine Ange-

stellte im sinkenden Abend, die so die prickelndsten Momente der Nacht, ja des Lebens versäumten.« Hin- und hergerissen zwischen Hedonismus einerseits und seinem tief verwurzelten katholischen Glauben und dem damit einhergehenden Moralismus andererseits, sah Fitzgerald im Laufe der Jahre immer klarer die zerstörerische Seite der Stadt. Nach einer Zeit an der französischen Riviera, in Paris und auf den Antiben ging das Paar 1927 nach Hollywood, wo Scott als Drehbuchschreiber arbeitete. Alkoholkrank und hoch verschuldet starb er mit nur 44 Jahren an einem Herzinfarkt.

Auch Zelda veröffentlichte im Schatten ihres berühmten Mannes zahlreiche Erzählungen sowie einen Roman, *Save Me the Waltz* (1932; dt. *Darf ich um den Walzer bitten*), und viele ihrer an Scott gerichteten Briefe gingen in seine Romane ein. Zelda Fitzgerald verbrachte die letzten Jahre ihres Lebens in einer psychiatrischen Anstalt, in der sie 1948 bei einem Brand ums Leben kam.

Vom Plaza Hotel aus können wir nun in den Central Park hineinspazieren und uns von der Stadtluft erholen.

Central Park.
In der Mitte: Hotel Plaza,
vierziger Jahre.
Foto von Andreas Feininger

Fünfter Spaziergang
Die Upper East Side

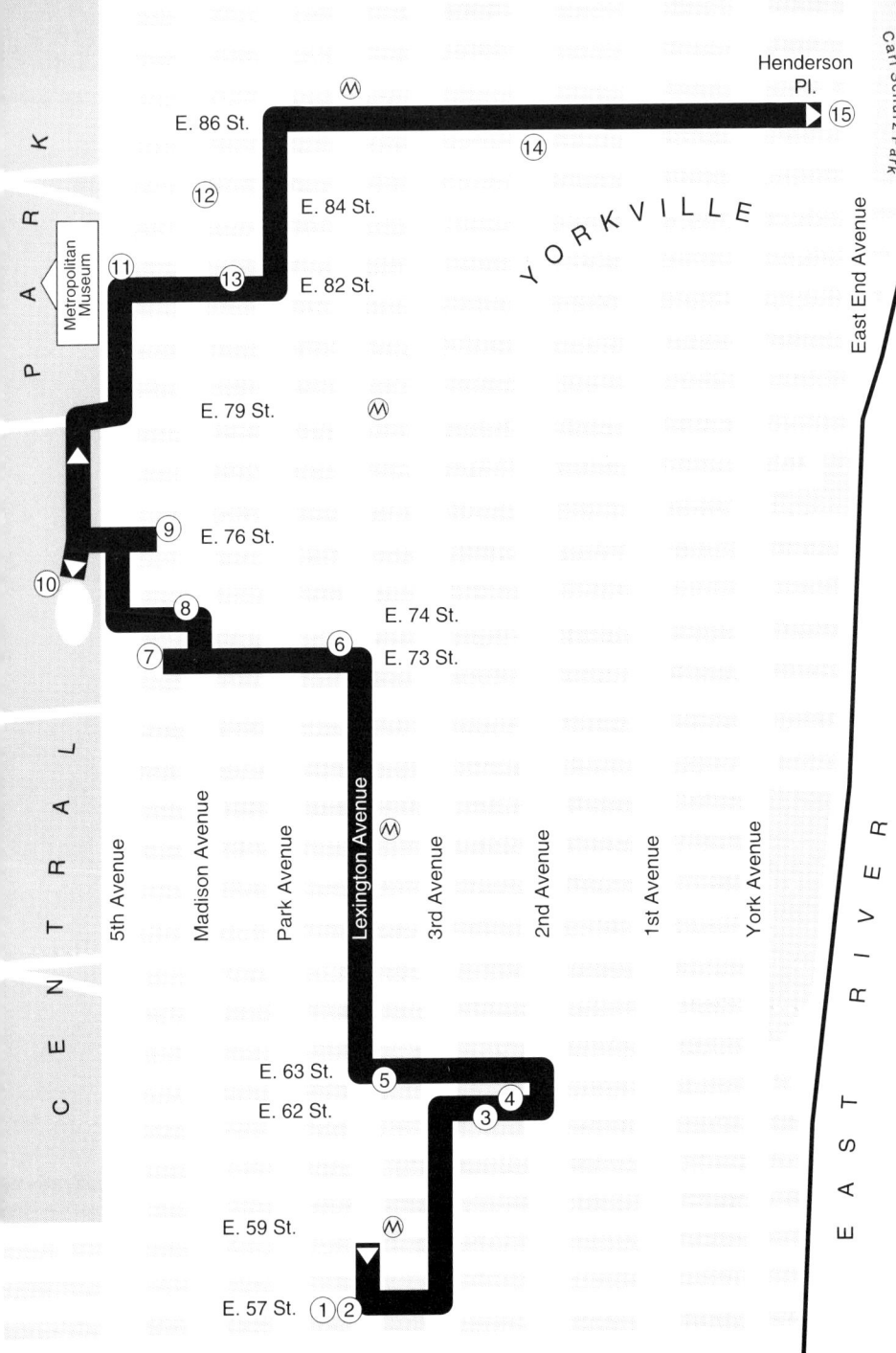

Unseren East Side-Spaziergang beginnen wir in der 57th Street. Wir nehmen die Subway Nr. 6 bis 59th Street und gehen auf der Lexington Avenue zwei Blocks downtown. Zwischen 59th und 60th Street liegt Bloomingdale's, neben Macy's das größte Kaufhaus New Yorks, das einen ganzen Block umfaßt. Wenn wir nach rechts in die 59th Street hineinschauen, sehen wir den Argosy Bookstore – ein hervorragendes Antiquariat, das auf fünf Etagen Tausende von Büchern anbietet. Auf Höhe der 58th Street können wir einen Blick auf die traurigen Überreste von Alexander's werfen, einem 1928 gegründeten Billigkaufhaus, das Mitte der achtziger Jahre pleite machte und seither leersteht. Die literarische Adresse, die uns interessiert, befindet sich auf der Südseite der 57th Street – das zweite Haus von links in der Reihe der älteren, vierstöckigen Gebäude, die etwas vergessen wirken zwischen den angrenzenden Hochhäusern.

Ruth Berlau, um 1938

❶ Wohnung von Ruth Berlau
124 East 57th Street

In diesem Haus teilte sich die in Kopenhagen geborene Ruth Berlau (1906–1974) mit ihrer Freundin Ida Bachmann ab 1942 eine Wohnung. Berlau war 1941 gemeinsam mit Bertolt Brecht an die Westküste der USA gezogen. 1942 beschloß sie, sich von Brecht zu trennen und nach New York überzusiedeln; sie arbeitete unter der Leitung von Ida Bachmann für das Office of War Information und konzipierte Radiosendungen für dänische

Hörer. In *Brechts Lai-Tu* (1985) erinnerte sie sich: »Nachdem ich mein Engagement hatte und gut bezahlt wurde, suchten Ida Bachmann und ich eine gemeinsame Wohnung. Wir fanden sie in einer vornehmen Gegend: Nummer 124 in der 57. Straße. Dieses kleine, schmale Haus müssen die Bauspekulanten übersehen haben, als sie ringsherum ihre Hochhäuser errichteten. Die Miete war billig, weil das Haus alt war und die Wohnung hoch lag – im dritten Stock, ohne Fahrstuhl. Wir zahlten zusammen 75 Dollar für ein großes Zimmer, ein etwas kleineres mit einem Balkon und einer Küche. Von dem Balkon aus blickte man auf die berühmte Wolkenkratzer-Silhouette, die Skyline New Yorks. Natürlich hatten wir – wie überall in Amerika – zwei Badezimmer.«

Bei Ruth Berlau kam Bertolt Brecht (1898–1956) während seines dreimonatigen New York-Besuchs 1943 unter. Am 6. März organisierte Erwin

Piscator einen Brecht-Abend in der New School, bei dem dessen Texte u.a. von Peter Lorre und Elisabeth Bergner vorgetragen wurden – eine Veranstaltung, die so großen Anklang fand, daß sie einen Monat später, diesmal unter aktiver Teilnahme Brechts, wiederholt wurde. Wie Hans Sahl im zweiten Band seiner Memoiren *Das Exil im Exil* berichtete, kam es 1944 hier in Berlaus Wohnung zum Bruch zwischen Brecht und Sahl, dem das Manuskript des *Guten Menschen von Sezuan* »nicht sonderlich behagte« und der »ein wenig ironisch« fragte, »wer mit der Figur der guten Shen-te, die sich in den bösen Vetter verwandelt, weil das Gute nur überleben kann, wenn es sich als Böses verkleidet, gemeint sei: Hitler oder Stalin. ›Verlassen Sie sofort meine Wohnung‹, sagte Brecht, was ich jedoch nicht tat, sondern sitzen blieb und ihm erklärte: ›Ich bin bereits einmal hinausgeworfen worden, aus Deutschland. Versuchen Sie es nicht noch einmal. Lassen Sie mich erst mein Glas austrinken, dann gehe ich.‹ Brecht verließ das Zimmer. Ich trank mein Glas aus und ging.« Brecht verließ die USA 1947, Ruth Berlau folgte ein Jahr später.

William Dean Howells

❷ Allerton House Hotel
130 West 57th Street

Das hohe Eckgebäude ist das Allerton House Hotel, heute ein Hotel für Frauen. Unter dieser Adresse lebte der

Bertolt Brecht, fotografiert von Ruth Berlau, auf dem Balkon ihrer Wohnung in der 57th Street, 1946

Schriftsteller William Dean Howells (1837–1920) von 1908 bis zu seinem Tod. Geboren in Ohio, verbrachte Howells den größten Teil seines Lebens in Boston. 1860 erschien während des Wahlkampfes seine Biographie über Abraham Lincoln, die mit dazu beitrug, daß Lincoln 1861 Präsident wurde – was Howells einen Posten als Konsul in Venedig einbrachte. Zurück in Boston, wurde er Herausgeber der Zeitschrift *Atlantic Monthly,* verfaßte unzählige Romane und Kurzgeschichten und zog schließlich nach New York. Er schrieb eine regelmäßige Kolumne für *Harper's Monthly* und konnte sich mit New York nie so recht anfreunden: »New York veröffentlicht Literatur, kritisiert sie, vertreibt sie, aber ich bezweifle, daß die New Yorker Gesellschaft sie auch liest oder für wesentlich erachtet. New York ist ein ungeheurer Marktplatz, und Literatur ist nur eine der Waren, die hier vermarktet werden.«

Durch die 57th Street gehen wir in östlicher Richtung zur 3rd Avenue, in die wir links einbiegen. An der 62nd Street biegen wir rechts ab.

❸ Wohnung von Wieland Herzfelde 224 East 62nd Street

Hier lebte der Schriftsteller und Verleger Wieland Herzfelde (1896–1988). Geboren in der Schweiz, hatte er in Berlin Germanistik und Medizin studiert und 1917 gemeinsam mit seinem Bruder John Heartfield und George Grosz in Berlin den Malik Verlag gegründet, der zum Sprachrohr der revolutionären linken Literatur und des Dadaismus avancierte. 1933 mußte Herzfelde den Sitz nach Prag verlegen, und zwischen 1933 und 1935 gab er von dort aus gemeinsam mit Anna Seghers und Oskar Maria Graf die Zeitschrift *Neue deutsche Blätter* heraus. Herzfelde emigrierte 1939 über Zürich und London nach New York; er eröffnete seinen Seven Seas Bookshop und regte die Gründung des Aurora Verlages an, eines Gemeinschaftsunternehmens von elf antifaschistischen Schriftstellern, zu denen

Wieland Herzfelde in seiner Buchhandlung, New York, vierziger Jahre

u.a. Bertolt Brecht, Oskar Maria Graf, Alfred Döblin, Lion Feuchtwanger, Heinrich Mann und Ernst Bloch zählten. Die Buchhändlerin und Verlegerin Mary S. Rosenberg unterstützte das Projekt finanziell, und es wurden insgesamt 12 Titel veröffentlicht, u.a. die Anthologie *Morgenröthe* (1947). 1949 wurde Wieland Herzfelde Professor der Literatursoziologie in Leipzig. Der Name Aurora lebte nach dem Krieg weiter in einer Reihe des Berliner Aufbau Verlages.

❹ Wohnung von Lotte Lenya und Kurt Weill 231 East 62nd Street

Schräg gegenüber finden wir die New Yorker Adresse von Kurt Weill (1900–1950) und Lotte Lenya (1898–1981), die, aus Frankreich kommend, im September 1935 an Bord der S. S. Majestic – auf der sich u.a. auch Max Reinhardt und Franz Werfel befanden – im New Yorker Hafen einliefen. Sie zogen 1937 hier in die 62nd Street. Ursprünglich planten sie nur einen mehrmonatigen Aufenthalt: Weill sollte die erste Aufführung des von Max Reinhardt inszenierten Stückes *Der Weg der Verheißung* von Franz Werfel dirigieren, dessen Produktion sich aufgrund finanzieller Schwierigkeiten jedoch bis zum Januar 1937 verzögerte. Das Stück wurde u. d. T. *The Eternal Road* ein großer Publikumserfolg, jedoch ein finanzielles Desaster. Nichtsdestoweniger entschieden Weill und Lenya, in den USA zu bleiben, und kauften 1941 ein Haus in Rockland County, das Lenya bis zu ihrem Tod bewohnte. 1947 beklagte sich Weill in einem Brief an *Life Magazine*, das ihn in einem Artikel als deutschen Komponisten bezeichnet hatte: »Ich muß eine Ihrer Formulierungen generell korrigieren. Obgleich ich in Deutschland geboren wurde, bezeichne ich mich nicht als ›deutscher Komponist‹. Die Nazis haben mich eindeutig nicht als solchen bezeichnet, und ich verließ ihr Land 1933 (ein Arrangement, das sowohl ich als auch meine Herrscher als erfreulich ansahen). Ich bin amerikanischer Staatsbürger, während meiner

Lotte Lenya und Kurt Weill, 1935

zwölf Jahre in diesem Land habe ich ausschließlich für die amerikanische Bühne komponiert... Ich würde es begrüßen, wenn Sie Ihre Leser auf diese Tatsache hinweisen könnten.« Weill kehrte nur noch ein einziges Mal für einen Besuch nach Europa zurück und starb 1950 in New York.

Lotte Lenya widmete den Rest ihres Lebens der Verwaltung des Weill-

Lotte Lenya und George Davis, 1951

Lotte Lenya als Seeräuber-Jenny in Brechts *Dreigroschenoper*
in einer Inszenierung des Theatre de Lys, New York, 1954

Nachlasses. Nach einer von Armut und Mißhandlungen durch den alkoholkranken Vater geprägten Kindheit im Wiener Arbeiterviertel Penzing war Karoline Wilhelmine Charlotte Blamauer – die sich bereits während der Schulzeit als Prostituierte verdingte – über Zürich, wo sie erste Theatererfahrungen sammelte, nach Berlin gelangt. Georg Kaiser nahm sich der mittellosen jungen Schauspielerin an und beschäftigte sie als Kindermädchen; im Hause Kaisers lernte sie Kurt Weill kennen, den sie 1926 heiratete. Der Durchbruch als Schauspielerin und Sängerin gelang ihr 1928 mit der umjubelten Uraufführung der *Dreigroschenoper* in Berlin, und bis heute sind Lotte Lenyas Brecht/Weill-Interpretationen Legende. Nach einigen turbulenten, mit Liebesaffären gespickten Ehejahren ließ sich Lenya 1934 von Weill scheiden; dennoch brach ihre Beziehung nicht ab. Sie gingen 1935 gemeinsam nach New York und wurden 1937 ein zweites Mal getraut.

Nach Weills Tod heiratete Lotte Lenya 1952 den homosexuellen Schriftsteller und Lebenskünstler George Davis, der ihre Karriere als Weill-Interpretin in den USA vorantrieb und der wie Kurt Weill mit nur 51 Jahren an einem Herzinfarkt starb. Wohl hauptsächlich aus Furcht vor Einsamkeit ging Lenya noch zwei weitere »Vernunftehen« mit homosexuellen Künstlern ein: 1962 heiratete sie den 27 Jahre jüngeren Maler Russell Detweiler, den sie in der Wohnung von W. H. Auden im East Village kennengelernt hatte und der 1969 an seiner Alkohol-

krankheit zugrunde ging; 1971 schloß die 72jährige die Ehe mit dem 45 Jahre alten, ebenfalls alkoholabhängigen Dokumentarfilmer Richard Siemanowski, von dem sie sich zwei Jahre später wieder scheiden ließ und der mit 55 Jahren an Herzversagen starb. In den sechziger und siebziger Jahren wirkte Lotte Lenya in mehreren Spielfilmen mit, u.a. im zweiten Film der James-Bond-Reihe, *Liebesgrüße aus Moskau*, und ihren letzten umjubelten Bühnenauftritt hatte sie 1978 80jährig in der New Yorker Avery Fisher Hall, als sie bei einem Benefizkonzert zwei Songs aus *Cabaret* zum besten gab. Lotte Lenya starb 1981 in New York. *Wir gehen durch die 63rd Street zurück zur Lexington Avenue. Schon von weitem sehen wir linker Hand unsere nächste Adresse:*

❺ Barbizon Hotel / Unterkunft von Sylvia Plath 140 East 63rd Street

Sylvia Plath (1932–1963), die in der Nähe von Boston lebte, kam im Juni 1953 auf Einladung der Zeitschrift *Mademoiselle* nach New York. Sie hatte bei einem schriftstellerischen Wettbewerb als Preis die Gelegenheit gewonnen, als Gastlektorin in der Redaktion zu arbeiten. Ihr vierwöchiger Aufenthalt im Hotel Barbizon – damals ein Hotel für junge Mädchen – nahm keinen glücklichen Verlauf. Sie zog sich eine Lebensmittelvergiftung zu und entging nur knapp einer Vergewaltigung bei einem Tanzabend. Zu ihrer depressiven Stimmung trug zudem die im Juni stattfindende Hin-

Sylvia Plath bei der Ankunft im Hafen von New York, Juni 1957

richtung von Julius und Ethel Rosenberg bei, die in einem umstrittenen Gerichtsverfahren der Spionage bezichtigt worden waren. Nach diesem für Plath so desaströsen Verlauf ihres New York-Besuchs erlitt sie nach ihrer Rückkehr nach Boston einen Nervenzusammenbruch, wurde mit Elektroschocks behandelt und unternahm ihren ersten Selbstmordversuch.

Ihre New York-Erfahrungen verarbeitete Plath in dem autobiographischen Roman *The Bell Jar* (1963; dt. *Die Glasglocke*), in dem wir das Hotel Barbizon als Hotel Amazon wiederfinden. Die Protagonistin Esther bringt dem mondänen Leben zwischen Berühmtheiten und ständig unterwegs zwischen Fototerminen und Empfängen nichts als Widerwillen entgegen. Ihr amerikanischer Traum, der sich in Manhattan verwirklichen sollte, wird zum Alptraum: »New York war schon schlimm genug. Die falsche, landfeuchte Frische, die irgendwie über Nacht eingesickert war, verdunstete bis neun Uhr morgens wie das letzte Stück eines süßen Traums. Luftspiegelgrau flimmerten die heißen Straßen am Grund der Granitschluchten in der Sonne, die Wagendächer siedeten und glitzerten, und der trockene, aschige Staub trieb mir in die Augen und tief in den Hals.«

Plath nahm sich 1963 nach der Trennung von ihrem Ehemann, dem Dichter Ted Hughes, in London das Leben und erhielt 1981 posthum den Pulitzer Prize für ihre *Collected Poems*.

Unser Spaziergang führt uns nun die Lexington Avenue hinauf. Wir kommen vorbei an einem 1880 errichteten ehemaligen Regimentsgebäude (7th Regiment Armory zwischen 66th und 67th Street), das heute u.a. als Kunst- und Antiquitätenmarkt genutzt wird, und werfen einen Blick in den kleinen altertümlichen Barber Shop an der 71st Street, zu dessen berühmter Klientel u.a. auch Woody Allen zählt, wie ein Foto im Fenster bezeugt. Auf der Westseite der Straße sehen wir den kleinen, feinen Lenox Hill Bookstore, und gleich daneben Bar & Books, eine teure Bar, in der das Rauchen von Zigarren ebenso gestattet ist wie das Blättern in den Büchern, die um des intellektuellen Ambientes willen die Wände schmücken. Wir biegen in westlicher Richtung in die 73rd Street ein.

❻ Leo Baeck Institute
129 East 73rd Street

In diesem schönen, schmalen Stadthaus ist das Leo Baeck Institute beheimatet. Benannt nach Leo Baeck (1873–1956), dem letzten in Deutschland tätigen Oberrabbiner, der 1945 nach seiner Befreiung aus einem Konzentrationslager nach New York kam und der erste Präsident des 1955 gegründeten Institutes wurde, widmet es sich der Erforschung und Bewahrung deutsch-jüdischer Geschichte. Eine mehr als 60 000 Bände umfassende Bibliothek sowie umfangreiche Korrespondenz-, Kunst- und Fotosammlungen vom 16. Jahrhundert bis in die Gegenwart dokumentieren die enge Verschränkung deutscher und jüdischer Geschichte und Kultur. Zwei weitere Leo Baeck Institutes befinden sich in Jerusalem und London. Es werden Lesungen, Vortragsabende und Symposien veranstaltet, und es finden regelmäßig Ausstellungen statt, die einen Überblick über die Institutsbestände geben und ebenso wie die Bibliotheksbenutzung kostenlos sind.

Wir überqueren Park und Madison Avenue und gehen die 73rd Street weiter bis zur Nr. 11.

❼ Ehemalige Residenz von Joseph Pulitzer
11 East 73rd Street

Dieses 1903 von McKim, Mead & White errichtete Gebäude, das venezianischen Palästen nachgestaltet wurde, gehörte Joseph Pulitzer (1847–1911), der das Haus für sich und seine Familie bauen ließ. Pulitzer war in Budapest als Sohn einer Kaufmannsfamilie aufgewachsen und hatte mit 17 Jahren, von Abenteuerlust getrieben, beschlossen, sich als Soldat zu verdingen. Aufgrund seiner schwachen Konstitution als untauglich eingestuft von der österreichischen Armee, der französischen Fremdenlegion und dem britischen Militär, landete er schließlich – über eine Hamburger Rekrutierungsstelle – bei der amerikanischen Union Army in der Ersten New Yorker Kavallerie, wurde jedoch nach nur knapp einem Jahr wieder ausgemustert. Er ging nach St. Louis, schlug

Der Frühstücksraum im Pulitzer-Haus, um 1906

sich mit Gelegenheitsjobs durch – u.a. als Sekretär bei der Deutschen Gesellschaft – und wurde schließlich 1868 von der deutschen Zeitung *Westliche Post* als Reporter engagiert. Rasch vervielfachte er sein kärgliches Einkommen durch Börsenspekulationen, studierte nebenher Rechtswissenschaften, kaufte 1874 die deutsche *Staats-Zeitung* und vier Jahre später den *St. Louis Dispatch*. Beide Zeitungen vereinte er zum *St. Louis Post-Dispatch*, einer erfolgreichen Tageszeitung, mit der sein geradezu kometenhafter Aufstieg im Pressewesen begann. 1883 ging er nach New York, kaufte die heruntergewirtschaftete *World* und

machte sie rasch zu einem der erfolgreichsten Blätter der Stadt. Pulitzer hatte ein untrügliches Gespür für die Lust des Volkes an Skandalen, Sex und Tratsch, und er durfte sich rühmen, das Genre der Boulevardpresse (und zwar der übelsten Sorte) in den USA fest verankert zu haben. Nach einem erbarmungslosen Kampf um den Markt mit seinem größten Konkurrenten William Randolph Hearst, bei dem beide immense finanzielle Verluste erlitten, entschied sich Pulitzer schließlich für eine Richtungsänderung. Er brachte die *World* auf einen seriösen Standard zurück, und sie galt jahrelang als eine der fundiertesten und bestinformierten Zeitungen des Landes. Joseph Pulitzer wohnte – mit durch zahlreiche Erkrankungen bedingten Unterbrechungen – bis zum Ende seines Lebens hier in diesem beeindruckenden Palast, heute ein luxuriöses Apartmenthaus. Er verfügte in seinem Testament die Gründung und Finanzierung der Columbia Graduate School of Journalism, und er stiftete den Pulitzer Prize, der bis heute jedes Jahr in den Sparten Drama, Musik, Literatur und Journalismus vergeben wird.

Wir gehen zurück zur Madison Avenue und biegen gleich wieder links in die 74th Street ein. Auf der Ostseite der Madison Avenue sehen wir zwischen 74th und 75th Street das Whitney Museum of Modern Art; einige Häuser weiter befand sich bis Ende Mai 1997 einer der schönsten und renommiertesten Buchläden auf der Upper East Side, Books & Co., zu dessen Kunden u.a. Paul Auster und Woody

Allen zählten. Aufgrund finanzieller Entscheidungen des Whitney Museums, des Eigentümers des Gebäudes, mußte Books & Co. bedauerlicherweise schließen.

❽ Wohnung von Dorothy Parker 23 East 74th Street

In dem ehemaligen Hotel Volney (heute ein Apartmenthaus) lebte Dorothy Parker (1893–1967) von 1963 bis zu ihrem Tod. Als Tochter jüdischer Eltern wuchs sie in Manhattan auf und besuchte nach dem frühen Tod ihrer Mutter eine katholische Schule, unter der sie ebenso litt wie unter ihrem tyrannischen Vater und ihrer fanatisch religiösen Stiefmutter. 1916 erschien eines ihrer Gedichte in *Vogue*, und der Herausgeber Frank Crowninshield bot ihr einen Job an, bei dem sie für

Dorothy Parker, 1963

zehn Dollar die Woche Bildunterschriften unter Modefotografien und -zeichnungen setzte. Protegiert von Crowninshield, der ihr schriftstellerisches Talent erkannte, erhielt Parker innerhalb eines Jahres eine Stellung als Theaterkritikerin bei *Vanity Fair*. Hier machte sie die Bekanntschaft von Robert Benchley und Robert Sherwood, mit denen sie den *Round Table* im Hotel Algonquin begründete. Mit zynischem Scharfsinn und ihrem geradezu ätzenden Witz eroberte sie sich rasch ihren legendären Ruf, der ihren Namen bis heute mit dem *Round Table* verbindet. Sie schrieb Theater- und Literaturkritiken für den *New Yorker*, in dem sie auch ihre ersten Kurzgeschichten veröffentlichte; ihr erster Gedichtband *Enough Rope*, von dem in rascher Folge acht Auflagen gedruckt wurden, erschien 1926.

Mit ihrem zweiten Ehemann, Alan Campbell, von dem sie sich 1947 scheiden ließ und den sie 1950 ein zweites Mal heiratete, ging sie nach Hollywood, wo sie in erfolgreicher Teamarbeit Drehbücher schrieben und bearbeiteten. Nach Campbells Tod 1963 kehrte Parker nach New York, ins Volney Hotel, zurück, in dem sie einsam, alkoholkrank und verbittert ihre letzten Lebensjahre verbrachte. Ihr letztes Stück, *The Ladies of the Corridor*, in dem sie die Einsamkeit alterwerdender, alleinstehender Frauen in New York mit gewohnt bissiger Schärfe beschreibt, spielt in einem Hotel auf der Upper East Side, für das das Volney Pate stand. Parker sagte, daß dieses Stück das einzige sei, auf das sie je stolz war, und sie hoffte auf große Resonanz, die ihr jedoch versagt blieb. Es wurde ungnädig aufgenommen und nach 45 Vorstellungen abgesetzt. Brendan Gill schrieb über Dorothy Parker: »Sie war einer der geistreichsten Menschen der Welt, und einer der traurigsten.«

Wir gehen weiter bis zur 5th Avenue, wo wir möglicherweise Woody Allen begegnen, der in der Nr. 930 lebt, und biegen in die 76th Street ein.

❾ Wohnung von Maria Ley-Piscator 17 East 76th Street

Erwin Piscator (1893–1966) emigrierte 1938 nach New York. Er plante, Tolstois *Krieg und Frieden* zu inszenieren, woraus wegen finanzieller Schwierigkeiten jedoch nichts wurde. Um in New York bleiben zu können, nachdem seine achtmonatige Aufenthaltsgenehmigung abgelaufen war, entschloß sich Piscator, als seinen Beruf Lehrer anzugeben – die Einwanderungsquote für Regisseure war ausgeschöpft – und den *Dramatic Workshop* zu gründen, der der New School for Social Research als Theaterabteilung angegliedert wurde. Zwischen 1940 und 1950 zog dieser *Dramatic Workshop* eine große Anzahl von Schauspielschülern und -lehrern an, unter ihnen Tennessee Williams, Arthur Miller, Marlon Brando, Tony Curtis und Harry Belafonte. Den Schwerpunkt der Ausbildung legte Piscator auf die enge Verknüpfung von Theorie und Praxis; *learning by doing* war das Motto, wozu nicht nur das Spiel an sich, sondern ebenso das

Erwin und Maria Piscator, 1940

Erlernen aller mit dem Theaterbetrieb verbundenen Tätigkeiten wie etwa das Entwerfen und Bauen von Bühnenbildern zählte. Aufführungen fanden fern des kommerziellen Broadway im Rooftop Theater in der 2nd Avenue und im President Theater in der 48th Street statt und hatten großen Erfolg bei Publikum und Presse. Mit seinem Konzept gab Piscator der Entwicklung der Off-Broadway-Bühnen, die noch in den Kinderschuhen steckte, großen Auftrieb. Aufgrund seiner linksgerichteten politischen Einstellung verlor Piscator 1949 die finanzielle Unterstützung der New School und kehrte 1951 nach Deutschland zurück. Seine Frau Maria Ley-Piscator (geb. 1898) entschied sich, in New York zu bleiben und den *Dramatic Workshop* weiterzuführen. Sie unterrichtete bis in ihre achtziger Jahre hinein und gründete die Erwin Piscator Foundation.

Wir gehen zurück zur 5th Avenue und betreten den Central Park durch den Eingang an der 76th Street. 1844 angeregt u.a. von William Cullen Bryant, der den Mangel an Grünflächen in New York beklagte, gilt der von Olmsted & Vaux entworfene Central Park als einer der größten und schönsten künstlich angelegten Parks der Welt; er wurde erst nach mehr als 20 Jahren Bauzeit fertiggestellt. Wir halten uns links und biegen gleich wieder rechts ab.

❿ Alice in Wonderland-Statue
Central Park / 76th Street

Der Weg führt uns direkt zu einer 1959 errichteten, verspielten Skulptur von *Alice in Wonderland*, auf der im Sommer die Kinder vergnügt herumklettern. Wenn wir am rechten Ufer des kleinen Sees weitergehen, sehen wir eine weitere märchenhafte, 1956 aufgestellte Skulptur: Hans-Christian Andersen, der *The Ugly Duckling* liest und zu dessen Füßen ein bronzenes Entlein herumwatschelt. Hier finden im Sommer öffentliche und kostenlose Erzählnachmittage statt, bei denen man Geschichten lauschen oder selbst erzählen kann. Der See (Conservatory Water), der einstmals als Wasserreservoir geplant war, ist im Sommer ein beliebter Treffpunkt für Modellsegelschiff-Liebhaber, die hier Miniatur-Regatten austragen. Man kann ein Boot für zehn Dollar die Stunde mieten oder von dem Self-Service-Café aus die kleinen und großen Kapitäne beobachten.

Nachdem wir uns ausgeruht haben, spazieren wir wieder Richtung uptown, halten uns auf der Ostseite des Parks und verlassen ihn an der 79th Street. Wir gehen weiter die 5th Avenue hinauf. Linker Hand sehen wir das 1870 gegründete und immer wieder erweiterte Metropolitan Museum of Art, das mehr als drei Millionen Kunstgegenstände beherbergt und in dem man leicht mehrere Tage verbringen kann. Unsere nächste literarische Adresse finden wir schräg gegenüber.

⓫ Goethe-Institut
1014 5th Avenue

In diesem 1907 errichteten Gebäude, das wie eingeklemmt zwischen den beiden angrenzenden Häusern wirkt und eines der ältesten auf der oberen 5th Avenue ist, befindet sich das deutsche Goethe-Institut. Auf Anregung von John McCloy, von 1949 bis 1952 amerikanischer Hochkommissar in der Bundesrepublik, wurde im April 1957 das Goethe House eröffnet – zunächst in nur einigen Räumen eines Bürogebäudes in der East 56th Street Nr. 120. 1960 erwarb die Bundesregierung das Gebäude auf der 5th Avenue aus dem Nachlaß von James W. Gerard, der vor dem Ersten Weltkrieg Botschafter im Deutschen Reich gewesen war. Seit 1961 befindet sich das Goethe House hier, das schließlich 1969 administrativ und finanziell dem Goethe-Institut München angegliedert wurde; erst seit Januar 1997 lautet der offizielle Name Goethe-Institut New York. Die hervorragend sortierte Bibliothek im Erdgeschoß stellt um die

20 000 Bände zur Verfügung, und in dem kleinen Garten kann man im Sommer ungestört in deutschen Zeitungen und Zeitschriften stöbern. Wer Interesse an den hier angebotenen Lesungen, Vorträgen, Ausstellungen, Theater- und Filmveranstaltungen hat, sollte im Foyer ein Programm mitnehmen.

Zu den zahlreichen Gästen, die hier gelesen haben, gehören u.a. Ilse Aichinger, Rolf Hochhuth, Hans-Magnus Enzensberger, Iring Fetscher, Jürgen Habermas, Hans-Georg Gadamer und Marianne Hoppe. Im Mai 1965 wurde Günter Grass – der einige Jahre zuvor das New Yorker Publikum bereits mit einer Lesung aus der *Blech-*

trommel begeistert und schockiert hatte – hier gefeiert. Im überfüllten Vortragssaal las er u.a. aus seinen Theaterstücken *Onkel-Onkel* und *Die Plebejer proben den Aufstand.* Anlaß dieser Lesereise war die Veröffentlichung der amerikanischen Ausgabe der *Hundejahre.* Begleitet wurde Grass von Uwe Johnson, der – noch im Schatten seines berühmten Kollegen – u.a. aus dem Manuskript von *Karsch* las.

Ein anderer Höhepunkt in der Geschichte des Goethe-Hauses war die Lesung von Ingeborg Bachmann, die am 12. Juni 1962 stattfand. »Eine junge, blonde Frau saß auf dem Vortragspult des Goethehauses, las Gedichte und Prosa vor, nüchtern, ohne Pathos, fast streng«, hieß es in einem Artikel in der *Staatszeitung.* Bachmann las aus *Die gestundete Zeit, Anrufung des großen Bären* sowie aus *Das dreißigste Jahr.* Wie schon bei ihrer ersten Amerikareise 1955 reiste sie auch 1962 per Schiff an und hielt sich für etwa eine Woche in New York auf. 1968 kehrte Bachmann für eine Lesung im Poetry Center des 92nd Street YMCA ein weiteres (und wohl das letzte) Mal nach New York zurück.

Unser Spaziergang führt uns weiter durch die 82nd Street bis zur Madison Avenue. Von hier aus können wir einen Blick auf das Gebäude an der Nordostecke Madison Avenue / 84th Street werfen.

Ein unbekanntes Foto: Lesung von Ingeborg Bachmann im Goethe-Institut New York, 12. Juni 1962

⑫ Wohnung von Eugene O'Neill
35 East 84th Street

1946 bezog Eugene O'Neill (1888–1953) mit seiner dritten Ehefrau, der Schauspielerin Carlotta Monterey (1888–1970), in diesem Gebäude ein großzügiges Penthouse. Bevor O'Neill 1913 sein erstes Stück *The Web* schrieb und seine Karriere begann, mit der er zum bedeutendsten amerikanischen Dramatiker werden sollte, hatte er als Seemann bereits die halbe Welt bereist. Zurück in seiner Geburtsstadt New York, fand er rasch Zugang zur Gruppe um die Provincetown Players, die viele seiner Stücke auf die Bühne brachte. Bereits 1920 eroberte sich O'Neill mit seinem Stück *Beyond the Horizon* den Ruf des innovativsten amerikanischen Dramatikers. Für dieses Stück erhielt er den Pulitzer Prize, dem drei weitere folgten. 1936 wurde er 48jährig als erster Dramatiker mit dem Nobelpreis geehrt. Im selben Jahr, in dem O'Neill hier auf die Upper East Side zog, wurde das bereits 1939 entstandene Stück *The Iceman Cometh* (dt. *Der Eismann kommt*) im Martin Beck Theater am Broadway uraufgeführt. Eines der wenigen in New York angesiedelten Stücke, spielt es in einer Bar auf der West Side, die O'Neill seiner ehemaligen Stammkneipe Jimmy-the-Priest nachgestaltete. In der Hafenspelunke trifft ein Panoptikum heruntergekommener, gescheiterter Existenzen aufeinander, die von Hickey, einem weiteren Dauergast, in ihrer weinseligen Selbstzufriedenheit aufgestört werden. Er entlarvt die Lebenslügen und die Illusionen, mit denen sie sich selbst ein glückli-

Eugene O'Neill auf der Terrasse seines Penthauses 35 East 84th Street, um 1946

ches Leben vorgaukeln, und kann die existentielle Trostlosigkeit, die die Runde überfällt, nur auffangen, indem er ihnen gesteht, daß er seine Frau ermordet hat und sich für verrückt erklären läßt. Es ist wohl kein Zufall, daß O'Neill für sein Stück über Illusion und Desillusionierung New York als Schauplatz wählte, die Stadt, in der so viele Illusionen aufrechterhalten werden und ebenso viele zerplatzen. Das New Yorker Publikum konnte dem Stück nichts abgewinnen. Nach dem Ende des Zweiten Weltkrieges wollte niemand etwas von

Illusionen hören, sondern euphorisch, optimistisch und stolz in die Zukunft blicken. *The Iceman Cometh* war das letzte der zu Lebzeiten O'Neills am Broadway aufgeführten Stücke. Im April 1948 zog O'Neill nach Boston, wo er 1953 starb. Als Broadway-würdiger Autor wurde er erst in den sechziger Jahren wiederentdeckt.

In der 82nd Street zwischen Madison und Park Avenue finden wir unsere nächste Adresse.

⓭ Wohnung von Lillian Hellman
63 East 82nd Street

Hier lebte die Dramatikerin Lillian Hellman (1905–1984) von 1944 bis 1969. Geboren in New Orleans, wuchs sie ab ihrem sechsten Lebensjahr in New York auf. 1924 arbeitete sie zunächst für den Horace Liveright Verlag und ging 1930 als Drehbuchautorin mit ihrem Mann Arthur Kober (1900–1975) nach Hollywood. Dort lernte sie Dashiell Hammett (1894–1961) kennen, mit dem sie eine 30jährige, mehr oder weniger intensive Liebesbeziehung verband. Hammett hatte sich bereits einen Namen mit seinen Romanen *Red Harvest* (1929; dt. *Rote Ernte)* und *The Maltese Falcon* (1930; dt. *Der Malteser Falke)* gemacht, in denen er den legendären Detektiv Sam Spade zum Leben erweckte. 1932 erschien *The Thin Man* (dt. *Der dünne Mann),* und die Verfilmungen der drei Romane machten Hammett weltberühmt.

Lillian Hellmans erstes Stück *The Children's Hour* wurde 1934 am

Oben: Coverfoto von Dashiell Hammett für die Buchausgabe von *Der dünne Mann,* 1934.

Unten: Lillian Hellman (li.) und Dorothy Parker (re.) bei einem Dinner, März 1945

Broadway uraufgeführt und erhielt trotz seines provokanten Inhaltes – eine Schülerin bezichtigt zwei ihrer Lehrerinnen des Lesbischseins – ausgezeichnete Kritiken und begeisterte das Publikum. 651 Vorstellungen wurden gegeben – solchen Erfolg sollte kein weiteres von Hellmans Stücken wieder erreichen, von denen *The Little Foxes* (1939; dt. *Die kleinen Füchse)* und *Toy in the Attic* (1960) zu den bekanntesten zählen.

1969 erhielt sie den National Book Award für ihre Memoiren *An Unfinished Woman* und wurde für ihre Direktheit, Offenheit und Aufrichtigkeit in den höchsten Tönen gelobt. 1973 erschien der zweite Teil ihrer Erinnerungen, *Pentimento*. 1980 geriet Hellman ein letztes Mal in die Schlagzeilen, als Mary McCarthy sie in der populären Dick Cavett Fernsehshow öffentlich der Unredlichkeit bezichtigte, worauf Hellman mit einer Verleumdungsklage reagierte. Dieser Vorfall erschütterte die Medienlandschaft der USA, da das Recht auf freie Meinungsäußerung zur Debatte stand. Bevor es zur Urteilsfindung kam, bei der vermutlich Mary McCarthy Recht bekommen hätte, starb Lillian Hellman.

Der letzte Teil unseres Spaziergangs führt uns nach Yorkville, ins Herz der ehemaligen Germantown. Wir gehen die Park Avenue hoch bis zur 86th Street und biegen nach rechts ab.

⓬ Das ehemals deutsche Viertel Yorkville
86th Street und Umgebung

Bereits Mitte des letzten Jahrhunderts siedelten sich in dem ehemaligen Dörfchen Yorkville neben ungarischen, tschechischen und slovakischen auch mehr und mehr deutsche Einwanderer an, obwohl zu jener Zeit »Kleindeutschland« noch auf der Lower East Side zu finden war. Nach dem schon erwähnten Schiffsunglück 1904 stieg die deutsche Population in Yorkville rasch an. In den dreißiger und vierziger Jahren säumten deutsche Bäckereien, Schuster, Restaurants etc. die 86th Street – woran heute so gut wie nichts mehr erinnert. Zwischen 3rd und 2nd Avenue sehen wir (zumindest noch im Frühjahr 97) die traurigen Überreste des Café-Restaurants Kleine Konditorei, das Anfang 1996 einem Brand zum Opfer fiel. Nur zwei Lokalitäten auf der 2nd Avenue / Ecke 86th Street zeugen heute noch von der Präsenz der zahlreichen deutschen Einwanderer: Schaller und Weber, ein Feinkostgeschäft, und gleich nebenan das Restaurant Heidelberg. Wer Lust auf deutsches Bier und Eisbein verspürt, ist hier richtig. In der 84th Street zwischen 2nd und 1st Avenue befindet sich seit mehr als 100 Jahren die heute einzige deutschsprachige evangelische Kirche New Yorks: die Zion's-St. Mark's Lutheran Church. In den dreißiger und vierziger Jahren war Yorkville das Zentrum der Emigranten und Kriegsgegner, aber auch jener Deutschen, die die Politik der Nazis unterstützten. Auf der 3rd Avenue residierte der antinationalsozia-

Deutschamerikanischer Kulturverband

(GERMAN AMERICAN LEAGUE FOR CULTURE)

45 Astor Place, N. Y. C. (GR. 5-9159)

Samstag, den 7. Maerz 1942, abends 8.30

im grossen Theatersaal des

NEW YORK LABOR TEMPLE, 243 East 84th Street

❖

Das Wort als Waffe

Abende für die freie deutsche Literatur

1. Abend: Oskar Maria Graf
„Anton Sittinger kommt nach Amerika"

❖

PROGRAMM

1. The Star-Spangled Banner
   Einleitende Worte .... Otto Sattler
   Die deutsche Literatur im Exil .... F. C. Weiskopf
   Wir sind mit euch .... Ein amerikanischer Schriftsteller

PAUSE

2. Seligkeit
   Die Forelle .... von Franz Schubert
   Gesungen von Irma Stern, früher Staatsoper, München

   Heiterer Prolog
   Gesprochen von Irmgard Andersen

   „Der falsche Anton", Schwank in 1 Akt v. Wieland Herzfelde
   Anton Sittinger .... Oskar Maria Graf
   Malwine, seine Frau .... Thekla Schwarz
   Wieland Herzfelde, Verleger .... Wieland Herzfelde
   Marie Lieblich, Sekretärin .... Friedel
   Mirjam Freundlich, Sekretärin .... Maria

   Der Boss mit der Mappe, ein Buchhändler aus Sachsen, ein Polizist,
   ein Schnellzeichner, ein Bandoneonspieler und sonstiges Volk

   Ort der Handlung: Büro eines N. Y. Hilfskomitees, Feb. 1942

Musikkapelle   Belustigungen   Tanz

**Schreiben Sie oder telephonieren Sie unbedingt noch heute wegen
Reservierung von Tickets (Preis 40c, inkl. Tax)**

Die Kleine Konditorei in Yorkville

listische German Workers Club, und in der 84th Street befand sich ab 1935 die Deutsche Zentral-Buchhandlung, in der die von den Nazis verbotenen Bücher zu finden waren. Nur eine Straße weiter hingegen, in der 85th Street, hatte der nationalsozialistische German-American Bund seinen Sitz, der das Propagandablatt *Deutscher Weckruf und Beobachter* herausgab; die German-American Business League veröffentlichte unter derselben Adresse Listen mit von den Nazis gebilligten amerikanischen Firmen. Gelegentlich fanden Aufmärsche in importierten Uniformen statt, und 1938 kam es im Yorkville Casino in der 86th Street zu einer blutigen Auseinandersetzung zwischen Nazisympathisanten und -gegnern. Im Februar 1939 veranstaltete der German-American Bund unter der Leitung von Fritz Kuhn eine Kundgebung im Madison Square Garden, zu der sich um die 19 000 Sympathisanten versammelten. Dorothy Thompson verschaffte sich unerschrocken Zugang und kommentierte die unflätigen antisemitischen Reden mit schallendem, höhnischem Gelächter. Nach zehn Minuten wurde sie hinauskomplimentiert; am nächsten Morgen war diese Episode auf den Titelseiten aller bedeutenden Zeitungen zu finden, und Thompson hatte couragiert einmal mehr dazu beigetragen, der amerikanischen Bevölkerung die Bedrohung durch den Nationalsozialismus vor Augen zu führen.

Nach dem Krieg wurde Yorkville zu einem beliebten Ausflugsziel für die New Yorker, die hier das fanden, was sie sich unter einem typisch deutschen Lebensstil vorstellten: Bierstuben, Blaskapellen und Bratwurst, serviert in der Atmosphäre (sogenannter) deutscher Gemütlichkeit. Wolfgang

Koeppen (1906–1996), der Mitte der fünfziger Jahre seine *Amerikafahrt* (erschienen 1959) unternahm, kam zu dem ironisch-bitteren Schluß: »Im Schmelztiegel der Völker, in der frohen, freien Weltstadt New York bot sich ein Extrem nicht aus deutscher Eigenart, sondern aus deutscher Weltverschlossenheit und provinzieller Verquertheit. Verstaubte Ritterhumpen, aufbewahrte Zöpfe. Die Mädchen trugen Dreimäderlhausfrisuren, sie waren jung und waren von gestern, sie waren New Yorkerinnen und waren hausbacken. Sie waren beliebt... Die Sechsundachtzigste Straße war ein deutscher Alptraum.«
Wir folgen der 86th Street und machen zwischen York und East End Avenue unseren letzten Halt.

Von hier aus können wir weiter bis zum East River gehen. Wir durchqueren den wunderschön angelegten Carl Schurz Park und spazieren auf der Promenade Richtung Norden. Am Ende sehen wir Gracie Mansion, ein 1799 erbautes Landhaus des Kaufmanns Archibald Gracie, das seit 1942 der offizielle Wohnsitz des jeweiligen New Yorker Bürgermeisters ist.

⓯ Wohnung von Mary McCarthy und Edmund Wilson
14 Henderson Place

Am Ende dieser kleinen gemütlichen Sackgasse, deren 1882 erbaute Häuserreihe auch von der East End Avenue aus einen Blick wert ist, lebte das Ehepaar McCarthy/Wilson bis zu seiner Scheidung 1944. Anaïs Nin besuchte Edmund Wilson – mit dem sie zu jener Zeit eine Affäre hatte – und notierte in ihrem Tagebuch: »Eine Straße mit altmodischen englischen Klinkerhäusern. Spitze Giebeldächer, Efeu und Bäume, aber alles war eng und freudlos; hohe, schmale Fenster. Da er seinen Schlüssel vergessen hatte, mußten wir durch den Keller ins Haus. Die Wohnung machte einen niederschmetternden Eindruck.«

Riverside Drive, dreißiger Jahre

142

Sechster Spaziergang
Die Upper West Side

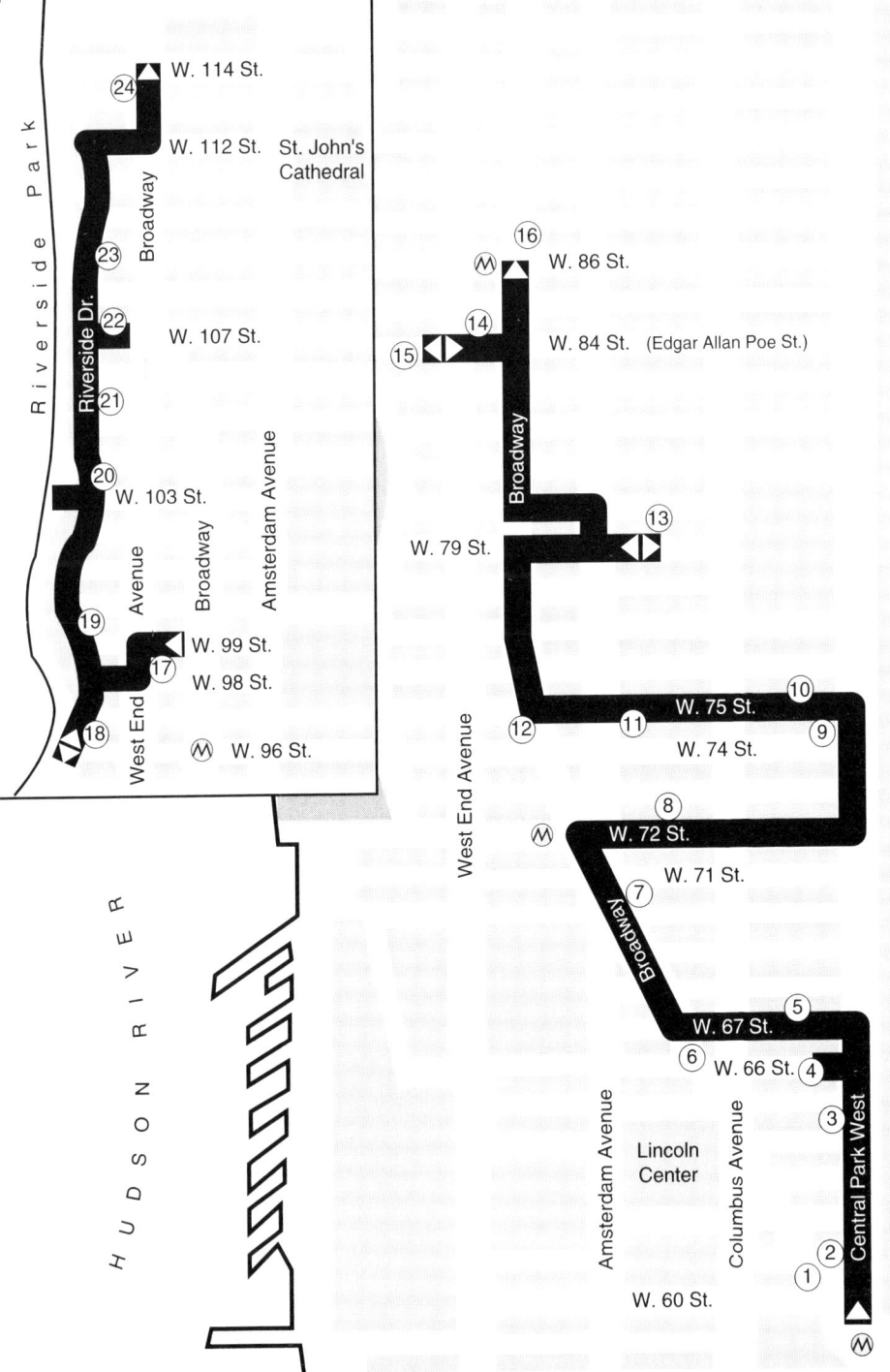

Unseren sechsten Spaziergang beginnen wir am Columbus Circle (Subways A, B, C, D, 1 und 9). In dem weißen, auf Marmorpfeilern errichteten Gebäude auf der Südseite des Platzes ist ein Tourismusbüro untergebracht, das Informationsbroschüren, Hoteladressen und Stadtrundfahrten auch in deutscher Sprache anbietet. Wir werfen einen Blick auf die Columbus-Statue, die inmitten der Wolkenkratzer immer mehr zu schrumpfen scheint – insbesondere vor dem kürzlich fertiggestellten zweiten Trump Tower, dem gläsernen Wolkenkratzer, der den Columbus Circle überragt. Unser West Side-Spaziergang wird uns zu vielen deutschsprachigen Autoren und Autorinnen führen, und wir wollen ihn mit der letzten existierenden deutschen Buchhandlung beginnen.

Mary S. Rosenberg, 1991

❶ Mary S. Rosenberg Books
1841 Broadway

Die Mary S. Rosenberg-Buchhandlung finden wir im 9. Stock des Gebäudes an der Nordostecke Broadway und 60th Street. Sie ist täglich zwischen 12 und 18 Uhr geöffnet. Mary S. Rosenberg (1900–1995) emigrierte 1939 nach New York und begann von ihrem Einzimmerapartment aus mit dem Verkauf gebrauchter deutschsprachiger Bücher. Sie war in Fürth aufgewachsen und hatte eine Lehre in der Buchhandlung ihres Vaters gemacht, die nach dessen Tod 1933 beschlagnahmt wurde. Einige Jahre lang versuchte sie, das Geschäft in Fürth wiederaufleben zu lassen; schließlich wurde sie von den Verlagen nicht mehr beliefert und mußte Deutschland verlassen. Trotz aller Sprachschwierigkeiten und finanzieller Not gelang es ihr in New York rasch, die Mary S. Rosenberg-Buchhandlung zu etablieren. Innerhalb von fünf Jahren wuchs das Sortiment auf über 20 000 Exemplare an und wurde eine wesentliche Quelle für die Emigranten. Rosenberg begann auch, selbst Bücher zu verlegen (hauptsächlich wissenschaftliche und Sachbücher), und ihrer Energie, Klugheit und Geschäftstüchtigkeit ist es zu verdanken, daß die Buchhandlung bis heute besteht. 1946 konnte Rosenberg Verkaufsräume in der 72nd Street mieten; seit 1977 befindet sich die Buchhandlung hier am Broadway. Mary S. Rosenberg war eine der ersten Emigrantinnen, die sogleich nach dem Krieg den Kontakt zu Verlagen in Deutschland wiederaufnahmen. Ab 1947 fuhr sie jedes Jahr zur Frankfurter Buchmesse, was andere Emigranten ihr als verfrühte Wiederannäherung übelnahmen. Nachdem sie den größten Teil ihres Sortiments zunächst aus antiquarischen Beständen bestritten hatte, war sie nach dem Krieg eine der ersten, die neue deutsche Literatur in die USA importierten. Der Fischer Verlag beispielsweise versorgte sie mit Neuerscheinungen – im Gegenzug schickte sie Carepakete nach Deutschland und bezahlte die Bücher mit Kaffee, Tee und Schokolade.

Wir bleiben auf den Spuren der Emigranten, wenn wir jetzt den Central Park West hinaufspazieren.

Ernst Toller

ERNST TOLLER

❷ Mayflower Hotel
15 Central Park West

In dem düster wirkenden, aber zur Luxusklasse zählenden Mayflower Hotel an der 61st Street nahm sich der Dramatiker Ernst Toller (1893–1939) das Leben. Erwin Piscator, der viele Stücke Tollers inszeniert hatte, berichtete Hans Sahl – der sich zu diesem Zeitpunkt noch in Paris aufhielt – am 1. Juni 1939 in einem Brief vom Selbstmord Tollers, der gerade dabei gewesen war, Vorbereitungen für eine Schiffsreise nach London zu treffen: »Als die Sekretärin zurückkam, packte sie ruhig weiter, bis auf unerklärliche Weise plötzlich ein unangenehmes Gefühl sie beschlich. Sie öffnete die Schranktür – da war nichts. Die Badezimmertür – sie war schwer zu öffnen – als sie stärker drückte, baumelte in der Öffnung ein Arm. Ernst hatte sich an dem Gürtel seines Bademantels aufgehängt, war auf einen Stuhl gestiegen, war dann aber, als er sich von dem Stuhl abstieß, anscheinend gefallen, so daß er jetzt auf dem Stuhle saß. Die Schnur hatte ihn nicht erwürgt, sondern ihm das Genick gebrochen, so daß er also einen schönen und ›glücklichen‹ Tod gehabt zu haben scheint.«

Wir gehen weiter den Central Park West hoch – eine Straße, die in den letzten Jahren, was Attraktivität und auch die Höhe der Mieten betrifft, der 5th Avenue den Rang abgelaufen hat und zur Avenue der Stars geworden ist. Sting, Paul Simon, James Levine, Liam Neeson, Dustin Hoffmann, Steve Martin, Demi Moore, Al Pacino, Barbra Streisand, John McEnroe,

Steven Spielberg u.a. haben sich hier niedergelassen und machen den Central Park West zum Hollywood-Boulevard New Yorks. Wir gehen bis zur 65th Street, und zwar am besten auf der Parkseite, um einen besseren Blick zu haben auf ein üppiges Gebäude im Art déco Stil mit gewaltigen Säulen im Eingang.

❸ Prasada Building
50 Central Park West

In diesem 1907 errichteten Gebäude lebte ab 1923 die Romanautorin und Dramatikerin Edna Ferber (1887–1968) in einem großzügigen Apartment mit Blick auf den Central Park. Für ihr Stück So Big erhielt sie 1924 den Pulitzer Prize. 1926 schrieb sie Show Boat, das Jerome Kern und Oscar Hammerstein für eine Operette adaptierten und das heute wieder mit großem Erfolg als Musical am Broadway aufgeführt wird. Nach Edna Ferbers Roman Giant (1950) entstand der gleichnamige Film mit James Dean.
Wir gehen ein Stück in die 66th Street hinein.

❹ Wohnung von Isaac Asimov
10 West 66th Street

In der 66th Street, in der so gut wie jedes Gebäude vom Fernsehsender ABC mit Beschlag belegt ist, lebte der Science-fiction-Schriftsteller Isaac Asimov (1920–1992). Er wurde in Rußland geboren, und seine Familie kam 1923 nach New York. Er studierte Medizin an der Columbia University

sowie in Boston und veröffentlichte 1950 seinen ersten Roman Pebble in the Sky, dem Hunderte folgen sollten. Nicht nur Science-fiction-Geschichten, sondern auch unzählige Sachbücher und Essays zu den unterschiedlichsten Themen machten ihn zu einem der produktivsten Autoren weltweit. 1984 erschien sein Opus 300, und insgesamt tragen nahezu 500 Titel seinen Namen.
Wir gehen zurück zum Central Park West. Zwischen 66th und 67th Street auf der Parkseite befindet sich das skurril-kitschige Restaurant Tavern on the Green. Der verspiegelte Flur, der zum hauseigenen Souvenirshop führt, ist ebenso sehenswert wie die in Tier-

Prasada Building

Fannie Hurst

form geschnittenen Bäume im Garten. Bevor das Restaurant 1934 errichtet wurde, befand sich an dieser Stelle ein Stall für die Schafe, die zu jenen Zeiten als »Rasenmäher« im Central Park eingesetzt wurden. Wir biegen in die 67th Street ein.

❺ Hotel des Artistes
1 West 67th Street

Im Hotel des Artistes (erbaut 1915 und trotz des Namens ein Apartmenthaus) lebte Fannie Hurst (1889– 1968) von 1932 bis zu ihrem Tod. Hurst war nicht nur erfolgreiche und populäre Autorin zahlreicher sentimentaler, um nicht zu sagen kitschiger Romane, sondern sie engagierte sich auch für die Belange der schwarzen Autorinnen und Autoren der zwanziger und dreißiger Jahre. Sie unterstützte beispielsweise die Schriftstelle-

rin Zora Neale Hurston, die sie als Assistentin beschäftigte und der sie freie Unterkunft in ihrem luxuriösen Apartment gewährte. Das Hotel des Artistes wurde wie auch andere Gebäude in dieser Straße zu Beginn dieses Jahrhunderts für die Bedürfnisse bildender Künstler konzipiert und gebaut – was die ungewöhnlich großen, zwei Stockwerke hohen Fenster erklärt. Im Erdgeschoß befindet sich das Café des Artistes, ein Restaurant, das berühmt für seine Wandgemälde von Howard Chandler Christy – halbnackte Nymphen vor geblümtem Hintergrund – ist.

Wir gehen weiter Richtung Westen, überqueren die Columbus Avenue (linker Hand sehen wir das Lincoln Center mit der zurückgesetzten Metropolitan Opera) und machen Halt am Broadway.

❻ Broadway /
Ecke 66th Street

An der Kreuzung einen Block downtown wartete am Abend des 4. September 1957 ein junger unbekannter Schriftsteller an einem nicht mehr existierenden Zeitungsstand aufgeregt auf die Ausgabe der *New York Times* mit der Rezension seines Buches, deren Erscheinen sein Verleger ihm angekündigt hatte. Und er konnte mehr als zufrieden sein. Es hieß: »Ähnlich wie *The Sun Also Rises* mehr als jedes andere Werk der zwanziger Jahre als Testament der *Lost Generation* aufgefaßt wurde, wird *On the Road* gewiß als jenes der *Beat-Generation* zu gelten haben.« Am Morgen des nächsten

Tages stand das Telefon nicht mehr still – und Jack Kerouac war ein berühmter Mann.

Wir gehen den Broadway hinauf bis zur 71st Street.

❼ Schauplatz der Geschichten von J. D. Salinger 160 West 71st Street

In diesem Gebäude, dem ehemaligen Hotel Alamac, ließ J. D. Salinger (geb. 1919) die Glass-Family seiner *Franny and Zooey*-Geschichten wohnen, die 1955 und 1957 einzeln im *New Yorker* veröffentlicht wurden. Salinger ist – neben Thomas Pynchon, dessen Adresse bis heute unbekannt ist – der geheimnisumwittertste amerikanische Autor. Er wuchs in New York am oberen Riverside Drive auf, war Sergeant eines Infanterieregiments im Zweiten Weltkrieg, schrieb ab 1940 Romane und Kurzgeschichten und zog sich Anfang der sechziger Jahre kompromißlos aus der Öffentlichkeit zurück. 1951 erschien sein millionenfach verkaufter Roman *The Catcher in the Rye* (dt. *Der Fänger im Roggen)*, der zum Kultbuch für Generationen Heranwachsender wurde und in dem New York als Hölle des Egoismus und der Einsamkeit dargestellt wird. Salingers letzte Veröffentlichung im *New Yorker*, die Kurzgeschichte *Hapworth 16, 1924*, datiert von 1965.

Wer Interesse an Theaterliteratur hat, sollte den Broadway hier überqueren und Applause Books (211 West 71st Street) einen Besuch abstatten – eine wahre Fundgrube, was Theaterstücke, Drehbücher und Sekundärliteratur betrifft. Von der Ecke 72nd Street / Broadway aus haben wir einen schönen Blick auf das Ansonia Hotel, heute ein luxuriöses Apartmenthaus (Broadway / Ecke 73rd Street), das 1904 erbaut wurde und als eines der prachtvollsten Gebäude New Yorks gilt. Zu den berühmten Bewohnern zählten u. a. Enrico Caruso, Arturo Toscanini, Florence Ziegfeld, Igor Stravinsky und auch Theodore Dreiser. 1906 wurde die Verdi-Statue, umgeben von Aida, Othello, Falstaff und Leonora aus La Forza del Destino, *aufgestellt, die wir sehen, wenn wir Richtung Ansonia schauen. Wir gehen durch die 72nd Street Richtung Central Park.*

Ansonia Hotel

❽ Das ehemalige Café Eclair
141 West 72nd Street

Auf der Nordseite der Straße befand sich das Café Eclair – einer der bei den deutschsprachigen Emigranten beliebten Treffpunkte im Kaffeehausstil. Hans Sahl merkte in seinen Erinnerungen *Das Exil im Exil* an: »Einer Exilforschung, die Wert auf Authentizität legt, seien folgende Plätze als historische Stätten der Emigration zur Besichtigung empfohlen: Das Café Eclair, in dem Wiener Konditorwaren, die in New York Seltenheitswert besitzen, von exilierten Professoren, die dort als Kellner engagiert waren, den Gästen aus Übersee mit Schlagobers sowie Aperçus von Karl Kraus und Alfred Polgar serviert wurden, wobei es das Schicksal wollte, daß heute der Gast den Kellner und morgen der Kellner den Gast bediente.« Leider kann Sahls klugem Rat nicht mehr Folge geleistet werden – Ende 1995 machte das Café Eclair bankrott.

Café Eclair

Dakota Building

Bevor wir nach links in den Central Park West einbiegen, werfen wir noch einen Blick auf das 1884 als Luxusapartmenthaus erbaute Dakota Building (1 West 72nd Street) – dem traurigen Schauplatz der Ermordung John Lennons, der 1980 vor dem Eingang erschossen wurde. Seine Frau Yoko Ono bewohnt noch immer ein Apartment hier, ebenso wie die Schauspielerin Lauren Bacall. Andere berühmte Bewohner waren u.a. Leonard Bernstein und Boris Karloff. 1967 drehte Roman Polanski in diesem Gebäude seinen Film Rosemary's Baby *mit Mia Farrow in der Hauptrolle. Wir gehen vorbei am Gebäude The Langham, in dem Carly Simon und*

James Levine leben, und machen Halt vor dem San Remo Building.

❾ Wohnung von Carl Van Vechten
146 Central Park West

Das 1930 von Emery Roth erbaute San Remo Building, das sich zwischen 74th and 75th Street erstreckt, ist gegenwärtig eine der exklusivsten Adressen in Manhattan. Dustin Hoffmann, Steve Martin, Demi Moore, Bruce Willis und Steven Spielberg machen das Gebäude zu einer Enklave Hollywoods.

Von 1936 bis zu seinem Tod lebte Carl Van Vechten (1880–1964) in diesem beeindruckenden Bauwerk. Van Vechten war eine der schillerndsten Persönlichkeiten im New York der zwanziger und dreißiger Jahre. Er machte sich als Schriftsteller, Literatur- und Musikkritiker, Fotograf und auch als Herausgeber der posthumen Werke Gertrude Steins einen Namen, und auf seine Anregung hin unternahm Stein 1934 ihre Vortragsreise durch die USA. Van Vechtens Vater war Mitbegründer der ersten schwarzen Schule in Mississippi, und Carl Van Vechten wurde einer der ersten weißen Intellektuellen der zwanziger Jahre, die weder Rassenvorurteile noch Berührungsängste mit dem dunkelhäutigen Teil der amerikanischen Bevölkerung hatten. Van Vechten stand in engem Kontakt zu vielen der Harlem Renaissance Schriftsteller und nutzte seine Verbindungen zur weißen Verlagswelt, um Bücher schwarzer Autoren auf den Markt zu bringen.

1926 erschien sein Buch *Nigger Heaven* – der erste Roman eines weißen Autors über Harlem, der zum Bestseller wurde und der weißen Mittelschicht Amerikas nicht nur ein realistisches und humorvolles Bild vom Mythos Harlem lieferte, sondern mit dazu beitrug, den Ruf des Viertels als düsterem und gefährlichem Slum in die *Harlemania* zu verwandeln. Unter

Carl Van Vechten mit Gertrude Stein (li.) und Alice B. Toklas (re.), New York, 1934

den schwarzen Autoren waren die Meinungen über *Nigger Heaven* gespalten. Einige (wie Langston Hughes beispielsweise) schätzten die unsentimentale und Klischees vermeidende Darstellung des Lebens in Harlem, andere (wie W. E. B. Du Bois) empfanden allein den provokanten Titel als unverzeihlichen Affront. Dieser bezog sich auf die Theatersitze in den oberen Rängen, in die schwarze Theaterbesucher verbannt waren. Harlem wurde nicht zuletzt des Engagements und der Begeisterung Van Vechtens wegen zum Montmartre New Yorks und für ein Jahrzehnt zum Zentrum des Nachtlebens. Van Vechten erkannte nicht nur die Qualität der in Harlem entstehenden Literatur, sondern war auch ein großer Kenner der Musikszene, und als einer der ersten regte er an, Blues Songs auf Schallplatten festzuhalten.

Wir gehen durch die 75th Street zurück Richtung Broadway.

Der erste Geburtstag von Jan Robert, dem Sohn von Karola (2. v. li.) und Ernst Bloch (re.), 1938. Hanns Eisler (li.) komponierte eigens ein Wiegenlied.

⑩ Adresse von Ernst Bloch 25 West 75th Street

Dies war 1940 für kurze Zeit die Adresse des Philosophen Ernst Bloch (1885–1977), der 1938 mit seiner dritten Ehefrau Karola und seinem 1937 in Prag geborenen Sohn Jan Robert nach New York emigriert war. Bloch hoffte auf eine Dozentur im Institut für Sozialforschung, die ihm Max Horkheimer aufgrund von Blochs kommunistischer Einstellung jedoch verweigerte. Karola, die im Gegensatz zu ihrem Mann keine Schwierigkeiten mit der englischen Sprache hatte, brachte die Familie zunächst mit Gelegenheitsjobs und schließlich in ihrem Beruf als Architektin durch. In seinem Aufsatz *Zerstörte Sprache – zerstörte Kultur* schrieb Bloch 1939: »Was würdig ist, deutsche Literatur genannt zu werden, ist zur Zeit ohne Volk. Sie lebt nicht einmal mehr unangefochten rings um Deutschland oder gar in deutschem Sprachgebiet. Sondern ihre Emigration wird gründlich, und das neue Zentrum der begrenzten Möglichkeiten ist größtenteils, for the time being, Nordamerika.« Die Familie Bloch kehrte 1949 nach Deutschland zurück.

*Bevor wir die Columbus Avenue über-
queren, wenden wir uns noch einmal
zurück, um die prachtvollen Türme
des San Remo zu bewundern.*

⑪ Wohnung von Anaïs Nin
158 West 75th Street

In diesem schmalen Haus kurz vor der
Amsterdam Avenue verbrachte Anaïs
Nin (1903–1977) ihre Teenager-Jah-
re. Im August 1914 landeten die
elfjährige Anaïs, ihre Mutter und die
beiden Brüder in New York. Nachdem der Vater die Familie in Frankreich verlassen hatte, hatte Rosa Cul-
mell de Nin entschieden, mit den drei
Kindern nach New York zu ziehen,
wo ein Teil ihrer großen Familie lebte.
Auf dieser ersten Atlantiküberque-
rung begann Anaïs mit ihren so
berühmt gewordenen Tagebuchauf-
zeichnungen, die zunächst als Brief an
den Vater gedacht waren, um ihn zur
Rückkehr zur Familie zu bewegen.

**Zeichnung der elfjährigen Anaïs Nin
nach ihrer Ankunft in New York**

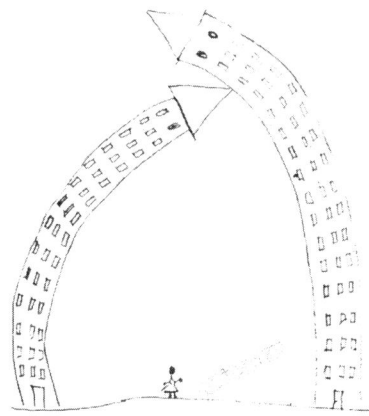

1915 schrieb die 12jährige: »Bevor ich
schlafen ging, habe ich mich wohl
oder übel dazu entschließen müssen,
nicht mehr über New York traurig zu
sein, darüber zu schweigen und meine
Gedanken über dieses Land für mich
zu behalten. Aber ich bin indiskret
und habe meinem Tagebuch alles erzählt, Du wirst nichts sagen, nicht
wahr, wenn ich Dir erzählte, daß ich
New York hasse und daß ich diese
Stadt zu groß, zu frivol finde, alles
paßt zum Feuer, es ist schlicht und einfach eine Hölle.« Nach mehreren Umzügen auf der Upper West Side bezog
Rosa mit den Kindern 1917 dieses Gebäude in der 75th Street und hielt die
Familie über Wasser, indem sie den
größten Teil des Hauses an Musiker
vermietete. Anaïs notierte in ihrem Tagebuch: »Und was für ein Haus das
war, das neue Haus! Es gibt fünf Etagen. Im ersten Stock befinden sich die
Küche und das Eßzimmer und die
Treppe zum Keller hinunter. Im zweiten Stock gibt es ein Wohnzimmer, ein
Eßzimmer und eine *pantry* (das ist ein
kleines Zimmer mit vielen Wand-
schränken und einem Waschbecken)
und die Treppe, die zur Küche führt...
Wenn wir nun die breite, helle Treppe
hinaufgehen, finden wir zwei große
Zimmer und ein großes Bad vor. Das
eine Zimmer ist ein Wohnzimmer und
das andere ein Schlafzimmer. Das Bad
ist ganz weiß, luxuriös ausgestattet
und sauber. Gehen wir weiter hinauf,
so finden wir zwei Schlafzimmer und
ein Bad. Und schließlich im fünften
Stock gibt es noch einmal ein großes
und zwei kleine Schlafzimmer und ein
Bad. Alles ist groß und sauber mit

großen Schränken überall, mit Spiegeln, wunderschönen Lampen, riesigen Teppichen, und mehrere Zimmer sind bereits mit sehr teuren und sehr schönen Möbeln ausgestattet... Ich für meinen Teil konnte mich nicht vom Garten trennen und betrachtete ihn voller Begeisterung, ich machte schon Pläne, wie ich ihn bepflanzen, harken, jäten und zurechtmachen würde.« 1919 zog die Familie nach Richmond Hill in Queens, wo Nin Hugo Guiler kennenlernte, den sie 1921 auf Kuba heiratete und mit dem sie 1924 nach Paris ging.

Wir gehen weiter bis zum Broadway. Linker Hand sehen wir noch einmal das Ansonia Hotel und zwischen 74th und 75th Street die blaue Markise von Fairway, einem schönen Lebensmittelgeschäft, das eher einem Wochen- als einem Supermarkt gleicht. Drei Stockwerke über Fairway befindet sich unsere nächste literarische Adresse.

⓬ Sitz des *Aufbau*
2121 Broadway
Hier hat die 1934 gegründete, deutschsprachige jüdische Wochenzeitung *Aufbau* ihren Sitz. 1939 übernahm Manfred George (1893–1965) – bis 1933 Chefherausgeber der Berliner Zeitung *Tempo* – die Herausgeberschaft, und unter seiner Führung stieg die Auflagenhöhe bis 1945 von 3000 auf über 30 000 pro Ausgabe. Der *Aufbau* wurde zur bedeutendsten Emigrantenzeitung weltweit. Fast jeder der emigrierten Schriftsteller schrieb für den *Aufbau* – Thomas

Mann, Hannah Arendt, Franz Werfel, Stefan Zweig, Bertolt Brecht, Rose Ausländer, Mascha Kaléko, um nur einige zu nennen. Schaut man die Geschäftsanzeigen in den Ausgaben der vierziger Jahre an, so gewinnt man den Eindruck, die Zeitung einer florierenden deutschen Kleinstadt zu lesen. Heute erscheint der *Aufbau* nur noch zweiwöchentlich mit einer Auflage von 10 000, und seit kurzem sind vier Seiten des Blattes in englischer Sprache abgefaßt, was davon Zeugnis gibt, daß die deutschsprachige Leserschaft mehr und mehr schwindet.

Wir gehen weiter den Broadway hoch bis zur 79th Street und machen einen Abstecher zur Nr. 163 zwischen Amsterdam und Columbus Avenue.

⓭ Adresse
von Oskar Maria Graf
163 West 79th Street
In diesem kleinen, an sich heimeligen, von den Hochhäusern jedoch fast erdrückten Gebäude wohnte Oskar Maria Graf (1894–1967) 1938. Als Graf sich nach der Bücherverbrennung am 10. Mai 1933 auf der Liste der empfohlenen Bücher wiederfand, reagierte er mit dem weltweit aufsehenerregenden Artikel *Verbrennt mich!* in der *Wiener Arbeiterzeitung* – woraufhin seine Bücher in einer Sonderveranstaltung verbrannt wurden. Graf emigrierte 1934 nach Prag und gelangte 1938 nach New York, wo er zunächst bei Bekannten hier in der 79th Street unterkam. Er fand rasch eine Wohnung im oberen Manhattan (34 Hillside Avenue), wo er bis zu seinem Tod

Oskar Maria Graf und die Journalistin Lisa Hoffmann, die »Prinzessin«,
in einem New Yorker Restaurant, 1955

lebte. 1959 erschien Grafs Roman *Die Flucht ins Mittelmäßige*, in dem er das Leben der Emigranten in New York und das damit einhergehende Entfremdungsgefühl beschrieb: »Und die Menschen, die sich da zusammengefunden hatten, waren ehemalige europäische Emigranten, die nach dem Krieg nicht mehr in ihre ursprüngliche Heimat zurückgekehrt waren, jüdische und christliche, Menschen von oben und unten, politische und sogenannte Wirtschaftsemigranten. Sie waren der übriggebliebene Rest gewaltsam Entwurzelter, obgleich die meisten das stets hartnäckig bestritten... Und da lebten und verlebten sie nun schon Jahre und Jahre inmitten einer anderen Bevölkerung. Sie glaubten, mit ihr zu verschmelzen, und blieben doch isoliert: eine Schicht für sich mit ihrem ureigenen Lebensstil, ihren eigenen Affären und Verbindlichkeiten, ihren Ansichten und eingewurzel-

ten früheren Gewohnheiten.« Trotz aller Distanz zum Land und zu New York ging Oskar Maria Graf nicht zurück nach Europa, sondern machte das Beste aus seiner neuen Heimat: Er importierte ganz einfach seinen bayrischen Lebensstil. Mascha Kaléko beobachtete: »Knallvoll ist es weekends in der Bar des San Remo, und allnächtlich im Café Rienzi, wo das Grammophon ununterbrochen Musik liefert, von Gregorianischen Gesängen bis zum letzten Khatchaturian. Und wo des Mittwochs ein berühmter bayrischer Prosadichter seine Verehrer und Literati um den Stammtisch versammelt: ›Grüß di Gott‹ und ›How are you‹ – Oskar Maria Graf.«
Wir kehren um und gehen durch die 80th Street zurück zum Broadway. An dieser Ecke sehen wir H&H, den berühmtesten Bagelstore der Stadt (World's Best Bagels), sowie Zabar's, einen Delikatessenladen in einem be-

schaulichen Fachwerkhaus. Wir gehen weiter bis zur 84th Street, in die wir links einbiegen.

⑭ Edgar's Café
255 West 84th Street

An der Hauswand dieses Gebäudes finden wir den Grund für den Namen dieses erholsam ruhigen Cafés: Eine kaum leserliche Gedenktafel weist darauf hin, daß Edgar Allan Poe in dieser Straße wohnte und hier seine Erzählung *The Raven* beendete. Die »schauerliche« Gestaltung von Edgar's Café spielt eindeutig darauf an. Allerdings braucht es einige Phantasie, um sich vorzustellen, daß diese Gegend hier um 1844 ländlich und spärlich besiedelt war. Das Farmhaus, dessen Dachgeschoß Poe bewohnte, stand auf einem felsigen Hügel, und zwar in Wirklichkeit zwischen Broadway und Amsterdam Avenue. Aber wir wollen nicht kleinlich sein, sondern dankbar, daß überhaupt an die literarische Geschichte New Yorks erinnert wird – und dieser Teil der 84th Street sogar Edgar Allan Poe Street heißt.

Bevor wir uns bei Chocolate Mud Cake oder Black Forest eine ausgiebige Kaffeepause in Edgar's Café gönnen, schauen wir uns noch ein Haus fast am Ende der 84th Street an.

⑮ Wohnung von
Berthold und Salka Viertel
346 West 84th Street

Hier wohnte der Schriftsteller und Regisseur Berthold Viertel (1885–1953) 1942. Viertel war mit seiner Frau, der

Berthold Viertel (re.) und Ludwig Roth bei einer szenischen Lesung von Karl Kraus, *Die letzten Tage der Menschheit* **in New York, 1947**

Schauspielerin Salka Viertel (1889 – 1978), und seinen drei Söhnen bereits 1928 mit einem Dreijahresvertrag von 20th Century Fox nach Hollywood gegangen, wo er als Regisseur und Autor an zahlreichen Filmproduktionen mitwirkte. 1931/32 arbeitete er für Paramount in New York, verbrachte sodann wieder einige Jahre in Europa und kehrte 1939 zu seiner Familie nach Santa Monica zurück, hielt sich jedoch häufig auch in New York auf. 1945 inszenierte er ohne großen Erfolg Brechts *Furcht und Elend des Dritten Reiches* in New York. Vor seiner endgültigen Rückkehr nach Europa 1948 ließen er und Salka sich scheiden. Im selben Jahr übernahm Berthold Viertel die Leitung des Wiener Burgtheaters.

Nachdem wir uns in Edgar's Café ausgeruht haben, beginnen wir den zweiten Teil unseres Spaziergangs. Wir gehen den Broadway hoch bis zur 86th Street, die zwischen Broadway und Amsterdam Avenue Isaac Bashevis

Singer Boulevard heißt – womit wir schon bei unserer nächsten literarischen Adresse angelangt sind.

⑯ Wohnung von
Isaac B. Singer
225 West 86th Street

In dem großen Häuserblock auf der Nordostseite dieser Kreuzung – ein Blick durch die hohen Torbögen in den Innenhof lohnt – lebte Isaac B. Singer (1904–1991) von Anfang der sechziger Jahre bis zu seinem Tod. Singer kam 1935 aus Warschau nach New York und arbeitete als Journalist für die in Jiddisch erscheinende Zeitung *Jewish Daily Forward,* in der er auch fast alle seine Erzählungen veröffentlichte. Er wohnte den größten Teil seines Lebens auf der Upper West Side, deren jiddische Atmosphäre ihn an das Warschau seiner Jugend erinnerte. Sein Apartment ging zur Straße hinaus, und hier beobachtete er das bunte Treiben, das er in seiner Prosa so wundervoll beschrieb. Einer seiner Protagonisten sagte: »Ich kenne jeden Block, jedes Haus... Ich habe die Illusion, daß ich hier Wurzeln geschlagen habe. Ich habe in fast allen Synagogen gesprochen. Sie kennen mich in einigen der Läden und in den vegetarischen Restaurants. Frauen, mit denen ich Affären hatte, leben in den Seitenstraßen. Selbst die Tauben kennen

Isaac B. Singer in seiner Wohnung 225 West 86th Street, in den siebziger Jahren

mich; sowie ich mit einer Tüte Vogelfutter ankomme, fangen sie an mir von weit entfernten Blocks entgegenzufliegen.« 1953 übersetzte Saul Bellow die Kurzgeschichte *Gimpel the Fool* (dt. *Gimpel der Narr*) ins Englische, was Singers Leserkreis erweiterte und ihn rasch berühmt machte. 1978 erhielt er den Nobelpreis.

Mit dem Bus M104 fahren wir nun den Broadway hinauf bis zur 99th Street, die wir Richtung Hudson bis zur West End Avenue gehen.

⑰ Wohnung von Hans Sahl
800 West End Avenue

Hier lebte der Schriftsteller und Übersetzer Hans Sahl (1902–1993) mit seinen zwei Söhnen von Mitte der fünfziger Jahre bis zu seiner Rückkehr nach Deutschland 1989 in einer Fünfzimmerwohnung im 13. Stock. In Dresden geboren und in Berlin aufgewachsen, ging Hans Sahl 1933 über Prag

Autor und Übersetzer: Thornton Wilder (li.) und Hans Sahl, New York

und Zürich ins Pariser Exil. 1939 interniert, gelang ihm ein Jahr später die Flucht nach Marseille, wo er als Mitarbeiter von Varian Fry Rettungsaktionen organisierte und von wo aus er sich 1941 nach New York einschiffte. In seinem Roman *Die Wenigen und die Vielen* beschrieb er den Eindruck eines Neuankömmlings: »›New York‹, sagte Kobbe, während er sich mit Schultern und Armen einen Weg bahnte, er sagte es laut vor sich hin, es war nicht nur der Name einer Stadt, es war ein Begriff, eine Vorstellung von etwas Großem, Überwirklichem, beinahe Unüberwindlichem, das aber doch schwache Stellen zeigte, Ansatzpunkte, die überraschend nachgaben und plötzlich Vertrautes sehen ließen inmitten all der Fremdheit. Es war eine Stadt, in der jeder ein Stück Heimat wiederzuerkennen glaubte, wie das im Bernstein verborgene Insekt, ein Stück Krakau, Neapel, Lyon oder Madrid, eine Stadt, so schien es ihm, in der alle anderen Städte enthalten waren...«
Die Wenigen und die Vielen, zu Beginn der vierziger Jahre geschrieben, erschien erst 1959, und trotz der exzellenten Kritiken (u.a. von Wolfdietrich Schnurre und Wolfgang Koeppen) wurden nur 900 Exemplare verkauft. Mit diesem Roman, der zu den besten der sogenannten Exilromane zählt, rechnete Sahl nicht nur mit dem Naziregime ab, sondern kritisierte ebenso den Stalinismus. »Alles noch einmal überprüfen, nichts für gegeben hinnehmen«, hieß es auf den letzten Seiten. Sahl übersetzte Stücke von Tennessee Williams, Thornton Wilder und Arthur Miller und arbeitete nach

Hans Sahl und seine Frau Ute Velthusen bei einem Empfang zu seinem 90. Geburtstag, Hamburg 1992

dem Krieg als Kulturkorrespondent für die *Neue Zürcher Zeitung*, die *Süddeutsche Zeitung* u.a. 1983 erschienen die *Memoiren eines Moralisten*, sieben Jahre später der zweite Band seiner Erinnerungen, *Das Exil im Exil*. 1989 heiratete Sahl die um einige Jahrzehnte jüngere Ute Velthusen und übersiedelte nach Tübingen, wo er bis zu seinem Tod lebte.
Wir gehen durch die 98th Street bis zum Riverside Drive. Das »lederfarben gelbe Haus«, unseren nächsten Halt, sehen wir schon von hier aus bedenklich schmal in den Himmel ragen.

⑱ Wohnung von Uwe Johnson 243 Riverside Drive
In diesem Gebäude, das den Namen Cliff Dwellers trägt, lebte Uwe Johnson (1934–1984) mit seiner Familie – ebenso wie Gesine Cresspahl, die Protagonistin seines Romans *Jahrestage*. Johnson beschrieb das Gebäude, vor dem wir nun stehen: »Um das lederfarben gelbe Haus am Riverside Drive oberhalb der 96. Strasse verläuft tief unten, um das dritte von zwölf Stockwerken, ein Fries aus immer noch weißem Sandstein mit Schlangen und Tiergestein. So wenig genau hatte sie hingesehen, sie hielt es bis in den späten Sommer für Ägyptisches, und hatte ihre Fenster unter oder sogar in die-

Uwe Johnson am Broadway, in die Richtung
von 243 Riverside Drive blickend, der Wohnung
seiner Romanfigur Gesine Cresspahl

sem Fries, und sah oft genug zu ihnen hinauf, ob sie denn noch da wären, und nicht einmal eingeschlagen. Jetzt hatte das Land auch sie eingeholt mit dem Haus, in dem sie wohnte. Denn das Haus heißt nicht nur nach seiner Nummer, 243, es hat den Namen Cliff Apartment House, nach Arizonas Felsenbewohnern, und die Berglöwen, die Klapperschlangen, die Büffelschädel sind gemeint als ein Andenken an die Vorfahren des Pueblostammes, an das Volk der Indianer, denen ihr Land weggenommen war, ein Denkmal wie für Tote.« Nach zwei längeren USA-Aufenthalten 1961 und 1965 entschloß sich Johnson 1966, nach New York überzusiedeln. Die Verlegerin Helen Wolff, die Johnson auf einer gemeinsam mit Günter Grass unternommenen Lesereise 1965 kennengelernt hatte, vermittelte ihm einen Posten als Schulbuchlektor für den Verlag Harcourt Brace Jovanovich. Versehen mit einer Referenz von Helen Wolff, hatte Johnson keinerlei Schwierigkeiten, einen Mietvertrag für die erschwingliche (124 Dollar im Monat), wunderschön gelegene helle Dreizimmerwohnung in diesem Haus zu bekommen. Uwe Johnson lebte hier bis 1969.

Wir spazieren den Riverside Drive bis zur 100th Street hinauf. Unübersehbar ist das Firemen Memorial, das 1912 zu Ehren von Feuerwehrleuten errichtet wurde und etwas pathetisch den »Soldaten in einem niemals endenden Krieg« gewidmet ist.

⑲ Adresse von Gertrude Stein 100th Street / Ecke Riverside Drive

Im Herbst 1902 kehrte Gertrude Stein (1874–1946) nach einem fünfmonatigen London-Aufenthalt in die USA zurück. Sie wohnte mit drei Freundinnen für eine kurze Zeit an dieser Ecke im sogenannten White House, einem Gebäude im Kolonialstil, das von einem Rosengarten umgeben war und das heute nicht mehr existiert. Hier entstanden die ersten Entwürfe für ihr Tausend-Seiten-Werk *The Making of Americans* (dt. *Geschichte vom Werdegang einer Familie*). In *Q.E.D.,* Steins erstem Roman (1971; erstmals erschienen 1950 u. d. T. *Things As They Are),* beschreibt die Protagoni-

Gertrude Stein, um 1900

stin Adele ihren Eindruck von New York: »Ich freute mich einfach an den New Yorker Straßen, an den langen, spindeldürren Beinen der Schnellbahn, an den gerade aufragenden, hohen, unverzierten Häusern, an der leeren Luft darüber und an der weißen Oberfläche des Schnees. Was für eine Freude war es zu erkennen, daß das Ganze nicht mysteriös und nicht komplex war, daß es sauber war und geradeheraus und dürftig und hart und weiß und hoch.« Im Frühjahr 1903 schiffte sich Gertrude Stein nach Paris ein, um ihren Bruder Leo zu besuchen. Sie kehrte 1904 noch einmal nach New York zurück – und danach erst 30 Jahre später.

Auf dem Weg zu unserem nächsten Halt an der 103rd Street können wir in der Ferne die Riverside Church sehen, deren Glockenturm mit Aussichtsplattform einen Ausflug lohnt.

⓴ Das ehemalige Riverside Museum / Unterkunft von Kurt Pinthus 310 Riverside Drive

Über dem ehemaligen Haupteingang des 28stöckigen Gebäudes prangt in großen Lettern »Riverside Museum«. Heute ein Apartmenthaus, wurde das Gebäude 1929 als Kulturzentrum erbaut: Ein Hotel, eine Schule, zwei Bibliotheken, ein Auditorium, ein Restaurant sowie ein Museum zeitgenössischer amerikanischer Kunst waren hier untergebracht. Ende der dreißiger Jahre kam der Essayist und Kritiker Kurt Pinthus (1886–1975) hier unter. Das größte Problem für den über

50jährigen, der 1937 nach New York gekommen war, stellte die Sprache dar. In einem Brief an Walter Hasenclever klagte er: »Ich wohne hier in einem Studentenheim am Hudson, bin aber den ganzen Tag unterwegs, um mich anzubieten, da ich in einigen Wochen ohne einen Cent dastehen werde... Die furchtbare Sprache hemmt mich überall, ich werde wohl auf meine alten Tage nicht mehr Englisch lernen können.« Dennoch blieb Pinthus 30 Jahre in den Vereinigten Staaten; 1959 besorgte er von New York aus die Neuausgabe der expressionistischen Gedichtsammlung *Menschheitsdämmerung* und kehrte erst 1967 nach Europa zurück.

Friedrich Torberg (1908–1979), der von 1944 bis 1950 in New York lebte, brachte das Sprachproblem, unter dem viele der Emigranten litten, in seinem 1975 erschienenen Roman *Die Tante Jolesch oder Der Untergang des Abendlandes in Anekdoten* auf den Punkt: »Wir unterhielten uns einmal darüber, daß man sich in einer fremden Sprache nur unfrei ausdrücken kann und im Zweifelsfall lieber das sagt, was man richtig und einwandfrei zu sagen hofft, als das, was man eigentlich sagen will. Molnár nickte bestätigend: ›Es ist sehr traurig‹, resümierte er. ›Ich habe oft mitten im Satz meine Weltanschauung ändern müssen...‹«

Wir machen einen kleinen Abstecher, überqueren den Riverside Drive an der 103rd Street und genießen den Blick über den Hudson River nach New Jersey. Dann setzen wir unseren Spaziergang den Riverside Drive hin-

auf fort. Zwischen 105th und 106th Street schauen wir uns die Reihe um 1900 erbauter, denkmalsgeschützter Häuser im Beaux Arts Stil an, die unterbrochen wird von der New York Buddhist Church und einer Statue von Shinran-Shonin (1173–1262), dem Gründer einer buddhistischen Sekte. Diese Statue stand ursprünglich in Hiroshima, 2,5 km vom Zentrum des ersten Atomangriffs entfernt, den sie jedoch unbeschadet überstand. 1955 wurde sie als Mahnung und als Symbol für die Hoffnung auf Weltfrieden nach New York gebracht und hier aufgestellt.

Saul Bellow, 1971

㉑ Wohnung von Saul Bellow 333 Riverside Drive

Im Haus neben der buddhistischen Kirche lebte der Nobelpreisträger von 1976, Saul Bellow (geb. 1915), Ende der fünfziger Jahre. Russischer Herkunft, wurde Bellow in Kanada geboren, wuchs in Chicago auf und kam in den vierziger Jahren nach New York. Er unterrichtete an der New York University und begann seine literarische Karriere bei *Partisan Review*. 1956 erschien sein Roman *Seize the Day* (dt. *Das Geschäft des Lebens*, 1962), den er bereits zum Teil auf der Upper West Side spielen ließ, und in *Mr. Sammler's Planet* (1969) schließlich wurde die West Side zum Schauplatz eines fulminanten Danse macabre. Für Mr. Sammler, einen gebildeten polnischen Juden, der seit über 20 Jahren in Manhattan lebt, ist New York Sinnbild für den geistigen und moralischen Niedergang der Welt: »Man mußte stark genug sein, von der örtlichen Wirkung der Verwandlung nicht erschreckt zu werden, mit Auflösung, verrückt gewordenen Straßen, ekligen Angstträumen, ins Dasein gerufenen Ungeheuern zu leben, mit Süchtigen, Trinkern, Perversen, die ihre Verzweiflung offen mitten in der Stadt zelebrierten... Täglich um fünf oder sechs Uhr morgens wachte Mr. Sammler auf und versuchte, die Situation in den Griff zu kriegen. Er glaubte nicht, daß er es konnte.« Bellow selbst hielt es 15 Jahre in New York aus. Seither lebt er wieder in Chicago. Paul Auster (geb. 1946), der seine *New-York-Trilogie* ebenfalls auf der Upper West Side ansiedelte – einer seiner Protagonisten namens Paul Auster lebt am Riverside Drive auf Höhe der 116th Street – kam zu ähnlichen Schlüssen wie Saul Bellow. Über New York heißt es: »Ich bin nach New York gekommen, weil es der verlorenste, der elendste aller Orte ist. Die Zerbrochenheit ist allgegenwärtig, die Unordnung universal. Sie brauchen nur die Augen zu öffnen, um es zu sehen. Die zerbrochenen Menschen, die zerbrochenen Dinge, die zerbrochenen Gedanken. Die ganze Stadt ist ein Schrotthaufen.« Auster selbst lebt mit seiner Frau, der Schriftstellerin Siri Hustvedt, und zwei Kindern in Park Slope, Brooklyn.

Wir gehen weiter bis zur 107th Street, in die wir rechts einbiegen.

㉒ Nicholas Roerich Museum
319 West 107th Street

Dieses Museum, das täglich außer Montag von 14 bis 17 Uhr geöffnet ist und keinen Eintritt verlangt, gilt als Geheimtip, und allein, um einen Eindruck vom Inneren der schönen kleinen Stadthäuser zu bekommen, sollte man ihm einen Besuch abstatten. Das Roerich Museum wurde 1949 zu Ehren des Malers, Philosophen, Designers und Entdeckers Nicholas Roerich (1874–1947) eingerichtet und zeigt über 200 seiner Werke. In St. Petersburg geboren, absolvierte er ein Studium generale und widmete sich zunächst in erster Linie der Malerei, die großen Anklang bei der russischen Intelligentsia der Zeit fand. Er entwarf Bühnenbilder für Opern von Wagner, Moussorgsky, Rimsky-Korsakow und Maeterlinck und arbeitete zusammen mit Igor Stravinsky an der Uraufführung von *Le Sacre du Printemps*. Nach Ausbruch der russischen Revolution – Roerich hielt sich mit seiner Frau und seinen zwei Söhnen gerade

in Finnland auf – gelangte er nach New York, wo 1920 die erste große Ausstellung seiner Werke gezeigt wurde. Sein Interesse an fremden Kulturen und östlichen Religionen führte ihn 1923 mit seiner Familie nach Indien; er machte Expeditionen nach Nepal und Tibet und ließ sich schließlich im Himalaya nieder, wo er 1947 starb. Die Gemälde, die im Nicholas Roerich Museum ausgestellt sind, spiegeln seine Eindrücke dieser fernen Länder auf intensive, eigenwillige Weise wider.

Unser Weg führt nun weiter bis zur 109th Street.

㉓ Wohnung von
Hannah Arendt
370 Riverside Drive

Hannah Arendt (1906–1975) kam im Mai 1941 mit ihrem Mann Heinrich Blücher (1899–1970) nach New York. Ihre erste Wohnung fanden sie in der West 95th Street Nr. 317. Die zwei kleinen, teilmöblierten Zimmer teilten sie mit Arendts Mutter, die einen Monat später in New York ankam. Arendt schrieb für den *Aufbau* eine regelmäßige Kolumne sowie Aufsätze für die Zeitschrift *Jewish Social Studies* und arbeitete von 1946 bis 1950 als Lektorin bei Schocken Books. Heinrich Blücher fand zunächst einen Knochenjob in einer Chemiefabrik in New Jersey und arbeitete schließlich als Militärhistoriker für die Armee sowie für verschiedene Rundfunkanstalten. In den fünfziger Jahren zog das Paar in die Wohnung am Riverside Drive. Hier entstand u.a. Arendts Essay *Eichmann in Jerusalem*,

Hannah Arendt mit ihrem Mann Heinrich Blücher, New York, 1950

der aus ihrer Teilnahme als Berichter-
statterin am Eichmann-Prozeß 1961
im Auftrag des *New Yorker* hervor-
ging.

Zu Arendts Freundeskreis zählte auch
Uwe Johnson, der ja drei Jahre lang
quasi ein Nachbar war. Die Familien
besuchten einander, verbrachten auch
gemeinsame Wochenenden im Landhaus der Arendts in den Catskills, und
nachdem Johnson 1969 zurück nach
Deutschland gezogen war, kam er bei
seinen New York-Besuchen bei Arendt
unter. Im Sommer 1970 plante Johnson, Hannah Arendt als »Beraterin«
in die *Jahrestage* aufzunehmen, woge-
gen sie sich so heftig zur Wehr setzte,
daß Johnson von dieser Idee Abstand
nahm. Nichtsdestoweniger ließ er im
dritten Band der *Jahrestage* die Ver-

sammlung der »Amerikanischen Gesellschaft zum Studium der DDR« in
Arendts Wohnung am Riverside Drive
stattfinden.

*Auf die deutschsprachigen Emigran-
ten übte die Upper West Side so große
Anziehungskraft aus, daß der obere
Teil Manhattans den Spitznamen
»Viertes Reich« erhielt. Neben den
hier Erwähnten lebten auch Günther
Anders (64) und Herbert Marcuse
(454) am Riverside Drive; Hermann
Broch wohnte in der 121st Street (420
West), Paul Tillich in der Claremont
Avenue, und das Institut für Sozialfor-
schung befand sich 429 West 117th
Street. Hermann Kesten schrieb 1959
in* Dichter im Café: »*Ich wohnte viele
Jahre im elften Stock am Riverside
Drive, am Ufer des Hudson, mit dem*

Broadway im Rücken. Wenn ich nachts aufwachte und ans Fenster ging und den riesigen Strom sah... oder wenn ich abends an meinem Schreibtisch saß, und die Sonne über dem Strom in glühenden Farben unterging..., war ich entzückt von New York.« Die ruhige Lage, der weite Blick, die Parknähe, die eher bürgerliche und traditionell jüdische Atmosphäre und nicht zuletzt die zu jener Zeit noch erschwinglichen Mieten trugen wohl dazu bei, daß man sich hier trotz des Exils noch am ehesten zu Hause fühlte. Wir gehen durch die 112th Street – in der Ferne sehen wir die St. John the Divine Cathedral – Richtung Broadway, in den wir links einbiegen.

24 West End Café
2911 Broadway

Wir beenden unseren Spaziergang im West End Café zwischen 113th und 114th Street. Hier trafen sich in den vierziger Jahren häufig die künftigen Autoren der Beat Generation wie Jack Kerouac und Allen Ginsberg, als sie noch an der Columbia University studierten und bevor sie nach downtown zogen. In dieser Zeit war das West End Café der einzige literarische Treffpunkt auf der Upper West Side. Auch heute ist es noch eine beliebte Studentenkneipe. Wer noch Zeit hat und nicht gar so müde ist, kann von hier aus einen Abstecher auf den wunderschönen Campus der Columbia University an der 116th Street machen, wo u.a. 1929 Federico García Lorca (1898–1936) für ein knappes Jahr

Arthur Kaufmann bei der Arbeit an seinem Triptychon
Geistige Emigration, New York 1939.
Mittlere Tafel, unterste Reihe von re. nach li.: Ludwig Renn, Erika, Thomas, Klaus Mann,
Albert Einstein, Heinrich Mann, darüber Arnold Zweig.
Rechte Tafel, unterste Reihe von re. nach li.: Ernst Toller, Helene Thimig, Max Reinhardt,
Kurt Weill, mittlere Reihe li. Bruno Frank, darüber Erwin Piscator, 2. von re. Lotte Goslar
und ganz re. Oskar Maria Graf.

unterkam. Vom Morningside Drive aus können wir einen Blick auf Harlem und den Morningside Park werfen, der zwar sehr einladend aussieht, den man aber unbedingt meiden sollte, da er noch immer als einer der gefährlichsten gilt.

Anschauenswert ist auch die St. John the Divine Cathedral (Amsterdam Avenue / Ecke 112th Street): Auf der linken Seite, nicht weit vom Eingang entfernt, finden wir die *Poet's Corner*, wo mit in den Fußboden eingelassenen Gedenktafeln an einige der größten amerikanischen Dichterinnen und Dichter erinnert wird. Hält man sich auf der rechten Seite der Kirche und geht fast bis zum Ende des Ganges, kann man einen Blick auf die *Muriel Rukeyser Poetry Wall* werfen, die 1976 von Rukeyser initiiert und eingeweiht wurde. Jedes Gedicht, das an die Kirche geschickt wird – von wo und wem auch immer –, wird hier für einige Zeit angeschlagen. Wer möchte, darf mit einem eigenen Werk einen Beitrag leisten.

Wer auf der Ostseite Manhattans wohnt, sollte am Broadway den Bus M4 nehmen, der über die 110th Street die 5th Avenue hinunterfährt und die Gelegenheit bietet, noch einen Blick auf den oberen, wunderschönen Teil vom Central Park sowie auf die Museen zu werfen, die die 5th Avenue säumen. Sonstige Verkehrsverbindungen sind der Bus M104 oder die Subways 1 und 9 an der 116th Street.

Siebter Spaziergang
Harlem

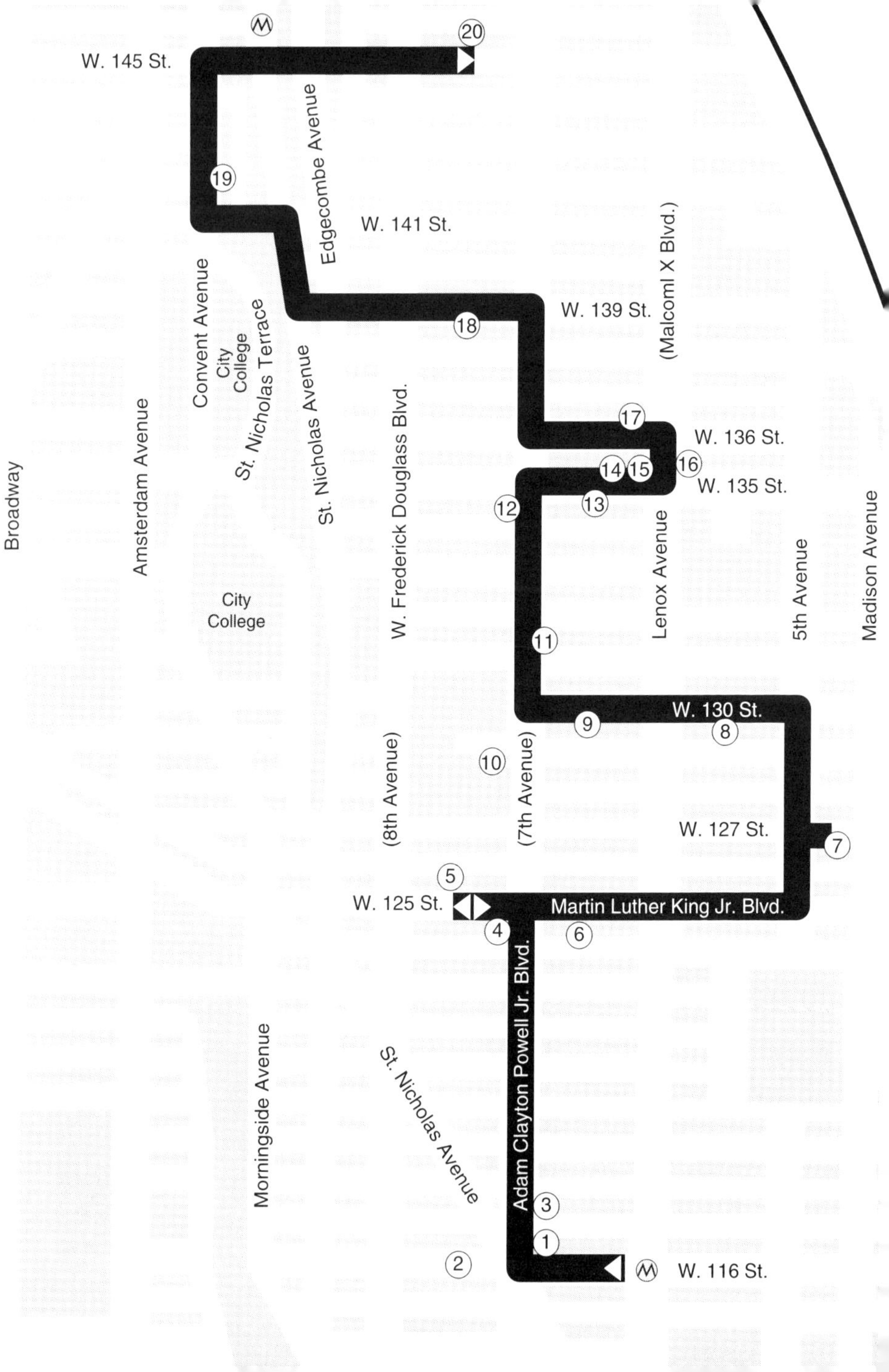

W. 145 St.
20
Edgecombe Avenue
19
W. 141 St.
Convent Avenue
City College
St. Nicholas Terrace
St. Nicholas Avenue
W. 139 St.
18
(Malcoml X Blvd.)
Broadway
Amsterdam Avenue
W. Frederick Douglass Blvd.
17
W. 136 St.
14
15
16
W. 135 St.
13
12
Lenox Avenue
5th Avenue
Madison Avenue
City College
11
W. 130 St.
9
8
10
(8th Avenue)
(7th Avenue)
W. 127 St.
7
5
W. 125 St.
Martin Luther King Jr. Blvd.
4
6
Adam Clayton Powell Jr. Blvd.
Morningside Avenue
St. Nicholas Avenue
3
1
2
W. 116 St.

Der nächste Spaziergang führt uns nach Harlem, einen Teil Manhattans, in den sich nur wenige Touristen und auch New Yorker auf eigene Faust wagen. Wer sich entschließt, uns auf dieser Tour zu folgen, sollte bedenken, was Simone de Beauvoir bereits 1946 feststellte: »Ja, ich ging nach Harlem, aber meine Schritte waren nicht so sorglos wie sonst. Es handelte sich nicht um einen Spaziergang, sondern um eine Art Abenteuer.«

Auch heute ist es nicht so sehr ein Gefühl der Angst, das den Harlem-Spaziergänger beschleicht, als vielmehr das dem weißen Westeuropäer in der Regel unbekannte Gefühl des Nichthierhergehörens, des Eindringens in eine andere Welt. In Harlem fällt man auf und wird unweigerlich zum Voyeur. Wer die unvermeidliche Anspannung nicht auf sich nehmen will, kann den Spaziergang auf die Gegend um die belebte 125th Street herum beschränken oder eine der organisierten Busrundfahrten machen. Die Konfrontation mit dem realen Harlem ist anstrengend, aber lohnend und vor allem notwendig, um ein umfassendes Bild von New York zu bekommen. Simone de Beauvoirs Eindrücke und Reflexionen von vor 50 Jahren scheinen durchaus auch heute noch eine Überlegung wert: »In Wahrheit konnte mir gar nichts zustoßen, und wenn ich mich nicht restlos sicher fühlte, dann nur wegen der Furcht im Herzen der Menschen, die meine Hautfarbe haben... Im Herzen von New York gelegen, lastet Harlem auf dem guten Gewissen der Weißen wie die Erbsünde auf dem Gewissen eines

Christen... Und alle Weißen, die nicht den Mut haben, Brüderschaft zu wollen, versuchen diesen Riß im Herzen ihrer Stadt zu leugnen, Harlem wegzuleugnen und zu vergessen – Harlem ist keine Drohung für die Zukunft, Harlem ist eine Wunde in der Gegenwart, ist eine verfluchte Stadt – die Stadt, in der sie verflucht sind: und ihre Furcht ist, sich selbst an den Straßenecken zu begegnen. Und weil ich eine Weiße bin, lastet dieser Fluch auch auf mir – was ich auch denken, sagen oder tun mag.«

Wir beginnen unseren Spaziergang an der 116th Street / Ecke 7th Avenue, die seit 1972 Adam Clayton Powell Jr. Boulevard heißt. Inzwischen wurden alle Avenues nach bedeutenden Persönlichkeiten benannt; der Einfachheit und Klarheit halber bleiben wir jedoch bei dem vertrauten Nummernsystem. Wir nehmen entweder die Subway Nr. 2 oder 3 bis 116th Street / Ecke Lenox Avenue (Malcolm X Boulevard) und gehen einen Block Richtung Westen, oder wir fahren mit dem Bus M2 und steigen an der 116th Street / Ecke 7th Avenue aus, wo wir an der Nordostecke der Kreuzung unsere erste literarische Adresse finden.

❶ Wohnung von Zora Neale Hurston 1925 7th Avenue

In diesem 1901 errichteten Gebäude, dem Graham Court, das als luxuriösestes in Harlem gilt und versehen ist mit acht Fahrstühlen, lebte Zora Neale Hurston (1891–1960) 1932. Geboren in Eatonville, einer aus-

schließlich von African-Americans bewohnten Stadt in Florida, kam sie 1925 mit nur $1,50 in der Tasche nach New York. Hurston studierte – als einzige schwarze Studentin – Anthropologie am Barnard College bei Franz Boas, und Langston Hughes erinnerte sich, daß sie in Harlem mit einem Metermaß herumlief und Kopfumfänge zu Vergleichszwecken ausmaß. Hurstons Vitalität, ihr Witz und ihre Ausstrahlung machten sie bald zu einer der prominentesten Figuren der Harlem Renaissance – wobei sie sich hauptsächlich der Erforschung schwarzer Folklore und Erzähltraditionen widmete und nicht Harlem ins Zentrum ihres Schreibens stellte. In ihrem ersten Buch, *Mules and Men* (1935), einer Sammlung von 70 Folk Tales, verarbeitete sie die Erfahrungen, die sie auf der mehrmonatigen Suche nach ihren eigenen Wurzeln im Süden der Vereinigten Staaten gemacht hatte.

Ironisch und kritisch verweigerte sich Hurston der ihrer Meinung nach selbstmitleidigen, separatistischen Haltung derer, die sich als Opfer einer weißen Gesellschaft sahen, und legte statt dessen den Schwerpunkt auf die Stärken ihrer eigenen Geschichte und Kultur. 1928 schrieb sie: »Irgendjemand sitzt mir immer im Nacken und erinnert mich daran, daß ich die Enkeltochter von Sklaven bin. Das führt bei mir allerdings keineswegs zu Depressionen. Die Zeit der Sklaverei liegt sechzig Jahre zurück. Die Operation

Zora Neale Hurston auf dem Campus der Columbia University New York, um 1925

war erfolgreich, und dem Patienten geht es gut, danke der Nachfrage.« Mitte der dreißiger Jahre war Hurston auf dem Höhepunkt ihrer Produktivität angelangt. In rascher Folge veröffentlichte sie fünf Bücher, darunter den hochgelobten Roman *Their Eyes Were Watching God* (1937; dt. *Und ihre Augen schauten Gott*). Nach einer verleumderischen Anklage jedoch, die sie 1948 des sexuellen Mißbrauchs eines Zehnjährigen bezichtigte, was die schwarze Boulevardpresse zu einem Skandal hochspielte, war sie psychisch am Ende ihrer Kräfte. Obgleich die Vorwürfe unhaltbar waren – Hurston hielt sich zum Zeitpunkt des angeblichen Geschehens gar nicht in der Stadt auf –, verließ sie New York. In einem Brief an Carl Van Vechten schrieb sie verzweifelt: »Alles ist mir gleichgültig. Mein Land hat mich schmerzlich im Stich gelassen. Meine Rasse war bereit, mich ohne Grund und mit den übelsten aller denkbaren Mittel zu zerstören... Alles was ich versucht habe zu tun, hat sich als sinnlos herausgestellt. Alles woran ich geglaubt habe, ist zerstört. Ich habe mich entschlossen zu sterben.« Hurston ging nach Florida zurück, wo sie als Hausmädchen arbeitete – ohne daß ihre Arbeitgeber von ihrer schriftstellerischen Karriere wußten. Sie starb 1960 so, wie ihr Leben begonnen hatte: als Dienstmädchen und verarmt.

Wir verharren einen Augenblick an dieser weiten Kreuzung, wo wir einige schöne und gut erhaltene Gebäude sehen können, und werfen einen Blick in die 116th Street.

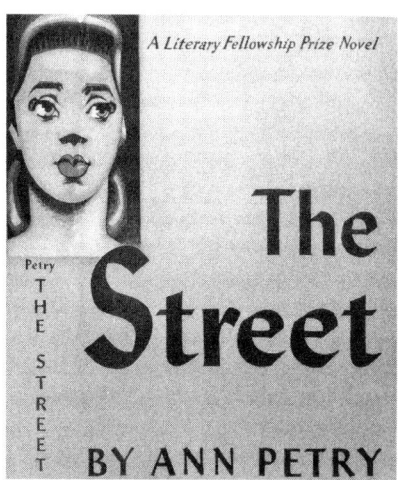

Umschlag des Romans
The Street **von Ann Petry**

❷ Schauplatz von Ann Petrys *The Street* 116th Street

Der 116th Street zwischen 7th und 8th Avenue setzte Ann Petry (geb. 1908) 1946 mit ihrem Roman *The Street* (dt. *Die Straße*), der hier in diesem Block spielt, ein trauriges Denkmal. Petry zog 1938 von Old Saybrook, Connecticut, nach Harlem, schrieb für lokale Zeitungen wie *Amsterdam News* und *People's Voice* und veröffentlichte ihre erste Kurzgeschichte in *The Crisis*. Petrys erster Roman war ein großer, auch kommerzieller Erfolg und wurde im schwarzen Magazin *Ebony* ebenso gefeiert wie in der weißen Literaturszene. Entstanden lange nach der optimistischen Aufbruchstimmung der Harlem Renaissance der zwanziger Jahre, fing Petrys Roman die düstere und bedrohliche Seite von Harlem ein: »Ein kalter Novemberwind blies durch die 116th Street... Niemand konnte in einer Straße wie dieser leben und anständig bleiben. Früher oder später würde sie jeden erwischen, denn sie sog die Menschlichkeit aus den Menschen – langsam, sicher, unvermeidlich.« Eindrucksvoll zeigte Petry, wie Lebensbedingungen und Umwelt auf den einzelnen zurückwirken, wie »that god-damn street« Gewalt, Kriminalität und Verzweiflung produziert. Petry zeichnete ein deprimierendes Bild vom Harlem der vierziger Jahre. Anläßlich der Neuauflage ihres Buches sagte die 84jährige, seit 1947 wieder in Old Saybrook lebende Ann Petry 1991: »Es macht mich furchtbar traurig, denn wenn man dem Harlem der dreißiger Jahre [die Droge] Crack hinzufügte, wäre es im Grunde auch heute dieselbe Geschichte. Es ist so schmerzlich und beängstigend.«

Auf der Ostseite der 7th Avenue machen wir unseren nächsten Halt.

Jessie Fauset, um 1929

❸ Wohnung von Jessie Fauset
1947 7th Avenue

In diesem beeindruckenden Gebäude lebte Jessie Fauset (1882–1961) in den zwanziger Jahren. Ähnlich wie Zora Neale Hurston war auch Fauset mehr von integrativem als von separatistischem Denken geprägt. Geboren und aufgewachsen in Philadelphia als Tochter einer wohlhabenden, angesehenen Familie, studierte sie an der Cornell University, nachdem ihr das renommierte Bryn Mawr-College aus rassistischen Motiven die Aufnahme verweigert hatte. Sie lehrte an der elitären schwarzen Dunbar High School in Washington und ging 1919 nach New York. In ihrem Roman *Plum Bun* (1928) beschrieb sie den ersten Eindruck ihres Alter Ego Angela von Harlem: »Sie war verblüfft und beeindruckt von dieser regen, ausgelassenen, geschäftigen, lachenden großen Stadt innerhalb einer größeren. Nie hatte sie farbiges Leben so dicht, so mannigfaltig, so vollständig gesehen.« Fauset übernahm die Literaturredaktion der 1910 von W. E. B.

W. E. B. Du Bois im Büro der Zeitschrift
The Crisis

Du Bois gegründeten Zeitschrift *The Crisis*.

W. E. B. Du Bois (1868–1963) war der unbestrittene Zar der intellektuellen Szene Harlems. Er hatte in Tennessee sowie in Berlin studiert und 1895 in Harvard über den afrikanischen Sklavenhandel promoviert. Sein rasch zum Klassiker avanciertes Buch *The Souls of Black Folk* (1903), eine Sammlung von Essays und Skizzen, steht politisch wie literarisch am Beginn der Entwicklung nationalen Selbstbewußtseins des schwarzen Teils der amerikanischen Bevölkerung. »Das Hauptproblem des 20. Jahrhunderts ist die Trennung der Menschen nach ihrer Hautfarbe«, war seine prophetische Hauptthese gewesen. Du Bois wurde Mitbegründer des Niagara Movement, eines Vorläufers der NAACP (National Association for the Advancement of Colored People), der ältesten und bis heute aktiven Bürgerrechtsbewegung der USA. Du Bois glaubte an die verändernde, erzieherische und Rassengrenzen überschreitende Kraft von Kunst und Literatur. Er war es, der 1920 eine »Renaissance« der schwarzen Literatur forderte und so den Begriff der Harlem Renaissance prägte.

Jessie Fauset arbeitete bis 1926 für *The Crisis*, und ihrem sicheren Gespür für literarische Qualität ist es zu verdanken, daß jungen, noch unbekannten Autoren wie Claude McKay, Langston Hughes und Countée Cullen, deren Texte sie in *The Crisis* veröffentlichte, der Schritt in die Literaturwelt gelang. In ihrem eleganten Apartment hier in der 7th Avenue veranstaltete sie »kulturelle Soiréen«, wie Langston Hughes die Salonabende nannte, bei denen sich die künstlerische und intellektuelle Elite traf: »Bei Miss Fauset verbrachte man schöne Stunden mit dem Plaudern über Literatur, dem Vorlesen von Poesie und genoß manches Mal eine Unterhaltung auf Französisch... Bei ihr traf man gewöhnlich Lektoren und Studenten, Schriftsteller und Sozialarbeiter und ernsthafte Leute, die Bücher und das Britische Museum liebten, und vielleicht sogar in Florenz gewesen waren. (Florenz in Italien, nicht Alabama.)«

Wir gehen die 7th Avenue in Richtung Norden weiter. Ecke 124th Street kommen wir vorbei am The Greater Refuge Temple, dessen Fassade mit bunten Keramikfliesen bedeckt ist. Hier befand sich bis 1965 das Harlem Casino, einer der zahlreichen Tanzclubs Harlems. Wir gehen weiter bis zur 125th Street (Martin Luther King Jr. Boulevard).

❹ Hotel Theresa
2090 7th Avenue

Das hohe, weiße Gebäude an der Südwestecke der 125th Street ist das ehemalige Hotel Theresa, seit 1971 ein Bürogebäude. 1910 erbaut für schwarze Gäste, denen die weißen Hotels verschlossen waren, gelangte es 1960 zu einiger Berühmtheit, als Nikita Chruschtschow und Fidel Castro hier bei einem UN-Besuch unterkamen. 1964 richtete Malcolm X (1925–1965) in diesem Gebäude Büroräume für die von ihm gegründete *Organization of Afro-American Unity* ein. Nach einer von Armut und Rassismus geprägten Kindheit in Michigan schlug sich Malcolm Little, wie er ursprünglich hieß, als Schuhputzer und Eisenbahnsteward durch. Er zog

Hotel Theresa, 1953

Malcolm X

1941 nach Harlem, verstrickte sich rasch ins Unterwelt-Milieu, wurde rauschgiftsüchtig, flüchtete nach Boston und organisierte mit einem Freund eine Einbrecherbande; beide wurden gefaßt und zu zehn Jahren Haft verurteilt. Im Gefängnis weckte ein Mithäftling Malcolms Interesse für die von Elijah Muhammad (1897–1975) geführte neue islamische Bewegung der Black Muslims, der er sich nach seiner vorzeitigen Entlassung 1953 anschloß. Er änderte seinen Namen, denn als Zeichen für ihr neues Selbstverständnis legten die Black Muslims ihre Familiennamen ab, die ihre Vorfahren von den Sklavenhaltern übernommen hatten. Als Prediger Malcolm X ging er nach Detroit und begann, die neue Lehre zu verbreiten, deren Grundgedanke die Umkehrung der schwarzen Selbstverachtung in militanten Haß den Weißen gegenüber war und die so den Schwarzen zu neuem Selbstbewußtsein verhelfen sollte. Malcolm X wurde dank seiner außergewöhnlichen Persönlichkeit, Redebegabung und bedingungslosen Einsatzbereitschaft bald zum Spiritus rector der Black Muslims und verwandelte die Gruppierung von einer religiösen Sekte in eine Bürgerrechtsbewegung. Nach seinem Zerwürfnis mit Elijah Muhammad aufgrund unterschiedlicher Einstellungen zur politischen Aktion gründete Malcolm X 1964 die Organization of Afro-American Unity und gelangte zu der Überzeugung, daß Kooperation zwischen Schwarzen und Weißen möglich sei – womit er sich scharf von den Black Muslims abgrenzte, deren Ziel die radikale Rassentrennung war. Es kam zu zahlreichen gewalttätigen Auseinandersetzungen zwischen den unterschiedlichen politischen Lagern, die ihren tragischen Höhepunkt in der Ermordung von Malcolm X fanden. Bei einer Ansprache im Audubon Ballroom in der 166th Street (zwischen Broadway und St. Nicholas Avenue) wurde er am 21. Februar 1965 erschossen. Einige Monate nach seinem Tod erschien die weltweit Beachtung findende *Autobiography of Malcolm X*, nach mündlichen Berichten entstanden und aufgezeichnet von Alex Haley (1921–1992), der 1976 mit seiner fiktiven Familiengeschichte *Roots* Furore machte. 1992 verfilmte der Regisseur Spike Lee die Geschichte von Malcolm X.

❺ Apollo Theater
253 West 125th Street

Linker Hand (zwischen 7th und 8th Avenue) sehen wir das berühmte Apollo Theater – in den zwanziger Jahren der bekannteste Club für schwarzen Jazz und bis 1934 ausschließlich weißem Publikum zugänglich. Bessie Smith, Billie Holiday, Duke Ellington, Count Basie, Charlie Parker, Dizzy Gillespie u.a. traten hier auf, und in den dreißiger Jahren fanden hier die legendär gewordenen *Amateur Nights* statt, bei denen dem Publikum die Bühne für jedwede Art künstlerischer Performance gehörte. Nach einer zehnjährigen Zwangspause wurde diese Tradition 1986 wieder aufgenommen, und seither kann man sich jeden Mittwoch abend aufs originellste unterhalten lassen. Zwei Häuser weiter befindet sich das Victoria Theater, ein ebenfalls renommiertes Theater, das lange geschlossen war, in den letzten Jahren jedoch wiederbelebt wurde.

Die 125th Street ist in der letzten Zeit zur belebtesten und sichersten Hauptverkehrs- und Einkaufsstraße Harlems geworden. Diese Entwicklung soll in den nächsten Jahren weiter vorangetrieben werden mit dem Bau eines großen Einkaufszentrums, einer Shopping Mall, die den Namen Harlem USA tragen wird. Wir gehen die 125th Street in östlicher Richtung weiter.

❻ Studio Museum of Harlem
144 West 125th Street

Auf der Südseite der 125th Street zwischen 7th und Lenox Avenue sehen wir das Studio Museum of Harlem. Es wurde 1968 gegründet und widmet sich der Sammlung von Werken afrikanisch-amerikanischer Künstler und Künstlerinnen. Gemeinsam mit dem Schomburg Center for Research in Black Culture, das wir noch anschauen werden (vgl. S. 185 f.), bildet das Studio Museum das kulturelle Zentrum Harlems.

Wenn wir die Lenox Avenue überqueren, sehen wir linker Hand zwischen 126th und 127th Street das legendäre Restaurant Sylvia's, in dem man hervorragende und unverfälschte Southern Cuisine genießen kann. Wer Appetit auf Soul Food verspürt, sollte hier einkehren. Rechter Hand auf der Lenox Avenue sehen wir die Lenox Lounge – einen erfolgreichen Jazzclub. Wir biegen links in die 5th Avenue ein, wo wir gleich an der Ecke (2031) das National Black Theater sehen, nach dem die 5th Avenue hier benannt ist. Wir gehen weiter bis zur 127th Street (Langston Hughes Place), biegen nach rechts ab und kommen zu dem einzigen Gebäude Harlems, an dem mit einer Gedenktafel der literarischen Geschichte gedacht wird.

❼ Wohnung von
Langston Hughes
20 East 127th Street

»Es gibt nichts Aufregenderes in der ganzen Welt, als zum erstenmal in den New Yorker Hafen einzulaufen – sich aus der flachen Monotonie des Ozeans auf diese Erhebung von Träumen und Schönheit zuzubewegen«, schrieb Langston Hughes (1902–1967) im Rückblick über seine Ankunft in New York. In Missouri geboren, indianischer, französischer und afrikanischer Abstammung, wuchs er bei unzähligen Pflegefamilien in unzähligen Städten auf und kam 1921 nach New York, um an der Columbia University zu studieren. Aus Mexiko, seiner letzten Station vor New York, hatte der 19jährige Hughes sein Gedicht *The Negro Speaks of Rivers*, zu dem ihn die Mississippi-Überquerung inspiriert hatte, an Jessie Fauset geschickt, die es in *The Crisis* druckte; es wurde seine erste Veröffentlichung und noch an seinem Grab von den Trauergästen im Chor rezitiert.

Hughes jobbte als Schiffskellner auf verschiedenen Dampfschiffen, was ihn erst bis an die afrikanische Westküste und dann in die Niederlande brachte, wo er seinen Dienst quittierte. Daraufhin fuhr er nach Paris und schlug sich als Kellner in Nachtclubs durch. 1925 kehrte er nach Harlem zurück und veröffentlichte mit Hilfe des Kontakts, den Carl Van Vechten zum Verleger Alfred A. Knopf herstellte, im Februar 1926 seinen ersten Gedichtband: *The Weary Blues*. Hughes brachte einen neuen Ton in die Poesie, er übertrug den Rhythmus des Jazz und Blues in die Sprache, und wurde – auch von der weißen Presse – enthusiastisch gelobt. 1927 erschien die Gedichtsammlung *Fine Clothes to the Jew*, die mit Walt Whitmans *Leaves of Grass* (dt. *Grashalme)* verglichen wurde, und noch immer gilt Langston Hughes als bedeutendster schwarzer Schriftsteller Nordamerikas. In den vierziger und

Langston Hughes, New York, 1923

fünfziger Jahren bewohnte er hier das oberste Geschoß, das zu einem Treffpunkt der Schriftsteller, Musiker und Künstler Harlems wurde.

Bevor wir auf der 5th Avenue bis zur 130th Street gehen und links abbiegen, werfen wir noch einen Blick auf das Eckgebäude, in dem Ann Petry wohnte: 2 East 129th Street.

❽ »Block Beautiful«
130th Street zwischen
5th und Lenox Avenue

1928 erschien Claude McKays (1890–1948) Roman *Home to Harlem*, in dem er diese – zu jener Zeit ausschließlich von Weißen bewohnte –

Häuserzeile als »Block Beautiful« beschrieb. Erbaut wurde dieser auch als Astor Row bekannte Straßenzug zwischen 1880 und 1883 von William Astor. Die an sich wunderschönen Reihenhäuser mit ihren Holzveranden und kleinen Vorgärten, die heute zum großen Teil völlig verfallen sind und leerstehen, lassen das einst geruhsame, familiäre Leben erahnen, das hier einmal möglich war und auch wieder möglich wäre. »Noch hatten die Weißen diesen Block nicht verlassen... Der Block Beautiful war einen Kampf wert. Mit seinen reizenden grünen Rasenflächen und den malerischen, weißgestrichenen Häusern, strahlte er die idyllischste Atmosphäre in ganz New York aus.« erinnerte sich McKay. Mit *Home to Harlem* gelang ihm innerhalb von zwei Wochen der Sprung in die Bestsellerlisten – ein Erfolg, der vorher noch keinem schwarzen Autor zuteil geworden war.

Geboren in Jamaika als jüngstes von elf Kindern einer gebildeten presbyterianischen Farmer-Familie, begann Claude McKay bereits als Zehnjähriger, Gedichte zu schreiben. 1907 machte er die Bekanntschaft eines englischen Gentleman, Walter Jekyll, der jamaikanische Lieder und Erzählungen sammelte und veröffentlichte. Er nahm Claude unter seine Fittiche, ermunterte ihn zu schreiben und finanzierte ihm 1912 die Emigration in die USA. Zunächst studierte McKay Landwirtschaft, eröffnete dann ein – erfolgloses – Restaurant in Brooklyn, hielt sich mit diversen Gelegenheitsjobs über Wasser und zog 1914 schließlich nach Harlem. »In Harlem

Claude McKay, um 1915

reagierte ich zum erstenmal positiv auf amerikanisches Leben«, schrieb er. »Es war, als ob ich das Paradies meines eigenen Volkes betrat.« 1917 debütierte er als erster schwarzer Schriftsteller unter dem Pseudonym Eli Edwards in der weißen Avantgarde-Zeitschrift *Seven Arts*. Zwei Jahre später veröffentlichte Max Eastman, der Herausgeber der weißen Zeitschrift *Liberator* McKays aufsehenerregendes politisch-poetisches Manifest *If We Must Die*. Mit diesem Sonett reagierte McKay auf die zahlreichen Lynchmorde an African-Americans, die nach Ende des Ersten Weltkrieges überall in den Vereinigten

Staaten verübt wurden, und er rief zu militantem Widerstand auf: »Wie Männer stellen wir uns dem mörderischen, feigen Pack / Mit dem Rücken zur Wand, sterbend, aber wir schlagen zurück!« Er vertrat damit eine Haltung, die selbst vielen Schwarz-Amerikanern zu radikal war. Die liberale Atmosphäre von Greenwich Village machte es möglich, daß McKay 1921 einen Lektoratsposten bei *Liberator* übernehmen konnte und damit der erste schwarze Schriftsteller wurde, der über die Veröffentlichung von Texten weißer Autoren entschied. Mit seinem 1922 bei Harcourt Brace erschienenen Gedichtband *Harlem Shadows* eroberte er sich den Ruf des ersten bedeutenden Schriftstellers der Harlem Renaissance.

Trotz seiner Erfolge fühlte er sich mehr und mehr eingeschränkt auf die Rolle des schwarzen Autors. Um dem »erstickenden Ghetto farbigen Bewußtseins« zu entkommen, fuhr er in die Sowjetunion, um an der Dritten Kommunistischen Internationale teilzunehmen, wo er als »Schwarze Ikone« über die Köpfe der Massen hinweggereicht wurde. Die nächsten elf Jahre verbrachte er in Berlin, Paris, Marseille und Tanger und kehrte erst 1934, nach dem Ende der Harlem Renaissance, in ein von der Depression gebeuteltes Harlem zurück, das seinen Glanz verloren hatte und sich allmählich in einen Slum verwandelte. Es gelang ihm nicht mehr, Fuß zu fassen; er schrieb seine Autobiographie *A Long Way From Home* (1937) und eine soziologische Studie, *Harlem: Negro Metropolis* (1940) – zwei Bücher, die zwar positiv aufgenommen, aber schlecht verkauft wurden. Desillusioniert wandte er sich vom Kommunismus ab, konvertierte Mitte der vierziger Jahre zum Katholizismus und starb 1948 verbittert und verarmt in Chicago.

Bevor wir die Lenox Avenue überqueren, halten wir einen Moment inne und versuchen uns vorzustellen, wie diese breite Avenue 1926 wohl aussah. Das war das Jahr, in dem die Nobelpreisträgerin Toni Morrison (geb. 1931) ihren Roman Jazz *hier auf der Lenox Avenue spielen läßt. Von hier aus ist an der 131st Street auch schon die einzige Buchhandlung Harlems zu sehen,* Liberation Bookstore, *die 1997 ihr 30jähriges Bestehen feierte. Wir folgen der 130th Street.*

❾ Black Arts Repertory Theater School
146 West 130th Street

In diesem Gebäude gründete Amiri Baraka alias LeRoi Jones nach seiner Trennung von Hettie Jones 1965 die Black Arts Repertory Theater School, die hauptsächlich Straßentheater inszenierte und wesentliche Anstöße für die Entwicklung eines Schwarzen Theaters in den USA gab. 1966 ging Baraka nach New Jersey zurück, wo er bis heute mit seiner zweiten Ehefrau und fünf Kindern lebt. Bis Anfang der siebziger Jahre galt Amiri Baraka nicht nur als einer der originellsten und experimentierfreudigsten Dichter und Dramatiker, sondern auch als einer der prominentesten und radikalsten Black Nationalists. 1984 erinnerte er sich: »Wir haßten Weiße so öffentlich, weil wir zuvor so öffentlich an sie gekettet waren... Ich vermute, daß ich während jener Periode den Ruf eines zähnefletschenden, Weiße hassenden Wahnsinnigen hatte.« 1974 machte Amiri Baraka eine erneute intellektuelle Wandlung durch; er erkannte Schwarzen Nationalismus als rassistisch, verglich ihn gar mit einer Form des Faschismus und begann, sich als Sozialist und Marxist zu verstehen. Heute engagiert er sich vornehmlich für die Belange der Dritten Welt.

Bevor wir auf der 7th Avenue nach rechts abbiegen, werfen wir noch einen Blick auf die Kirche an der 129th Street.

❿ Salem Methodist Episcopal Church
2190 7th Avenue

In dieser Kirche fand 1928 die aufsehenerregendste Hochzeit statt, die Harlem je gesehen hatte: Der 25jährige Dichter Countée Cullen (1903–1946) heiratete Yolande Du Bois, die Tochter von W. E. B. Du Bois. 16 Brautjungfern begleiteten das Paar zu den Klängen des Hochzeitsmarsches zum Altar. Cullens Vater, der Pastor der Salem Church, vollzog die Trauung vor mehr als 3000 Hochzeitsgästen. »Es war der symbolische Marsch des jungen und schwarzen Amerika..., es war eine neue Rasse, ein neuer Gedanke, etwas gänzlich Neues, das sich freudvoll in dieser Zeremonie, so alt wie die Welt, Bahn brach«, schrieb der Vater der Braut in *The Crisis*. Die

gesamte intellektuelle Elite Harlems versammelte sich bei diesem sozialen Ereignis und demonstrierte geradezu aristokratisches Selbstbewußtsein. Harlem präsentierte sich von seiner besten Seite: wohlhabend, gebildet, stolz und optimistisch. Die Hochzeit war ein Symbol für dieses neue schwarze Selbstbewußtsein und auch ausschließlich zu diesem Zweck organisiert, denn Yolande war mit dem Bandleader Jimmy Lunceford liiert und hatte keinen Sinn für Poesie, und Countée reiste wenige Monate nach der Hochzeit mit seinem Liebhaber Harold Jackman nach Paris. Nach einem Jahr trennte sich das Ehepaar.

Countée Cullen galt – nach dem 13 Jahre älteren Claude McKay – als vielversprechendster Dichter der Harlem Renaissance. Er war, anders als die meisten zugereisten jungen Schriftsteller und Schriftstellerinnen, in Harlem aufgewachsen und 15jährig von Frederick und Carolyn Cullen adoptiert worden. Countée Cullen hatte in Harvard studiert, und seine Gedichte waren 1924 in mehreren renommierten weißen Zeitschriften erschienen. Auch Cullen kämpfte darum, nicht auf seine Hautfarbe reduziert zu werden: »*Wenn* ich ein Dichter werden sollte, werde ich ein *Dichter* und kein *Neger*-Dichter«, sagte er in einem Interview. Er schrieb eine regelmäßige Kolumne für die Zeitschrift *Opportunity* und veröffentlichte 1925 seinen ersten Gedichtband *Color*. Sein bekanntestes Gedicht *Heritage* wurde jahrzehntelang von schwarzen Schulkindern auswendig gelernt. Cullens Wunsch, als Dichter und nicht als schwarzer Dich-

Countée Cullen, um 1925

**⓫ Williams Christian Methodist Episcopal Church
2225 7th Avenue**

Zwischen 131st und 132nd Street kommen wir an der Williams Christian Methodist Episcopal Church vorbei. Hier befand sich in den zwanziger und dreißiger Jahren das Lafayette Theater, in dem nicht nur ein Theater, sondern auch ein Ballsaal, Restaurants und Bars untergebracht waren. Künstler wie Bessie Smith und Duke Ellington traten hier auf, und 1920/21 erlebte Eugene O'Neills Stück *The Emperor Jones* sagenhafte 490 Aufführungen. Ebenfalls großen Erfolg hatte 1937 die ausschließlich mit schwarzen Schauspielern besetzte Macbeth-Inszenierung von Orson Welles, die der junge James Baldwin hier sah. Die 133rd Street, zwischen Lenox und 7th Avenue, war in den zwanziger Jahren bekannt als *Jungle Alley*. Hier befanden sich unzählige Bars und Nachtclubs, in denen dem weißen Publikum das geboten wurde, was es sich unter dem »ursprünglichen« Harlem vorstellte, und wo die Klischeevorstellungen bedient wurden, die man sich vom »primitiven Neger« machte.

ter in die Literaturgeschichte einzugehen, erfüllte sich nicht: zum einen, weil er selbst das Problem der Rasse in vielen seiner Gedichte in den Mittelpunkt stellte, zum anderen, weil er – von schwarzer wie von weißer Seite – als Aushängeschild für den *New Negro* vereinnahmt wurde. Nach 1930 fanden Cullens Gedichte und Romane keinen Anklang mehr. Ab 1934 unterrichtete er Französisch an der de Witt Clinton High School – unter seinen Schülern befand sich u.a. James Baldwin, der ihn für die Schülerzeitung interviewte – und starb mit nur 42 Jahren. Die Trauerfeier fand wie seine Hochzeit in der Salem Church statt. *Wir gehen die 7th Avenue weiter hoch bis zur 135th Street.*

**⓬ Small's Paradise
2294 7th Avenue**

Ein Stück weiter, an der Südwestecke der 135th Street, sehen wir die traurigen Überreste eines weiteren in den zwanziger Jahren erfolgreichen und immer überfüllten Clubs: Small's Paradise, wo die Kellner sangen, tanzten und mit Tabletts jonglierten und von

Tanzabend im Small's Paradise, 1946

wo aus die Musik live im Radio über-
tragen wurde. Malcolm Little fand
hier einen Aushilfsjob, als er nach
New York kam.
*Wir biegen Richtung Osten in die
135th Street ein.*

⓭ Harlem Branch der YMCA
180 West 135th Street

1932 wurde dieses Gebäude als An-
bau zum ursprünglichen YMCA errichtet, das wir gegenüber sehen und
das 1919 eröffnet wurde. Viele Künstler und Schriftsteller fanden im »Y«
eine erste, preiswerte Bleibe, u.a.
Langston Hughes, Claude McKay,
Malcolm Little und Ralph Ellison.
1945 wurde hier der Harlem Writer's
Workshop gegründet. Auf Anregung

des Schriftstellers und Historikers
John Henrik Clarke trafen sich die
jungen Schriftsteller zum Gedanken-
austausch, veranstalteten Lesungen
und veröffentlichten in Eigenregie eine
kleine Zeitschrift. Langston Hughes
und James Baldwin gehörten zum engeren Kreis, und zu den Gästen der
zahlreichen Parties zählten Berühmtheiten wie Sidney Poitier und Harry
Belafonte.

⓮ Public Library
103 West 135th Street

Einige Häuser weiter sticht die wunderschöne Fassade der ursprünglichen
Public Library ins Auge, erbaut 1905
von McKim, Mead & White. Zwei
Tage nach seiner Ankunft in New

Ralph Ellison

Invisible Man (1952; dt. *Der unsichtbare Mann*) schrieb.

Ellisons Gefühle für New York und Harlem waren zwiespältig. Er war nicht Harlems wegen nach New York gekommen, und er betrachtete es auch später noch auf der einen Seite als Alptraum: »Harlem ist eine Ruine«, schrieb er 1964 in seinem Essay *Shadow and Act*, »viele der alltäglichen Aspekte (Verbrechen, willkürliche Gewaltausbrüche, verrottende Gebäude mit verdreckten Eingängen, übelriechenden Fluren und Räumen voller Ungeziefer) sind ununterscheidbar von den Zerrbildern, die in Träumen erscheinen und die... beim Erwachen mit versteckter und bedrohlicher Bedeutung nachklingen.« Auf der anderen Seite sah er Harlem jedoch als ein Symbol für Befreiung. Über *Invisible Man* sagte Ellison: »In meinem Roman geht die Entwicklung des Erzählers von der Dunkelheit hin zum Licht; d.h. von Unwissenheit hin zu Erkenntnis; von Unsichtbarkeit zu Sichtbarkeit. Er verläßt den Süden und geht nach Norden; wie man beim Lesen von Negro Folktales bemerken kann, ist dies immer der Weg zur Freiheit – eine Aufwärtsbewegung.« Ralph Ellison lebte bis zu seinem Tod am oberen Riverside Drive in Harlem.

York 1936 traf Ralph Ellison (1914–1994), der sich im YMCA einquartiert hatte, auf den Eingangsstufen der Public Library zufällig auf Langston Hughes, den bereits renommierten Autor. Hughes stellte den Kontakt zu Richard Wright her, der zu einem Freund und Mentor wurde, und innerhalb kürzester Zeit schrieb Ellison regelmäßig für Wrights Magazin *New Challenge*. Obwohl er eigentlich nur nach New York gekommen war, um genug Geld für die Fortsetzung seines Musik- und Kunststudiums in Tuskegee, Alabama, zu verdienen, blieb er in Harlem. Nach einer Zeit bitterster Armut – zeitweise übernachtete er auf Parkbänken – fand er 1945 eine Wohnung in der St. Nicholas Avenue (749), wo er seinen großen Roman

⓯ Schomburg Center for Research in Black Culture 515 Lenox Avenue
Das Eckgebäude neben der Public Library beherbergt die Schomburg Collection, die 1926 von Arthur A. Schomburg (1874–1938) gestiftet

wurde. Schomburg, ein schwarzer Puertoricaner, begann auf die Bemerkung eines Lehrers hin, daß Schwarze keine Geschichte hätten, Dokumente der Geschichte von Völkern afrikanischer Abstammung zu sammeln. Die Sammlung gilt als umfangreichste der Welt und enthält allein über 300 000 Fotografien. Zunächst im Gebäude der Public Library untergebracht, machte die Kollektion 1978 aufgrund ihrer Größe diesen Neubau notwendig, in dem auch Konzerte, Lesungen und Theateraufführungen stattfinden. Im ersten Stock werden Ausstellungen gezeigt, und es gibt einen kleinen Museumsshop.

⑯ Harlem Hospital /
Geburtsstätte
von James Baldwin
Lenox Avenue

Gegenüber sehen wir das 1887 eröffnete Harlem Hospital, das sich heute in einem modernen Neubau befindet und in dem James Baldwin (1924–1987) unehelich als ältestes von insgesamt neun Geschwistern geboren wurde. Sein Stiefvater, den seine Mutter 1927 heiratete, war Prediger in der Pentecostal Faith Church, Lenox Avenue, und sein religiöser Fanatismus, gepaart mit Jähzorn, prägten Baldwins Kindheit. Baldwin besuchte die Frederick Douglass Junior High School (Countée Cullen war einer seiner Lehrer), und seine Jugendzeit wurde dominiert von seinem ausgeprägten religiösen Leben, das er in seinem ersten Roman *Go Tell it on The Mountain* (1953; dt. *Gehe hin und verkün-*

de es vom Berge) beschrieb. Das Harlem, das Baldwin erlebte und in zahlreichen seiner Romane und Kurzgeschichten zum Thema machte, ist düster, von Rassenvorurteilen geprägt und verwüstet. Obwohl Harlem für ihn immer der menschlichste Teil New Yorks blieb, litt er nicht nur unter dem Haß, der dieses Ghetto geformt hatte, sondern vor allem unter dem dadurch entstehenden, selbstverteidigenden Gegen-Haß, der ihn selbst erfüllte: »Der Druck innerhalb des Ghettos bewirkt, daß die Ghettowände expandieren, und diese Expansion

James Baldwin

ist immer gewalttätig.« 1942 zog er nach Greenwich Village und schlug sich als Kellner, Tellerwäscher und Fabrikarbeiter durch. Er machte die Bekanntschaft von Richard Wright, der sein Talent erkannte und auf dessen Empfehlung Baldwin seinen ersten Literaturpreis gewann. 1948 ging er nach Paris, lebte einige Zeit in der Schweiz und dann in Südfrankreich, wo er seinen Roman *Giovannis Room* (dt. *Giovannis Zimmer)* schrieb. Trotz größter Schwierigkeiten, im prüden New York der fünfziger Jahre einen Verleger zu finden – das Buch handelte schließlich nicht nur von einem Schwarzen, sondern zudem von einer homosexuellen Beziehung –, erschien *Giovannis Room* 1956 bei Dial Press, erhielt hervorragende Kritiken und war ein großer Publikumserfolg. 1957 kehrte Baldwin zwar nach New York, aber nicht mehr nach Harlem zurück – dennoch blieb dieses Viertel ein Teil von ihm. »Und er war, so hatte er gedacht, vor dem Rhythmus von Harlem geflohen, der doch nur der Rhythmus seines eigenen Herzens war«, hieß es 1962 in *Another Country* (dt. *Eine andere Welt).*
Wir gehen durch die 136th Street zurück zur 7th Avenue.

A'Lelia Walker, um 1930

⑰ Countée Cullen Branch of the Public Library 104–110 West 136th Street

Wir werfen einen Blick auf die Harlemer Zweigstelle der Public Library, die den Namen Countée Cullens trägt. Bevor das Bibliotheksgebäude 1942 errichtet wurde, befand sich an dieser Stelle das herrschaftliche Haus von A'Lelia Walker (1885–1931), der *joy-goddess of Harlem's 1920s,* wie Langston Hughes sie nannte. Walkers Mutter, Madame Sarah Breedlove Walker (1867–1919), hatte ein Vermögen mit Haarglättungsmitteln und Kämmen gemacht, das sich bei ihrem Tod auf über zwei Millionen Dollar belief. Sie war die erfolgreichste schwarze Unternehmerin ihrer Zeit. Ihre Tochter A'Lelia nutzte ihren Reichtum, um hier in der 136th Street Hunderte von rauschenden Festen zu veranstalten, auf denen sich die Harlemer High Society jedweder Profession und Couleur amüsierte. Ihren Salon, der fürstlich mit Louis XIV-Mobiliar und Sèvresporzellan ausgestattet war, nannte sie nach Countée Cullens Kolumne, die er für *Opportunity* schrieb, *The Dark Tower*. Bis 1930 genoß *The Dark Tower* einen legendären Ruf, und Walker gab ihr Vermögen mit vollen Händen aus. Im Zuge der Depression nahm jedoch auch die Nachfrage nach Haarkosmetikartikeln ab, das Vermögen schwand dahin, und Walker mußte ihren verschwenderischen Lebensstil einschränken. Im August 1931 starb A'Lelia Walker – nach einem Mitternachtsmahl mit Hummer, Schokoladentorte und Champagner – an Herzversagen. 15 000 Menschen defilierten am offenen Sarg vorbei, um einen letzten Blick auf sie zu erhaschen und ihr die letzte Ehre zu erweisen. In Erinnerung an ihr Begräbnis auf dem Woodlawn Cemetery in der Bronx sagte Langston Hughes: »Dies war das endgültige Ende der fröhlichen Tage der New Negro Ära in Harlem...«

Auf der 7th Avenue gehen wir nördlich bis zur 139th Street. Wir kommen vorbei am ehemaligen Casino Renaissance Theater (2351 7th Avenue), einem weiteren erfolgreichen Amüsierbetrieb der zwanziger Jahre. In den siebziger und achtziger Jahren war hier das New Lafayette Theater untergebracht, das moderne Stücke zeitgenössischer schwarzer Autoren zeigte. Inzwischen steht das Gebäude leer und verfällt. Wir biegen Richtung Westen in die 139th Street ein.

⑱ Striver's Row 139th Street

Der Block zwischen 138th und 139th Street ist einer der schönsten und gepflegtesten Harlems und steht in verblüffendem Kontrast zu den heruntergekommenen Straßenzügen, die wir soeben gesehen haben. Die insgesamt vier Häuserreihen sind bekannt als *The King Model Houses*, nach David H. King Jr., der 1891 vier verschiedene Architekturfirmen mit den Entwürfen beauftragte. McKim, Mead & White beispielsweise gestalteten die Nordseite der 139th Street. Zunächst hauptsächlich von weißen Mittelklassefamilien bewohnt, zogen die Gebäude in den zwanziger Jahren mehr und mehr wohlhabende, ambitionierte schwarze Familien an, was zu dem Spitznamen *Striver's Row* (Streber-Gasse) führte. Unter anderem lebten hier die Jazzmusiker Eubie Blake und

The King Model Houses, zwanziger Jahre

Scott Joplin; eines der Häuser gehört heute Bob Dylan.

Das wie eine Burg anmutende Gebäude, das wir von hier aus in westlicher Richtung sehen, ist das 1849 gegründete City College of New York, das den Spitznamen *Harvard of the People* (Harvard für das Volk) erhielt, da es eine kostenlose Universitätsausbildung anbot. Noch um 1910 waren fast 90 Prozent der Studenten jüdisch, meist osteuropäischer Herkunft; für sie bedeutete diese Universität den Schritt aus dem Ghetto heraus. Heute ist die Studentenschaft vornehmlich schwarz oder hispanisch, und die Studiengebühren sind im Vergleich zu anderen Universitäten noch immer niedrig.

Wer sich etwas ausruhen möchte, kann hier in der ruhigen 139th Street ein Weilchen unbehelligt auf den Treppenstufen der Hauseingänge sitzen. Wir gehen bis zum Ende der 139th Street und sodann den Hügel an der 141th Street hinauf bis zur Convent Avenue. Linker Hand sehen wir die Tore die Straße überragen, die den Campus des City Colleges einstmals begrenzten. Für den Bau des Colleges wurde der Schiefer benutzt, der beim Ausheben der U-Bahn-Schächte abfiel. Zu einer Pause laden einige Steinbänke in der St. Nicholas Terrace ein, die links am City College abgeht. Wir gehen die Convent Avenue Richtung Norden entlang und machen unseren nächsten Halt auf der rechten Seite, an der St. Luke's Church, die 1892 erbaut wurde und deren Turm aus unerfindlichen Gründen nie fertiggestellt wurde. Wir befinden uns jetzt im Hamilton Heights Historic District. Die Gegend, die sich zwischen St. Nicholas und Edgecombe Avenue von der 143rd bis zur 155th Street erstreckt, wird gemeinhin Sugar Hill genannt. Hier lebte der wohlhabende Teil der schwarzen Bevölkerung, unter ihnen viele Prominente wie Duke Ellington, Count Basie und Sugar Ray Robinson.

⑲ Hamilton Grange
287 Convent Avenue

Dicht hinter der Kirche befindet sich Hamilton Grange, das ehemalige Landhaus von Alexander Hamilton (1757–1804). Die Statue im Vorgarten wurde 1889 von William O. Partridge entworfen. Hamilton war der erste Finanzminister der Vereinigten Staaten (von 1789 bis 1795), gründete die Nationalbank und initiierte das öffentliche Kreditsystem. Er verfaßte 1787/88 gemeinsam mit dem späteren vierten Präsidenten der Vereinigten Staaten, James Madison (1754–1804), und dem Richter und Gouverneur John Jay (1745–1829) eine Sammlung von Essays, die unter dem Titel *The Federalist* erschien und die New Yorker Wählerschaft zur Annahme der neuen Verfassung bewegen sollte. Es bedurfte jahrzehntelanger literaturhistorischer Detektivarbeit, um die Autoren der unter dem Pseudonym Publius erschienenen Schriften ausfindig zu machen. Hamilton wurde in einem Duell mit einem politischen Gegenspieler, Aaron Burr, tödlich verwundet. Hier in diesem zu seiner Zeit ausgesprochen exklusiven und auch heute noch wunderschönen Landhaus verbrachte Hamilton seine letzten Lebensjahre.

Wir schauen uns die schönen und gut erhaltenen Stadthäuser an, die die Convent Avenue säumen, und gehen bis zur 145th Street. Wir biegen nach rechts ein, gehen zwei Blocks hinunter und befinden uns plötzlich wieder im verwüsteten Harlem, das mit seinen verfallenen, zum Teil ausgebrannten Häusern alles andere als vertrauenerweckend wirkt.

⓴ Schauplatz von
Manchild in the Promised Land
145th Street

Den Block zwischen 7th und 8th Avenue beschrieb Claude Brown (geb. 1937), der hier aufwuchs, in seiner 1965 erschienenen, sensationell erfolgreichen Autobiographie *Manchild in the Promised Land* (dt. *Im gelobten Land. Eine Jugend in Harlem*). Er soll mit einer Charakterisierung Harlems das letzte Wort in diesem Kapitel haben, die für diesen Straßenzug leider immer noch Gültigkeit hat: »Zu viele Menschen lebten zusammengedrängt und voller Haß und Bitterkeit in einem schmutzigen, stinkenden, viel zu kleinen Bezirk einer großen Stadt.«

Wir können nun entweder die Subway (A, B, C oder D) Ecke St. Nicholas Avenue nehmen oder einen der Busse auf den Avenues, die Richtung downtown fahren und noch einen letzten Eindruck von Harlem vermitteln.

Brooklyn Bridge, vierziger Jahre. Foto von Andreas Feininger

Achter Spaziergang
Brooklyn Heights

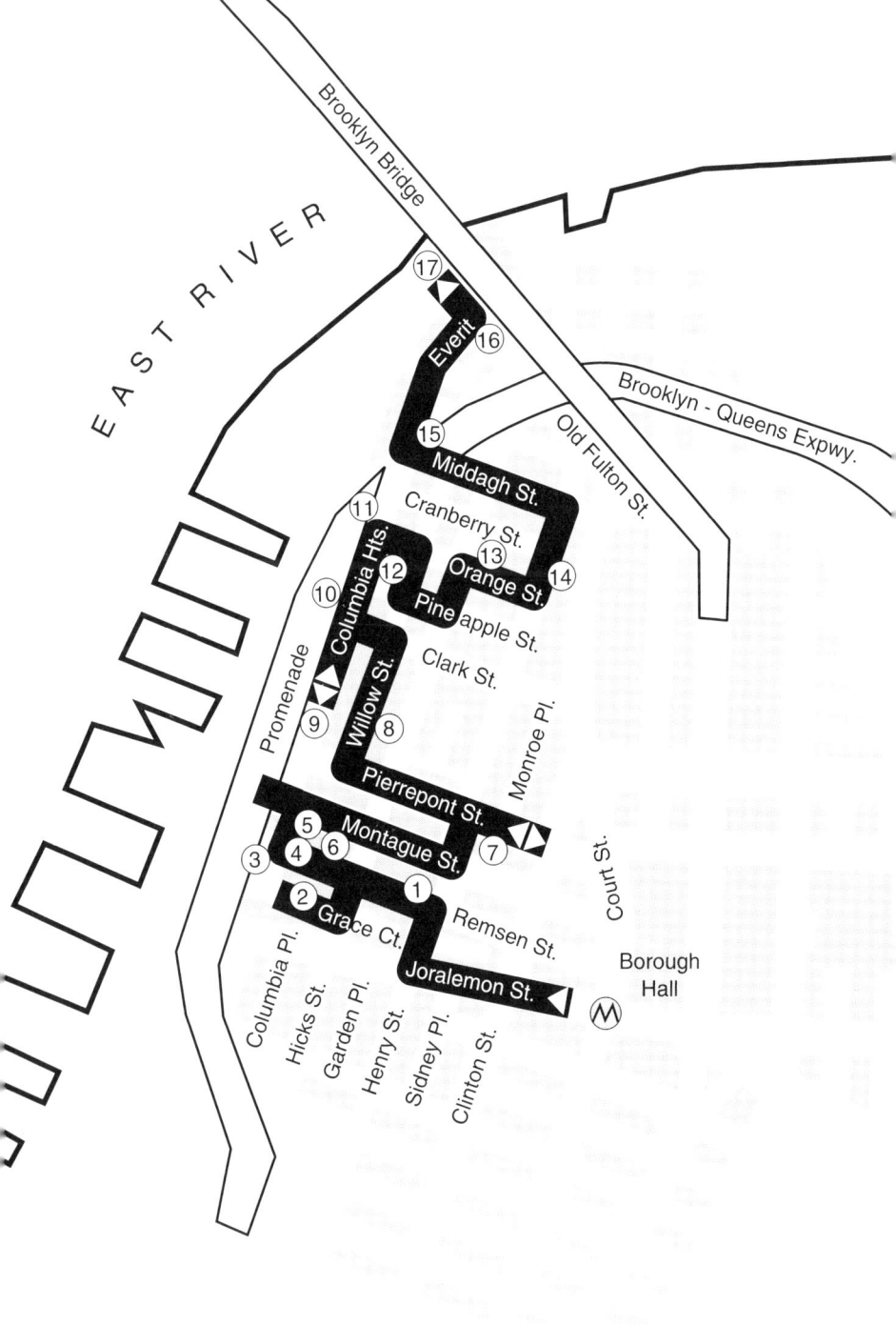

Unser letzter Spaziergang führt uns ins historische Brooklyn Heights. Wir nehmen die Subway Nr. 4 oder 5 bis zur Borough Hall, einem der ältesten Gebäude Brooklyns (erbaut 1846). Wir gehen die Joralemon Street Richtung Westen entlang bis zur Henry Street, in die wir rechts einbiegen. Wir passieren die Hunts Lane, eine von schönen alten, zu Wohnhäusern umgebauten Ställen gesäumte Gasse, und biegen links in die Remsen Street ein. Die Kirche an dieser Ecke ist die Our Lady of Lebanon Church. Die wunderschönen Metalltüren entstammen dem Luxusdampfer Normandie, der 1942 im Hudson River sank, und wurden der 1846 erbauten Kirche hinzugefügt.

Henry Miller, 1932

❶ Wohnung von Henry Miller
91 Remsen Street

1924 bezog Henry Miller (1891–1980) mit seiner zweiten Ehefrau June eine Wohnung in diesem Haus. In seinem autobiographischen Roman *Plexus* (1953) erinnerte er sich, daß die Böden aus Parkett waren und die Vertäfelungen aus schönem Nußholz. Es gab Wandbespannungen aus rosa Seide, und die Büchernischen wären groß genug gewesen, um sie in Schlafkojen zu verwandeln. Millers bewohnten nach vorn die Hälfte des ersten Stockwerks, das auf den ruhigsten, aristokratischsten Teil von ganz Brooklyn hinausging. Die Nachbarn besaßen alle Limousinen, Haushofmeister, Luxushunde und Katzen, deren Futter ihnen das Wasser im Munde zusammenlaufen ließ. Ihr Haus war das einzige des ganzen Blocks, das in Wohnungen aufgeteilt war. Miller war als Sohn deutscher Eltern in Brooklyn aufgewachsen. Kurz nach seiner Geburt in Yorkville, Manhattan (in 450 East 85th Street), war die Familie nach Williamsburg, in das jüdische Viertel Brooklyns, gezogen, und auf Brooklyn ließ Miller trotz aller späterer New York-Antipathie nichts kommen: »Ich bin ein Patriot – des 14. Bezirks, Brooklyn, wo ich aufgewachsen bin. Der Rest der Vereinigten Staaten existiert nicht für mich, außer als Idee, als Geschichte oder als Literatur.«
Nach einem guten Jahr hier in der Remsen Street wurde das junge Paar hinausgeworfen, da dem Vermieter ihr unseriöser Lebensstil ein Dorn im Auge war. Miller hatte kurz entschlossen

seinen gut bezahlten Job bei der Western Union Telegraph Company gekündigt und sich entschieden, das Leben eines Bohèmiens und Schriftstellers zu führen, was zunächst in nichts anderes als Geldnot mündete. Da sein Traum von der Karriere als genialer Schriftsteller sich in den folgenden Monaten nicht realisierte, beschloß er, mit June ein *Speakeasy* in der Perry Street (106) zu eröffnen, in der Hoffnung, die Literaten des Village als Klientel anzuziehen; dieser Versuch endete in einem Desaster, was nicht weiter verwunderlich ist, wenn man bedenkt, daß es zu jener Zeit um die 20 000 *Speakeasies* in New York gab. Der einzige, der gemeinsam mit einigen Freunden Alkohol konsumierte, war Miller selbst. 1930 reiste er nach Paris – und kehrte nur noch für Besuche in seine Heimatstadt zurück, die er mehr und mehr verabscheute. 1935 erschien *Aller Retour New York* (dt. *Reise nach New York)*, ein Reisebericht, den er ursprünglich als Brief an Alfred Perlès verfaßt hatte. Im Vorwort von 1954 zu der bei Arche erschienenen Übersetzung schrieb Miller bitter: »Es gibt in Amerika gewiß keine Stadt, die mit New York zu vergleichen ist. Vielleicht nicht einmal in der ganzen Welt. Aber für mich bleibt es das, was es immer gewesen ist: der letzte Ort auf Erden, mit dem ich zu tun haben möchte.«

An der Hicks Street biegen wir links ab, dann gleich wieder rechts in den Grace Court ein und gehen auf den East River zu, den wir am Ende der Straße schon hervorschimmern sehen. Die Verlängerung des Grace Court (Grace Court Alley), ebenfalls eine ehemalige Stallgasse, lohnt einen Abstecher.

❷ Haus von Arthur Miller und von W. E. B. Du Bois 31 Grace Court

Dieses Haus kaufte Arthur Miller (geb. 1915) 1947. Hier schrieb er das sozialkritische Drama *Death of a Salesman* (dt. *Tod eines Handlungsreisenden)*, die tragische Geschichte des Handlungsreisenden Willy Loman, der am amerikanischen Traum

Arthur Miller, auf den Brooklyn Heights

von Erfolg und Reichtum zerbricht. Für dieses Stück erhielt Miller 1949 den Pulitzer Prize. 1951 zog er mit seiner Familie in die Willow Street und verkaufte dieses Haus über einen Makler. Erst einige Zeit später erfuhr er, daß der anonyme Käufer W. E. B. Du Bois war, der nicht nur rassistische, sondern auch politische Ressentiments befürchtete. Und tatsächlich hielt Du Bois aufgrund seiner Mitgliedschaft in der Kommunistischen Partei für einige Monate das FBI auf Trab, das durch Brooklyn Heights streifte und Erkundigungen einzog. Du Bois lebte hier bis 1961.

Wir gehen zurück zur Remsen Street und biegen rechts in die Montague Terrace ein.

❸ Wohnung von Maxwell Bodenheim 10 Montague Terrace

In diesem Gebäude Ecke Remsen Street lebte 1940 der Dichter und Romancier Maxwell Bodenheim (1893–1954) mit seiner zweiten Ehefrau Grace. Bodenheim war eine der obskursten Figuren im New York der zwanziger Jahre. In Mississippi geboren, wuchs er in Chicago auf und veröffentlichte 1914 erste Gedichte in Margaret Andersons *Little Review*. 1915 ging er nach New York, wo ihn der Dichter und Dramatiker Alfred Kreymborg (1883–1966) unter seine Fittiche nahm und in die Greenwich Village-Szene einführte. Mit seinen zynischen, respektlosen und misanthropischen Texten sowie seinem – gelinde gesagt – verlotterten Lebensstil

wurde Bodenheim zur Inkarnation des Bohèmiens. Er veröffentlichte insgesamt 14 Romane, elf Gedichtbände sowie zahlreiche Artikel und Essays in so renommierten Blättern wie *The Dial, New Republic* und *New Yorker*. Nach mehreren gut verkauften Romanen wie *Crazy Man* (1924) und *Naked on Rollerskates* (1930) und einer kurzen unbeschwerten Zeit in Brooklyn Heights war ihm kein Glück mehr beschieden. In den vierziger Jahren lief er obdachlos in Greenwich Village herum und versuchte, seine Gedichte einzeln für zehn Cent oder einen Drink zu verkaufen. Seine Hauptanlaufstelle war das San Remo, wo über der Bar ein Foto von ihm hing. Sein grauenhaftes Ende trug ein übriges zu seinem Ruf bei, der ihn noch für die jungen Autoren der späten fünfziger Jahre zu einem Mythos machte: 1954 wurden Bodenheim und seine dritte Ehefrau Ruth Fagan von einem jungen Kriminellen, Harold Weinberg, ermordet. Eine Zeitlang schlachtete die Presse den Fall aus – dann geriet Maxwell Bodenheim in Vergessenheit.

❹ Wohnung von Thomas Wolfe 5 Montague Terrace

Eine Gedenktafel erinnert an Thomas Wolfe, der hier Ende 1933 *Of Time and the River* (dt. *Von Zeit und Strom*) fertigstellte. Im Vorwort zur Ausgabe der *Briefe an die Mutter* erinnerte sich der Freund und Herausgeber John Skally Tally an einen Besuch bei Thomas Wolfe: »Tom hatte sich für einige Zeit ganz nach Brooklyn zurückgezogen und verbrachte seine Tage und Nächte schreibend und wiederum schreibend über *Of Time and the River...* Als ich vor dem Hause Montague Terrace 5 anlangte, drückte ich auf die Klingel mit Toms Namensschild, das Türschloß knackte, und Tom schrie von oben herunter, ich solle mir beim Treppensteigen Zeit lassen. Seine Wohnung lag hoch oben im vierten Stock eines alten Hauses aus braunem Sandstein... Die Wohnung bestand aus einem großen, dürftig möblierten Wohnzimmer und aus einem geräumigen Schlafzimmer, das ebenfalls nicht sehr wohnlich war. Das Hauptstück der Einrichtung war ein Tisch, vor Alter wacklig und abgenutzt, aber noch zu brauchen. Er trug die eingebrannten Flecke vieler Zigaretten und war narbig wie ein Schild nach der Schlacht... Zur Rechten der Tür und den Fenstern gegenüber war eine Nische mit einem Gasherd und eine andere, in der ein elektrischer Kühlschrank stand, der klopfte und summte, wie die Kühlschränke es damals so an sich hatten. Tom behauptete, daß dieses Geräusch ihn durch seinen Rhythmus anregte. Auf dem alten Tisch und auf diesem Kühlschrank erledigte er das meiste, was er zu schreiben hatte.« Nach einem Interview, das 1934 in der *Herald Tribune* erschien und in dem seine Adresse erwähnt wurde, verließ Wolfe die Montague Terrace und zog in ein Hotel, um der Belagerung durch seine Leser zu entkommen.

Thomas Wolfe mit dem Manuskript *Von Zeit und Strom* in seiner Wohnung, 5 Montague Terrace

❺ Wohnung von W. H. Auden
1 Montague Terrace

Eine Gedenktafel weist auf Auden hin, der hier von 1939 bis 1940 im obersten Stockwerk lebte. Er war gemeinsam mit Christopher Isherwood im Januar 1939 im New Yorker Hafen eingelaufen, empfangen von Klaus und Erika Mann, die zu jener Zeit in Princeton, New Jersey, lebten. Auden und Isherwood bezogen zunächst für kurze Zeit eine Wohnung in Yorkville (237 East 81st Street); Isherwood machte sich jedoch bald an die West-küste auf, und Auden begab sich nach Massachusetts, wo er an der Univer-sität unterrichtete. Ende 1939 kam er zurück nach New York, zog ins ruhi-ge Brooklyn Heights und widmete sich ganz dem Schreiben. Einem Freund in England berichtete er: »Ich liebe New York, für mich die einzige Stadt, in der ich in Ruhe leben und ar-beiten kann. Zum erstenmal führe ich ein Leben, das sich allmählich dem annähert, das ich glaube leben zu wol-len. Nie habe ich mehr gelesen oder geschrieben.«

Ecke Montague Street sehen wir lin-ker Hand schon die Brooklyn Heights Promenade, von der aus wir einen herrlichen Blick auf die Skyline von Manhattan und die Brooklyn Bridge haben. Die Bänke laden zu einer Erholungspause ein. Wir setzen unse-ren Spaziergang in der Montague Street fort, der belebten Hauptge-schäftsstraße von Brooklyn Heights.

W. H. Auden (2. von li.) und Christopher Isherwood (li.) und Klaus, Elisabeth, Katja, Thomas und Erika Mann (von re. nach li.), Princeton, April 1939

**❻ Erste Wohnung
von Arthur Miller
62 Montague Street**

Dies war Arthur Millers erste Adresse in Brooklyn. Er zog 1940 in dieses 1880 erbaute, ungewöhnliche Gebäude mit einem angesetzten Turm und runden Zimmern. Seine erste Frau Mary Grace Slattery bewohnte hier ein Siebenzimmerapartment, das sie mit mehreren Untermietern teilte und für das sie insgesamt 80 Dollar Miete im Monat zahlte.

Wir gehen bis zur Hicks Street. An dieser Ecke befindet sich das Heights Café, ein schönes, ruhiges Straßencafé, in dem wir uns bei einem Kaffee erholen können. An der gegenüberliegenden Ecke sehen wir das Bossert Building, ein ehemaliges Hotel, das berühmt für seinen Dachgarten war. Heute gehört das Gebäude wie unzählige andere in Brooklyn Heights den Zeugen Jehovas. Wir biegen links ein und wieder rechts in die Pierrepont Street.

**❼ Wohnungen von
Arthur Miller und
Norman Mailer
102 Pierrepont Street**

Noch einmal begegnet uns Arthur Miller, der von 1944 bis 1947 in diesem Gebäude lebte und hier *All my Sons* (dt. *Alle meine Söhne)* schrieb, das erste Stück Millers, das zu einem Welterfolg wurde.

Ein anderer, noch unbekannter junger Autor wohnte im selben Haus unter dem Dach: Norman Mailer (geb. 1923) kehrte nach Beendigung seines Harvard Studiums 1943 nach Brooklyn zurück und kam hier bei seinen Eltern unter. Ein knappes Jahr später wurde er von der Armee eingezogen und auf die Philippinen versetzt. Aus dieser Erfahrung ging sein erster Roman *The Naked and the Dead* (dt. *Die Nackten und die Toten)* hervor, den er zum großen Teil in Provincetown schrieb und hier in Brooklyn Heights (in einer Wohnung in 49 Remsen Street) beendete. Arthur Miller erinnerte sich in seinen Memoiren *Timebends* (1987; dt. *Zeitkurven)* an ihre erste Begegnung, bei der Mailer sich ihm auf der Straße vorstellte: »Sein Name, sagte er, sei Mailer. Er erzählte, er habe gerade *Alle meine Söhne* gesehen, und fügte hinzu: ›So ein Stück könnte ich auch schreiben.‹ Diese Behauptung war so banal und dümmlich, daß ich lachen mußte, aber er meinte es völlig ernst, und in den kommenden Jahren versuchte er tatsächlich immer wieder, Theaterstücke zu schreiben. Da ich mir damals gerade meinen Platz in der Welt erkämpfte, machte ich mir wenig Freunde, und Mailer wirkte auf mich wie jemand, der nicht Freunde gewinnen, sondern andere bekehren wollte, so daß sich unsere Intentionen, obwohl sie sich im wesentlichen glichen, kaum miteinander vereinbaren ließen... Wie auch immer, wir wohnten zwar mehrere Jahre in derselben Gegend, aber unsere Wege kreuzten sich selten.« Der jugendliche Neid, der Mailer bereits in den vierziger Jahren erfüllte, sollte 30 Jahre später in seiner spekulativen Biographie über Marilyn Monroe noch einmal unverblümt zum Ausdruck kommen, als er Arthur Miller, den zweiten Ehemann Monroes, als oberflächlich, unbedeutend und geldgierig abqualifizierte.

Wir werfen einen Blick in den Monroe Place, benannt nach James Monroe, dem fünften Präsidenten der USA, und auf das in dieser Wohngegend gewaltig wirkende Gerichtsgebäude (Appellate Division of the New York State Supreme Court) und gehen weiter bis zur Clinton Street. Im Eckgebäude 128 Pierrepont Street befindet sich die Brooklyn Historical Society, die eine Bibliothek und ein sehenswertes kleines Museum zur Geschichte Brooklyns beherbergt und Dienstag bis Samstag von 12 bis 17 Uhr geöffnet ist. Wir kehren um und gehen zur Willow Street zurück, in die wir rechts einbiegen.

❽ Haus von Arthur Miller
155 Willow Street

Das Haus Nr. 155 dieser wunderschönen, ca. 1829 erbauten Häuserreihe gehörte Arthur Miller von 1951 bis 1956. Eine Tafel weist nicht auf den Dramatiker hin, sondern auf die Untergrundpassage, die einst von der Nr. 159 zu den ehemaligen Ställen führte. Diese wurde erhellt von einer in die Straße eingelassenen Glasfläche, die wir vor dem Haus Nr. 157 betrachten können.

Beachtenswert auf der gegenüberliegenden Straßenseite sind die Häuser Nr. 108 bis 112 im sogenannten Queen-Anne-Stil, der zwischen 1880 und 1900 en vogue war. Türmchen, Giebel, kleine Balkons in allen möglichen Formen und unter Verwendung verschiedenster Materialien lassen

Willow und Poplar Street, Brooklyn, 1936

Familie Miller, Willow Street, 1953

diese originellen Gebäude wie aus einem Märchenbuch entsprungen erscheinen.

An der Clark Street biegen wir links ab. Das eindrucksvolle Gebäude Willow / Ecke Clark Street ist das ehemalige luxuriöse Towers Hotel, das berühmt war wegen seiner vier nachts angestrahlten Türme. Heute ein Apartmenthaus, gehört es wie das Bossert Building zum Besitz der Zeugen Jehovas. Wir biegen links in Columbia Heights ein.

⑨ Wohnung von Henry Ward Beecher 176 Columbia Heights

In diesem Haus wohnte Henry Ward Beecher (1813–1887) von 1851 bis 1855. Ein brillanter Geistlicher und Rhetoriker, predigte er in der Ply-mouth Church of the Pilgrims in der Orange Street, die wir noch sehen werden. Wie seine Schwester Harriet Beecher Stowe (1811–1896), die 1852 mit *Uncle Tom's Cabin* (dt. *Onkel Toms Hütte*) den erfolgreichsten Roman des letzten Jahrhunderts schrieb, trug auch er mit unzähligen Reden, Vortragsreisen und Buchveröffentlichungen wesentlich zur Abschaffung der Sklaverei bei.

Wir kehren um und gehen weiter Richtung Norden.

⑩ Haus von Norman Mailer 142 Columbia Heights

Dieses Brownstone Haus kaufte Norman Mailer 1962 und bezog es mit seiner dritten Ehefrau, Lady Jeanne Campbell. Eine kleine Pyramide – die Spitze des verglasten Giebels, der das Dach durchstößt – ist der extravagante Höhepunkt dieses Lofts, das Mailer wie das Vorderdeck eines Schiffes gestaltet hat. Kletterseile, Trapeze, Leitern, Stege und Netze verbinden die verschiedenen Ebenen miteinander.

Seiner »Heimkehr« nach Brooklyn Heights waren zwei turbulente und skandalträchtige Jahre vorangegangen. Am 19. November 1960 hatte Mailer anläßlich seiner Kandidatur für das Bürgermeisteramt um die 200 Gäste zu einer Party in seine Wohnung auf der Upper West Side (250 West 94th Street) geladen, auf der er sich in kürzester Zeit betrank und aggressiv wurde. Im Morgengrauen endete das Fest in einem gewalttätigen Desaster: Mailer stach mit einem Messer auf seine Frau Adele Morales ein, die

schwerverletzt ins Krankenhaus eingeliefert wurde. Mailer wurde verhaftet
und sodann in die Psychiatrie über-
wiesen; bevor es zur Gerichtsverhand-
lung kam, zog Adele die Klage zurück.
Nichtsdestoweniger ließ sie sich im
darauffolgenden März scheiden, und
Mailer wurde zu einer geringen Be-
währungsstrafe verurteilt. Obwohl er
große literarische und auch finanzielle
Erfolge erzielte mit *The Naked and the*

Norman Mailer, Brooklyn Heights

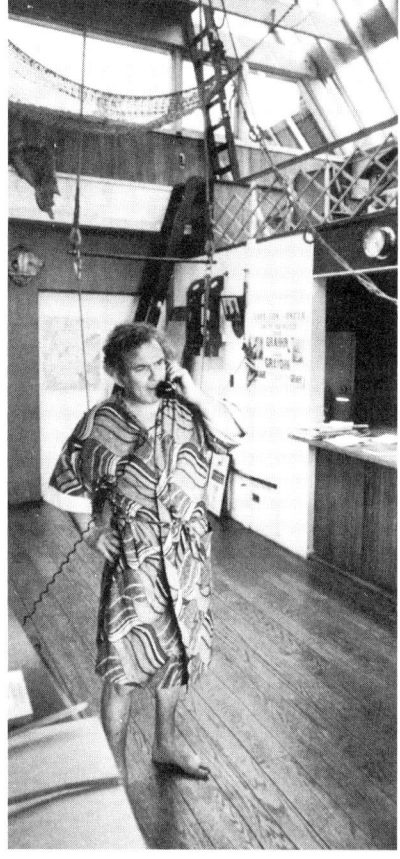

Dead und *Armies of the Night* (1969;
dt. *Heere aus der Nacht)*, das mit dem
Pulitzer Prize ausgezeichnet wurde,
sah er sich 1979 aufgrund finanzieller
Schwierigkeiten gezwungen, die unte-
ren beiden Etagen seines Hauses hier
in Brooklyn Heights zu verkaufen;
allein die Unterhaltszahlungen für fünf
geschiedene Ehefrauen und zu jener
Zeit sechs Kinder (inzwischen sind es
mindestens acht) beliefen sich auf jährlich 93 000 Dollar. 1980 wurde Mailer
mit einem zweiten Pulitzer Prize für
The Executioner's Song ausgezeichnet,
und seither ist das Enfant terrible der
amerikanischen Literaturszene schul-
denfrei. Mailers letztes Buch, *The
Gospel According to the Son,* in dem
er die Evangelien aus der Sicht von Je-
sus Christus erzählt, erschien im Frühjahr 1997. Daß er als Erzählstruktur
die Ich-Perspektive wählte, brachte
Mailer von seiten der Presse zahlreiche
hämische Seitenhiebe ein.

**⓫ Wohnungen von
Washington Roebling und
Hart Crane
ehemals 110 Columbia Heights**
Wo sich zwischen Orange und Cran-
berry Street jetzt eine freie Fläche mit
Blick auf Manhattan befindet, stand
einmal das Haus Nr. 110, von dem
aus Washington Roebling (1837–
1926) den Bau der Brooklyn Bridge
überwachte. 1867 von dem deutsch-
stämmigen Architekten John A. Roebling entworfen, der während der Pla-
nungsphase eine Verletzung erlitt, die
zu seinem Tod ein Jahr vor Beginn der
Bauarbeiten führte, wurde das Projekt

**Hart Crane auf dem Dach von 110 Columbia Heights.
Im Hintergrund die Brooklyn Bridge**

von seinem Sohn Washington als Bauingenieur betreut. Er wurde ebenfalls verletzt und konnte den Bau lediglich von seinem Fenster aus mit Hilfe von Fernglas und Teleskop im Auge behalten. Am 24. Mai 1883 schließlich wurde die Brooklyn Bridge eröffnet. Das bedeutende und zukunftsweisende Ereignis wurde überschattet, als nur sechs Tage später das erste Unglück geschah: Eine Frau rutschte auf den Stufen der Brücke ab, und ihre Schreie lösten eine Panik aus, bei der 12 Menschen starben.

Hart Crane fand 1924 durch die Vermittlung eines Freundes ein Zimmer im Haus Nr. 110. Seine Faszination an der Brooklyn Bridge wuchs ins Unermeßliche und bekam geradezu einen mythischen Touch, da er sich irrtümlich in den Kopf gesetzt hatte, daß in demselben Zimmer, das er mietete, Washington Roebling gewohnt hatte. Crane schwärmte: »So oft man auf den Hafen und über den Fluß auf die New Yorker Skyline blickt, so oft verändert sie sich, und die Variationsbreite atmosphärischer Effekte ist schier unendlich. Aber in der Dämmerung, an einem nebligen Abend... es ist unbeschreiblich... Und zur Rechten die Brooklyn Bridge, die sicherlich außerordentlichste Konstruktion der modernen Welt, mit ihren Lichterketten wie Glühwürmchen...«

Wir gehen durch die Orange Street bis Willow Street und biegen rechts ab.

⓬ Wohnung von Truman Capote 70 Willow Street

In dieses schöne Haus im Greek Revival Style, das 1839 erbaut wurde und dem Bühnenbildner Oliver Smith (1918–1994) gehörte, zog Truman Capote (1924–1984) Ende der fünfziger Jahre. Er wohnte im Souterrain in drei Räumen, von denen aus er direkten Zugang zum Garten hatte. Hier schrieb er *Breakfast at Tiffany's* (1958; dt. *Frühstück bei Tiffany*) und

In Cold Blood (1966; dt. *Kaltblütig*). In seiner Essaysammlung *The Dogs Bark* (dt. *Wenn die Hunde bellen*) erinnerte er sich: »[Das Haus] hatte achtundzwanzig hohe, wohlproportionierte Zimmer und achtundzwanzig funktionierende marmorverkleidete Kamine. Eine herrliche Treppe erhob sich in weißen, schwangleichen Bogen bis hinauf zu einem Oberlicht aus sonnenhellem bernsteingoldnem Glas. Schöne Böden aus hartem, spiegelndem Holz; und die Wände! 1820, als das Haus erbaut wurde, wußten die Leute Wände zu mauern – dick wie ein Büffel, undurchlässig für die größte Kälte, die mörderischste Hitze. Hohe Glastüren führten auf eine geräumige Veranda, die an Louisiana erinnerte... Wir sprachen im

Truman Capote und Marilyn Monroe, 1954

Dämmerlicht, mein Freund und ich. Wir saßen auf der Veranda und tranken Martinis – ich drängte ihn, noch einen zu trinken und noch einen. Es wurde ziemlich spät, und dann begann er, die Dinge mit meinen Augen zu sehen: ja, achtundzwanzig Zimmer *waren* eine Menge; und ja, es schien nur *recht und billig*, daß er mir ein paar davon einräumte. Und so kam es, daß ich meinen Einzug in das gelbe Backsteinhaus in der Willow Street hielt.«

Vom Tor aus können wir einen Blick auf den Garten und auf eine Ecke der wunderschönen »Louisiana-Veranda« erhaschen. Durch die Pineapple und Hicks Street gehen wir zurück zur Orange Street, in die wir rechts einbiegen.

Walt Whitman

⓮ Plymouth Church of the Pilgrims
Orange Street

Wir werfen einen Blick auf die schon erwähnte Kirche, in der Henry Ward Beecher zwischen 1847 und 1887 predigte. Tausende von Anhängern setzten von Manhattan mit der Fähre über, um ihn zu hören. Seinen wirksamsten Auftritt hier hatte er, als er einmal ein Sklavenmädchen mitbrachte und – eine Sklavenauktion imitierend – an den Meistbietenden »versteigerte«, was dazu führte, daß die Gemeinde das Mädchen freikaufte. Eine Statue im Garten erinnert an Henry Ward Beecher.

Wir gehen bis zum Ende der Orange Street und biegen links ab.

⓮ Whitman Close
Town Houses
Cranberry / Ecke Henry Street

Wo jetzt die scheußliche kleine Wohnsiedlung steht, die an sich vielversprechend *Whitman Close Town Houses* heißt, befand sich bis 1964 ein winziges Gebäude. Hier war die Druckerei untergebracht, die Walt Whitmans (1819–1892) Gedichtsammlung *Leaves of Grass* (dt. *Grashalme*) setzte. Anonym und im Eigenverlag erschienen 1855 12 titellose Gedichte, die nach acht Auflagen auf nahezu 400 anwuchsen und 1891 in der Ausgabe letzter Hand veröffentlicht wurden. Walt Whitman wurde in Long Island geboren – kurioserweise am selben Tag wie Herman Melville (1819–1891), der in der Pearl Street im Wall Street Viertel das Licht der Welt erblickte und mit seinem Roman *Moby Dick* (1851) weltberühmt wurde.

Für beide Autoren verkörperte New York die Zukunft Amerikas. Während Melville jedoch eher pessimistisch und desillusioniert die Armut, den Schmutz und den Niedergang der aristokratischen Gesellschaftsordnung beklagte, feierte Whitman die Stadt leidenschaftlich als Konzentrat modernen Lebens, ohne dabei die düsteren Seiten zu verleugnen. Für den Dichter Whitman waren die Vereinigten Staaten selbst das größte aller Gedichte und New York als Zentrum unabdingbar für die politische und poetische Zukunft. Hans Sahl schrieb: »Walt Whitman war der erste, der die industrielle Welt als ein Stück menschengemachte Natur verstand. Er besang den Mythos der Technik, den Mythos der Massen und Maschinen. In seinen Hymnen sah er das amerikanische Zeitalter prophetisch voraus, um sich der Folgen einer zunehmenden Technologisierung und Mechanisierung des Daseins bewußt zu werden. Die Technik war eben für ihn gemeisterte Natur, und ein rauchender Schornstein konnte ihn ebenso begeistern wie blühender Flieder vor einem Hauseingang.«

Wir gehen vorbei an einer Filiale der Brooklyner Brauerei Park Slope Brewing Company und biegen links in die Middagh Street ein, eine der ältesten Straßen in Brooklyn Heights. An der Ecke Hicks Street bietet sich die Gelegenheit, in einem winzigen Self-Service-Café eine Pause einzulegen oder gleich gegenüber in dem kleinen

Secondhand-Buchladen Biblio Books zu stöbern, der allerdings nur samstags und sonntags von 13 bis 17 Uhr geöffnet ist. In der Middagh Street sind einige wunderschön erhaltene Holzhäuser aus Föderationszeiten zu bewundern – das Schmuckstück ist die Nr. 24, die Queen of Brooklyn Heights Houses, *erbaut 1824. Von der Willow Street aus werfen wir einen Blick in den Garten, in dem die Lieblingsweide Marianne Moores stand. Moore lebte von 1931 bis 1965 im Brooklyner Stadtteil Fort Greene, machte jedoch häufige Abstecher nach Brooklyn Heights. Rechter Hand sehen wir den Watchtower, das Zentrum der Zeugen Jehovas.*

⓯ Ehemals 7 Middagh Street

Obwohl das Gebäude, das uns interessiert, Ende der vierziger Jahre dem Brooklyn-Queens Expressway weichen mußte, sei es hier erwähnt, denn es beherbergte ein erstaunliches Konglomerat an Schriftstellern, Künstlern und Musikern. 1940 kaufte George Davis, Literaturredakteur bei *Harper's Bazaar* und zweiter Ehemann von Lotte Lenya, das vierstöckige Brownstone Haus 7 Middagh Street. Er vermietete je ein Stockwerk an W. H. Auden und Carson McCullers (1917–1967), der im selben Jahr der literarische Durchbruch mit ihrem Roman *The Heart is a Lonely Hunter* (dt. *Das Herz ist ein einsamer Jäger*) gelang. Auden gab seine Wohnung in der Montague Terrace auf und übernahm als »Pater familias« – wie Golo Mann ihn nannte – die Organisation des

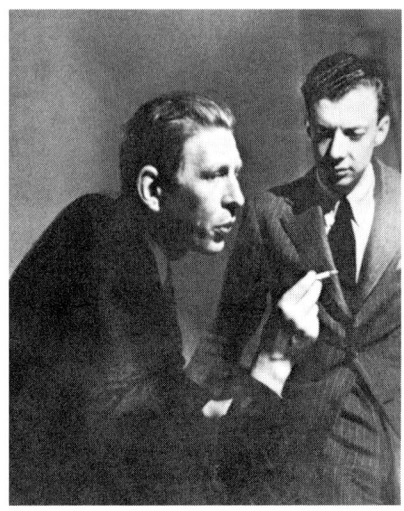

W. H. Auden und Benjamin Britten, 1941

Haushalts. Bald schon entwickelte sich das Haus zu einer Art offenen Wohngemeinschaft. Zu unterschiedlichen Zeiten wohnten Jane und Paul Bowles hier, Oliver Smith, Richard Wright mit Frau und Tochter, Benjamin Britten und Golo Mann sowie Gypsy Rose Lee, Stripteasetänzerin und Autorin eines zweifelhaften Kriminalromans. Zu den zahlreichen Gästen und Besuchern zählten u.a. Anaïs Nin, Salvador Dali, Leonard Bernstein und Christopher Isherwood. Die Abende wurden entweder bei einem gemeinsamen Dinner verbracht, oder man amüsierte sich in den Bars und Clubs in der nahen Sands Street, zu jener Zeit das St. Pauli Brooklyns. Das Zusammenleben ging nicht ohne Reibereien ab; Auden ärgerte sich über Paul Bowles' stalinistische Einstellungen, Paul Bowles fühlte sich gestört von Benjamin Brittens Klavier-

spiel, und Richard Wright kam zu der Überzeugung, daß die Umgebung ungeeignet für ein Kind sei, und zog aus. Endgültig beendet wurde dieser Versuch kreativen Zusammenlebens 1945 durch den Abriß des Hauses.

Wir überqueren den Highway und gehen Columbia Heights entlang hinunter bis zur Old Fulton Street (Cadman Plaza).

⓰ Eagle Warehouse & Storage Company 28 Cadman Plaza

Rechter Hand sehen wir das gewaltige Gebäude der Eagle Warehouse & Storage Company, an dem eine Tafel an Walt Whitman erinnert. Bevor das heutige Gebäude 1893 errichtet wurde, stand hier von 1841 bis 1892 das Bürogebäude vom *Brooklyn Eagle*,

Carson McCullers

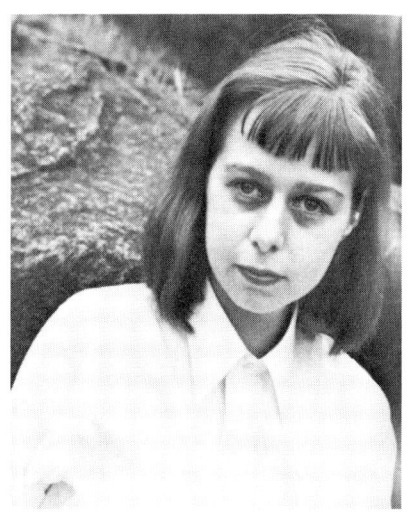

einer Zeitung, für die Whitman zwei Jahre lang als Redakteur arbeitete. Aufgrund seiner Ablehnung der Sklaverei, aus der er keinen Hehl machte, wurde er 1848 hinausgeworfen. Brooklyn war zur Zeit Whitmans noch eine unabhängige Stadt und Manhattan nur mit der Fulton Ferry zu erreichen, deren Betrieb erst 1924 (41 Jahre nach Eröffnung der Brooklyn Bridge) eingestellt wurde. Whitman nutzte die Fähre regelmäßig und setzte ihr in seinem Gedicht *Crossing Brooklyn Ferry* (dt. *Auf der Brooklyn Fähre*) ein Denkmal. Zwei Verse, die auf der Tafel am Eagle Warehouse eingraviert sind, erinnern uns daran, daß wir trotz aller Veränderungen und bei aller zeitlichen und örtlichen Distanz gut und sicher aufgehoben sind in den Worten der Dichter: »Ich bin mit euch, ihr Männer und Frauen einer Generation oder Generationen nach mir, / Just wie ihr fühlt, wenn ihr auf Fluß oder Himmel blickt, so fühlte auch ich.«

Wir gehen hinunter zum Wasser und befinden uns im Fulton Ferry District, dem ältesten Teil Brooklyns, wo bereits 1642 die ersten Boote anlegten.

⓱ The River Café
1 Water Street

Am Ende der Old Fulton Street, auf einem ehemaligen Anlegesteg, befindet sich The River Café – ein nicht billiges, aber wunderschönes Café-Restaurant, von dem aus wir einen überwältigenden Blick auf die Skyline von Manhattan haben und wo wir uns – falls das Wetter es erlaubt – einen Kaf-

fee auf der Terrasse gönnen sollten. Nach einer Pause nehmen wir den letzten Teil unseres Spaziergangs in Angriff: Wir gehen an der Brooklyn Bridge entlang zurück, unterqueren die Brücke und betreten sie über die Treppe, die sich rechter Hand an der Kreuzung Prospect Street / Cadman Plaza E. befindet. Der 20minütige Spaziergang auf Manhattan zu ist unvergeßlich und ein schöner Abschluß unserer literarischen Exkursionen. Das letzte Wort soll Arthur Miller haben, der 1970 in einem Interview über die Brooklyn Bridge sagte: »Sie war ästhetisch so ansprechend, ein solch wundervolles Modell dafür, wie etwas Nützliches zugleich wunderschön sein konnte. Sie schien das Versprechen zu beinhalten, daß wir eine Gesellschaft schaffen könnten, die funktionieren würde und zugleich inspirierend wäre. Sie ist das bewundernswerteste Konstrukt, das ich kenne.«

Brooklyn Bridge, 1936. Foto: B. Abbott

Quellennachweis

Agoston, Gerty: Vortragsabend im Goethe-Haus. In: Staatszeitung, 15. Juni 1962. o.S. *S. 136*

Aufbau, 26. 12. 1941 *S. 23*

Auster, Paul: Die New York-Trilogie © 1989 by Rowohlt Tschenbuch Verlag GmbH, Reinbek. S. 97. *S.163f.*

Bachmann, Ingeborg: Gedichte, Erzählungen, Hörspiel, Essays. München 1981. S. 199f. (© Piper Verlag GmbH, München 1978) *S. 97*

Baldwin, James: Eine andere Welt. Darmstadt 1967. S. 15. *S. 187*

Barnes, Djuna: New York – Geschichten und Reportagen aus einer Metropole © 1987 by Klaus Wagenbach Verlag, Berlin. S. 10; 14; 25. *S. 66; 61f.; 67*

Barnes, Djuna: Portraits © 1985 by Klaus Wagenbach Verlag, Berlin. S. 103. *S. 62f.*

Beauvoir, Simone de: Amerika – Tag und Nacht © 1988 by Rowohlt Taschenbuch Verlag GmbH, Reinbek. S. 37; 38f.; 306. *S. 171; 171; 30*

Bellow, Saul: Mr. Sammlers Planet © 1971 Verlag Kiepenheuer & Witsch, Köln. S. 89. *S. 163*

Benedict, Stewart (Ed.): The Literary Guide to the United States. New York 1981. S. 29. *S. 180*

Berlau, Ruth: Brechts Lai-Tu – Erinnerungen und Notate. Hg. v. Hans Bunge. © 1985 by Hermann Luchterhand Verlag GmbH & Co. KG, Darmstadt/Neuwied. Jetzt Luchterhand Literaturverlag GmbH, München. S. 165. *S. 123*

Bishop, Elizabeth: One Art – Letters. Ed. by Robert Giroux. New York 1994. S. 25. *S. 36*

Brown Claude: Im gelobten Land – Eine Jugend in Harlem. München 1966. S. 8. *S. 190*

Capote, Truman: Wenn die Hunde bellen © 1987 by Limes Verlag, München. S. 114f.; 134. *S. 203f.; 111f.*

Cate, Curtis: Antoine de Saint-Exupéry. London 1970. S. 483. *S. 113*

Cowley, Malcolm: Exile's Return. New York 1994. S. 47. *S. 9*

DiPrima, Diane: Memoirs of a Beatnik. New York 1969. S. 69. *S. 82*

Dos Passos, John: Die schönen Zeiten. Reinbek 1969. S. 106; 163. *S. 65; 61*

Dos Passos, John: Manhattan Transfer. Frankfurt/M. 1948. S. 413. *S. 61*

Edmiston, Susan und Linda D. Cirino: Literary New York – A History and Guide. Peregrine Smith Books 1991. S. 1; 43; 66; 68; 83; 139; 189; 230; 276; 293; 299f.; 300; 344; 346. *S. 6; 58; 22; 20; 110; 91f.; 126; 113; 176; 173; 185; 185; 303; 207*

Farr, Finis: O'Hara – A Biography. Boston 1973. S. 156. *S. 116*

Fitzgerald, F. Scott: Der groe Gatsby. Berlin 1953. S. 85f. (© 1974 by Diogenes Verlag AG, Zürich) *S. 120*

Frisch, Max: Brief an Kurt Hirschfeld (2. 12. 1951). Kurt-Hirschfeld-Collection, Leo Baeck Institute, New York. *S. 34*

Frisch, Max: Montauk © 1975 by Suhrkamp Verlag, Frankfurt/M. S. 19; 26. *S. 27; 34*

Frisch, Max: Die Tagebücher 1946–1949/ 1966–1971. Frankfurt/M. 1983. S. 754. *S. 5*

García Lorca, Federico: Poet in New York. New York 1995. S. XIX. *S. 5*

Gert, Valeska: Ich bin eine Hexe. München 1968. S. 91. *S. 29*

Gill, Brendan: Introduction. In: The Portable Dorothy Parker. New York 1976. S. XXVI. *S. 108*

Graf, Oskar Maria: Die Flucht ins Mittelmäige. München 1976. S. 9. (© 1994 Paul List Verlag, München) *S. 155*

Harris, William J. (Ed.): The LeRoi Jones / Amiri Baraka Reader. New York 1991. S.XXV. *S. 182*

Hirschfeld, Kurt: Brief an Friedrich Luft (18. 12. 1951). Kurt-Hirschfeld-Collection, Leo Baeck Institute, New York. *S. 27*

Holmes, John C.: This is the Beat Generation. New York Times Magazine, 16. 11. 1952. In: Fred W. McDarrah: Kerouac & Friends – A Beat Generation Album. New York 1985. S. 22. *S. 86*

Johnson, Joyce: Warten auf Kerouac – Ein Leben in der Beat-Generation. München 1997. S. 200f. *S. 148*

Johnson, Uwe: Jahrestage © 1988 by Suhrkamp Verlag, Frankfurt/M. S. 93; 548; 1210; 1454. *S. 29; 159/161; 165; 29*

Jones, Hettie: How I became Hettie Jones. New York 1990. S. 17; 45; 163. *S. 25; 47f., 81*

Kaléko, Mascha: Der Gott der kleinen Webfehler. Düsseldorf 1977. S. 34; 40; 46. (© 1981 by arani-Verlag, Berlin) *S. 29; 50f.; 28; 155*

Kaléko, Mascha: Verse für Zeitgenossen. Hamburg 1958. S. 61. *S. 50f.*

Kalstone, David: Becoming a Poet: Elizabeth Bishop with Marianne Moore and Robert Lowell. New York 1989. S. 18. *S. 37*

Keats, John: You Might as Well Live – The Life and Tim of Dorothy Parker. New York 1970. S. 70. *S. 102*

Kesten, Hermann: Dichter im Café. München/ Wien/Basel 1959. S. 331. *S. 165f.*

Koeppen, Wolfgang: Amerikafahrt © 1982 by Suhrkamp Verlag, Frankfurt/M. S. 39f. *S. 142*

Londré, Felicia H.: Tennessee Williams. New York 1979. S. 22. *S. 118*

McCarthy, Mary: Intellectual Memoirs. New York 1992. S. 11; 47; 62. *S. 112; 33; 33f.*

Mann, Klaus: Der Wendepunkt. München 1976. S. 391; 392; 400; 406; 408; 433. (© 1989 by Rowohlt Verlag GmbH, Reinbek) *S. 99; 99f.; 68f.; 110; 98; 99*

Mann, Erika und Klaus: Escape to life: deutsche Kultur im Exil. München 1991. S. 325. (© 1992 by Rowohlt Verlag, GmbH, Reinbek) *S. 67*

Miller, Arthur: Zeitkurven. © Arthur Miller 1987. Copyright der dt. Ausgabe © S.Fischer Verlag GmbH, Frankfurt/M. 1987. S. 187. *S. 198*

Miller, Henry: Plexus. Reinbek 1997. S. 7. *S. 193*

Miller, Henry: Reise nach New York. Zürich-Hamburg 1996. S. 12. *S. 194*

Mitchell, Joseph: Up in the Old Hotel. New York 1992. S. 3. *S. 94*

Molesworth, Charles: Marianne Moore – A Literary Life. New York 1990. S. 135; 151. *S. 21; 20*

Nin, Anaïs: Das Kindertagebuch 1914–1919 © 1981 by nymphenburger in der F. A. Herbig Verlagsbuchhandlung GmbH, München. S. 98; 265. *S. 153; 153f.*

Nin, Anaïs: Die Tagebücher 1944-1947 © 1977 by nymphenburger in der F. A. Herbig Verlagsbuchhandlung GmbH, München. S. 12; 115f. *S. 72; 142*

O'Connell, Shaun: Remarkable, Unspeakable New York. Boston 1995. S. 5; 61; 136; 144; 150; 153; 173; 178; 179; 202; 266; 271. *S. 6; 59; 61; 28; 59; 39; 174; 10; 186f.; 108; 90*

Osborne, Charles: W. H. Auden. The Life of a Poet. New York 1979. S. 194. *S. 197*

Peter, Frank-Manuel: Valeska Gert. Berlin 1985. S. 7. *S. 24*

Petry, Ann: The Street. New York 1991. S. 229. *S. 173f.*

Plath, Sylvia: Die Glasglocke © 1968 by Suhrkamp Verlag, Frankfurt/M. S. 7. *S. 130*

Poe, Edgar Allen: Leben und Treiben in Gotham. Frankfurt/M./Berlin 1980. S. 36. *S. 14; 54*

Sahl, Hans: Das Exil im Exil © 1990 Luchterhand Literaturverlag GmbH, Frankfurt/M. Jetzt: München. S. 74; 147; 130. *S. 146; 125; 150*

Sahl, Hans: Memoiren eines Moralisten. Zürich 1983. S. 58 (© 1990 by Luchterhand Literaturverlag GmbH, Frankfurt/M. Jetzt: München) *S. 205*

Sahl, Hans: Die Wenigen und die Vielen – Roman einer Zeit. Frankfurt 1959. S. 13; 283. (© 1991 Luchterhand Literaturverlag GmbH, München) *S. 158; 158*

Schebera, Jürgen: Kurt Weill – Eine Biographie in Texten, Bildern und Dokumenten. Leipzig 1990. S. 237. *S. 127*

Schwarz, Egon und Matthias Wegner: Verbannung. Aufzeichnungen deutscher Schriftsteller im Exil. Hamburg 1964. S. 141; 181. *S. 162; 152*

Sexton, Andrea W. und Alice L. Powers (Ed.): The Brooklyn Reader – Thirty Writers Celebrate America's Favorite Borough. New York 1994. S. 161. *S. 193*

Singer, Isaac B.: A Friend of Kafka and Other Stories. New York 1970. S. 78. *S. 157f.*

Souhami, Diana: Gertrude and Alice. London 1991. S. 207. *S. 102*

Stein, Gertrude: Autobiographie von Alice B. Toklas. Zürich-Hamburg 1996. S. 279. *S. 19*

Stein, Gertrude: Q.E.D. © 1990 by Suhrkamp Verlag, Frankfurt/M. S. 65. *S. 162*

Steinbeck, John: Making of a New Yorker. New York Times Magazine, 1. 2. 1953. S. 27; 66. *S. 114; 114f.*

Stromberg, Kyra: Djuna Barnes – Leben und Werk einer Extravaganten © 1989 by Klaus Wagenbach Verlag, Berlin. S. 8; 148. *S. 65; 66f.*

Taylor, Welford D.: Sherwood Anderson. New York 1977. S. 1. *S. 20*

Thompson, Dorothy: Kassandra spricht. Antifaschistische Publizistik 1932–1942. Leipzig 1988. S. 40f. *S. 109*

Torberg, Friedrich: Die Tante Jolesch oder Der Untergang des Abendlandes in Anekdoten. München 1975. S. 233f. *S. 162*

Wakefield, Dan: New York in the 50s. Boston/New York 1992. S. 154. *S. 38*

Watson, Steven: The Harlem Renaissance. New York 1995. S. 11; 17; 34; 37; 39; 49; 69; 78; 80; 165. *S. 10; 175; 180; 181; 181; 178; 172f.; 182; 182; 188*

Whitman, Walt: Auf der Brooklyn Fähre. Berlin/Frankfurt/M. 1949. S. 27. *S. 207*

Wolfe, Thomas: Briefe an die Mutter. München 1949. S.427f. (© Estate of Thomas Wolfe, Paul Gitlin, New York) *S. 195f.*

Wolfe, Thomas: Es führt kein Weg zurück. Hamburg 1950. S. 10. *S. 40*

Literaturhinweise

Amacher, Richard E.: Edward Albee. Revised Edition, Boston 1982.

Asimov, Isaac: A Memoir. New York 1994.

Bair, Deirdre: Anais Nin – A Biography. New York 1995.

Bauer, Gerhard: Oskar Maria Graf. München 1994.

Benstock, Sheri: Women of the Left Bank. University of Texas Press 1986.

Beard, Rick, and Berlowitz, Leslie C. (Ed.): Greenwich Village – Culture and Counter Culture. New York 1993.

Bergreen, Lawrence: James Agee – A Life. New York 1984.

Brightman, Carol: Writing Dangerously – Mary McCarthy and Her World. New York 1992.

Brittin, Norman A.: Edna St. Vincent Millay. Boston 1982.

Cazden, Robert E.: German Exile Literature in America 1933–1950. American Library Association 1965.

Clarke, Gerald: Truman Capote – A Biography. New York 1988.

Corso, Gregory: Mindfield. New York 1989.

Dolkart, Andrew S. und Sorin, Gretchen S.: Touring Historic Harlem – Four Walks in Northern Manhattan. New York 1997

Ellison, Ralph: Der unsichtbare Mann. Zürich 1995.

Estang, Luc: Antoine de Saint-Exupéry. Hamburg 1958.

Ferguson, Robert: Henry Miller – A Life. New York 1991.

Field, Andrew: Djuna – The Formidable Miss Barnes. Texas 1985.

Fitch, Noël Riley: Anaïs – The Erotic Life of Anaïs Nin. Boston 1993.

Freyermuth, Gundolf S.: Reise in die Verlorengegangenheit – Auf den Spuren deutscher Emigranten (1933-1940). Hamburg 1990.

Frewin, Leslie: The Late Mrs. Dorothy Parker. New York 1986.

Gelb, Arthur und Barbara: O'Neill. New York 1962.

Graf, Oskar Maria: Briefe aus dem Exil. Hg. von Rita Eckert und Werner Berthold. Frankfurt/M. 1978.

Hapkemeyer, Andreas: Ingeborg Bachmann. Bilder aus ihrem Leben. München 1983.

Hartenstein, Elfi: Heimat wider Willen. Berg am See 1991.

Heide, Robert und John Gilman: Greenwich Village. New York 1995.

Heuer, Wolfgang: Hannah Arendt. Reinbek 1987.

Horwitz, Larry W.: New York City Starwalks. New York 1993.

Hurston, Zora Neale: Dust Tracks on a Road. London 1986.

James, Henry: Die Erbin vom Washington Square. Zürich 1956.

Kerouac, Jack: On the Road. New York 1991.

Knopf Guides, New York. New York 1994.

Knudson, R. R.: The Wonderful Pen of May Swenson. New York 1993.

Knudson, R. R. und Suzanne Bigelow: May Swenson – A Poet's Life in Photos. Utah State University Press 1996.

Kresh, Paul: Isaac Bashevis Singer – The Magician of West 86th Street. New York 1979.

Leeming, David: James Baldwin. New York 1994.

Lewis, David L.: When Harlem Was in Vogue. New York 1981.

Long, Robert Emmet: John O'Hara. New York 1983.

Mann, Klaus und Erika: Bilder und Dokumente. Katalogbuch. München 1990.

Martin, Jay: Nathanael West – The Art of His Life. New York 1970.

Mills, Hilary: Mailer – A Biography. New York 1982.

Mizener, Arthur: F. Scott Fitzgerald. New York 1972.

Moore, Jack B.: Maxwell Bodenheim. New York 1970.

Morrison, Toni: Jazz. Reinbek 1993.

Neumann, Bernd: Uwe Johnson. Hamburg 1994.

O'Hara, John: Butterfield 8. New York 1982.

O'Neal, Hank: »Life is painful, nasty and short... in my case it has only been painful and nasty.« Djuna Barnes 1978–1981. New York 1990.

Pfanner, Helmut F.: Exile in New York – German and Austrian Writers after 1933. Detroit 1983.

Rollyson, Carl: Lillian Hellman – Her Legend and Her Legacy. New York 1988.

Root Jr., Robert L. (Ed.): Critical Essays on E. B. White. New York 1994.

Rukeyser, Muriel: Out of Silence. Illinois 1994.

Salinger, J. D.: Der Fänger im Roggen. Köln 1962.

Sanders, Marion K.: Dorothy Thompson – A Legend in Her Time. Boston 1973.

Showalter, Elaine, Baechler, Lea, and Walton Litz, A. (Ed.): Modern American Women Writers, Profiles of Their Lives and Works – From the 1870s to the Present. New York 1991.

Spoto, Donald: Die Seeräuber-Jenny – Das bewegte Leben der Lotte Lenya. München 1990.

Tillery, Tyrone: Claude McKay – A Black Poet's Struggle for Identity. The University of Massachussets Press 1992.

Tremlett, George: Dylan Thomas – In the Mercy of His Means. New York 1991.

Watson, Steven: The Birth of the Beat Generation. New York 1995.

White, E. B., Letters. Ed. by Dorothy L. Guth. New York 1976.

White, Norval und Elliot Willensky: AIA Guide to New York City. New York 1988.

The WPA Guide to New York City. New York 1992 (Reprint von 1939).

Wright, Carol von Pressentin: Blue Guide New York. 2. Aufl. London/New York 1991.

Zoch-Westphal, Gisela: Die sechs Leben der Mascha Kaléko. Berlin 1987.

Bildnachweis

Aus: Abbott, Berenice: New York in the Thirties. New York: Dover Publications 1973 (© 1967 by Berenice Abbott) S. 15, 45, 64, 77, 207; S. 42 – Allen Ginsberg Collection, New York S. 89 oben – Aus: Alpern, Andrew: Luxury Apartment Houses of Manhattan. An Illustrated History. New York: Dover Publication, Inc. 1992 (© 1992 by Andrew Alpern) S. 75, 132, 147, 149, 150 oben – Gudrun Arndt S. 30, 141 – Aus: Bair, Deidre: Anaïs Nin. A Biography. New York: G. P. Putnam's Sons 1995 S.73 (Anaïs Nin Trust) – Aus: Bauer, Gerhard: Gefangenschaft und Lebenslust. Oskar Maria Graf in seiner Zeit. München: Süddeutscher Verlag 1987 S. 155 – Aus: Beaux-Arts Architecture in New York. A Photographic Guide. Photographs by Edmund V. Gillon, Jr. Text by Henry Hope Reed. Mineola: Dover Publications 1988 S. 2, 95 – Aus: Beard, Rick, and Berlowitz, Leslie Cohen (Ed.): Greenwich Village. Culture and Counterculture. New Brunswick, New Jersey: Rutgers University Press 1993 S. 9, 62 (Museum of the City of New York), 63 (Yale Collection of American Literature, Beinecke Rare Book & Manuscript Library, Yale University), 74 unten (Special Collections, University of Maryland at College Park Libraries), 87, 88 unten (Allen Ginsberg Archive) – Aus: Bengel, Michael (Hg.): Johnsons »Jahrestage«. Materialien. Frankfurt/M.: Suhrkamp Verlag 1985 S. 160 (Uwe Johnson Archiv) – Aus: Benstock, Shari: No Gifts From Chance. A Biography of Edith Wharton. New York: Charles Scrib-

ner's Sons 1994 S. 57 (The Lilly Library, Indiana University, Bloomington, Indiana) – Aus: Berlau, Ruth: Brechts Lai-Tu. Erinnerungen und Notate. Hg. von Hans Bunge. Darmstadt/Neuwied: Hermann Luchterhand Verlag 1985 S. 123 (Archiv Hans Bunge) – Aus: Billeter, Erika: Amerika Fotografie 1920–1940. Bern: Benteli Verlag/Kunsthaus Zürich 1979 Cover, S. 199 (Berenice Abbott, Lunn Gallery / Graphics International Ltd.), 21 (George Platt-Lynes, Courtesy Sonnabend Gallery, New York) – Aus: Clarke, Gerald: Capote. A Biography. London: Hamish Hamilton 1988 S. 111, 203 – Chris Corpus S. 185 – Culver Pictures S. 28, 60, 138 unten – Aus: Davis, Keith F.: The Passionate Observer. Photographs by Carl Van Vechten. Kansas City: Hallmark Cards, Inc. 1993 S. 56 oben (© Carl Van Vechten, mit freundl. Gen. v. Joseph Solomon, executor of the artist's estate) – Aus: Deas, Michael J.: The Portraits and Daguerreotypes of Edgar Allan Poe. Charlottesville: University Press of Virginia 1988 S. 54 (Brown University Library) – Aus: Deschodt, Eric: Saint-Exupéry. Biographie. Paris: J.-C. Lattès 1980 S. 112 – Deutsches Literaturarchiv, Marbach a.N. S. 51 – Aus: Dolkart, Andrew S., and Sorin, Gretchen S.: Touring Historic Harlem. Four Walks in Northern Manhattan. New York: New York Landmarks Conservancy 1997 S. 10 (Brown Brothers), 11 oben (Corbis-Bettmann), 176 (New York Public Library, Astor, Lenox and Tilden Foundations, Austin Hansen Collection), 184 (Frank Driggs Collection), 188 (Schomburg Center for Research in Black Culture, New York Public Library, Astor, Lenox and Tilden Foundations) – Aus: Donald, David Herbert: Look Homeward. A Life of Thomas Wolfe. London: Bloomsbury 1987 S. 40 (Doris Ulmann, Courtesy of Pamely Rankin-Smith), 41 (Carl Van Vechten Collection, Beinecke Library, Yale University), 196 (Disreali Films) – Aus: Edmiston, Susan, and Cirino, Linda D.: Literary New York. A History and Guide. Boston: Houghton Mifflin Company 1976 S. 7 (Courtesy of Frances Steloff), 22 (University of Pennsylvania Library), 31 (National Gallery of Art, Washington, Gift of Marian B. Maurice), 39 (Columbia Collection, Columbia University), 43 (Bunny Adler), 48 (Helen Levitt), 53 (Tilden Foundations), 55 (Culver Pictures), 59 (Courtesy of The New-York Historical Society), 65 (Marion Morehouse), 109 (Ralph Crane – Black Star), 137 (F. Roy Kemp), 157 (Nancy Crampton), 175 (Schomburg Center for Research in Black Culture, The New York Public Library, Astor, Lenox and Tilden Foundations), 201 (Bob Petersen), 202 (Columbia University Libraries) – Aus:

Feininger, Andreas: New York in the Forties. Weingarten: Kunstverlag Weingarten 1995 S. 17, 121, 191 – Aus: Goertz, Heinrich: Erwin Piscator in Selbstzeugnissen und Bilddokumenten. Reinbek b. Hamburg: Rowohlt Taschenbuch Verlag 1974 S. 134 (Jordan Photo, Washington) – Goethe-Institut, New York S. 136 – John Gruen S. 90 – Aus: Hapkemeyer, Andreas (Hg.): Ingeborg Bachmann. Bilder aus ihrem Leben. Mit Texten aus ihrem Werk. München/Zürich: R. Piper & Co. 1983 S. 97 (Ingeborg Bachmann-Erben, Klagenfurt) – Aus: Hartenstein, Elfi: Heimat wider Willen. Emigranten in New York. Begegnungen. Fotografiert v. Thomas K. Müller. Berg am See: Verlagsgemeinschaft Berg 1991 S. 140 unten, 145, 150 unten – Aus: Hauberg, Jo, Siati, Giuseppe de, und Ziemke, Thies (Hg.): Der Malik-Verlag 1916-1947. Chronik eines Verlages. Kiel: Neuer Malik Verlag 1986 S. 126, 140 – Aus: Hecht, Werner (Hg.): Brecht. Sein Leben in Bildern und Texten. Frankfurt/M: Suhrkamp Verlag 1978 S. 124 (Suhrkamp Archiv) – Aus: Herring, Phillip: Djuna. The Life and Work of Djuna Barnes. New York: Penguin Books 1995 S. 66 (Foto v. Marion Morehouse, University of Maryland at College Park Libraries) – Aus: Keats, John: You Might As Well Live. The Life and Times of Dorothy Parker. New York: Simon and Schuster 1970 S. 133 – Aus: Knight, Brenda: Women of the Beat Generation. The Writers, Artists and Muses at the Heart of a Revolution. Berkeley: Conari Press 1996 S. 25 oben (© James O. Mitchell), 86 oben (Allen Ginsberg, Fahey Klein Gallery) – © Stefan Kock, Hamburg S. 159 – Jill Krementz S. 163 – Aus: Die Kunst der Photographie. Stuttgart: Ernst Klett / Milano: Gruppo Editoriale Electa S.p.A. 1979 S. 83, 186 (Robert Frank) – Aus: Landsberg, Melvin: Dos Passos' Path to U.S.A. Boulder: The Colorado Associated University Press 1972 S. 61 – Library of Congress S. 93, 204 – Aus: A Literary Companion. Rohnert Park: Pomegranate 1997 (© Library of Congress) S. 38, 47, 58, 125, 173 – Aus: Lynn, Kenneth S., Hemingway. Eine Biographie. Reinbek b. Hamburg: Rowohlt Verlag 1989 S. 107 (Lloyd R. Arnold), 119 (Bettmann Archive) – Aus: Markun, Silvia: Ernst Bloch in Selbstzeugnissen und Bilddokumenten. Reinbek b. Hamburg: Rowohlt Taschenbuch Verlag 1977 S. 152 (Karola Bloch, Tübingen) – Aus: Marling, William: The American Roman Noir. Hammett, Cain, and Chandler. Athens/London: University of Georgia Press 1995 S. 138 oben – Aus: Mayerhöfer, Josef (Hg.): Berthold Viertel. Regisseur und Dichter (1885–1953). Wien: Österreichische Nationalbibliothek 1975 S. 156 –

Aus: McCarthy, Gerry: Edward Albee. London: MacMillan Publishers 1987 S. 35 (© Alix Jeffry, Harvard Theatre Collection) – Aus: McDarrah, Fred W.: Kerouac and Friends. A Beat Generation Album. New York: William Morrow and Company 1985 S. 37, 74 oben, 81, 82, 84, 89 unten – Rollie Mc Kenna S. 36 – Aus: Meade, Marion: Dorothy Parker. What Fresh Hell Is This? London: Heinemann 1987 S. 103 (The Hampden-Booth Theatre Library at the Players) – Aus: Miller, Arthur: Zeitkurven. Ein Leben. Frankfurt/M: S. Fischer Verlag 1987 S. 194 (© Dan Weiner), 200 (© Auro Roselli) – Aus: Morath, Inge: Portraits. New York: Aperture Foundation 1986 S. 34 – Aus: Nin, Anias: Das Kindertagebuch 1914-1919. Frankfurt/M.: Fischer Taschenbuch Verlag 1982 S. 153 – Aus: Osborne, Charles: W. H. Auden. The Life of a Poet. London: Rainbird Publishing 1979 S. 91 (The Mander and Mitchenson Theatre Collection), 104f. (Faber & Faber), 197 (Carl Mydans), 206 oben (The Britten Estate), 206 unten (Louise Dahl-Wolfe) – Aus: Parini, Jay: John Steinbeck. A Biography. London: William Heinemann 1994 S. 115 (Steinbeck Research Center, San Jose State University) – Aus: Peter, Frank-Manuel: Valeska Gert. Tänzerin, Schauspielerin, Kabarettistin. Berlin: Frölich & Kaufmann 1985 S. 23 – Aus: Plath, Sylvia: Letters Home. New York: Harper & Row 1975 (© Aurelia Schober Plath) S.130 – Aus: Sahl, Hans: Daten und Bilder. Beiheft zur Ausgabe der Memoiren eines Moralisten I und II. Hamburg/Zürich: Luchterhand Literaturverlag 1992 S.158 (Fred Stein, New York), 99 oben (Archiv Hans Sahl) – Aus: Schebera, Jürgen: Kurt Weill 1900–1950. Eine Biographie in Texten, Bildern und Dokumenten. Mainz/London/New York/Tokyo: Schott o.J. S. 127 oben, 166f. (Städtisches Museum Mülheim a. d. Ruhr) – Aus: Schmiele, Walter: Henry Miller in Selbstzeugnissen und Bilddokumenten. Reinbek b. Hamburg: Rowohlt Taschenbuch Verlag 1980 S. 193 (Brassaï, Paris) – Aus: Sheehy, Helen, und Stainton, Leslie: On Writers & Writing. Tide-mark Press Ltd. (o.O.) 1997 S. 148, 177 (Library of Congress, Washington, D.C.) – W. Eugene Smith S. 117 – Aus: Spoto, Donald: Die Seeräuber-Jenny. Das bewegte Leben der Lotte Lenya. München: Droemer Knaur 1990 S. 127 unten, 128 – Stadtbibliothek München, Handschriftenabteilung S. 146, 98, 99 unten – Aus: Stendhal, Renate: Gertrude Stein. Ein Leben in Bildern und Texten. Zürich: Arche Verlag 1989 S. 19, 101, 102, 151, 161 (Yale Collection of American Literature. The Beinecke Rare Book and Manuscript Library. Yale University) – Stiftung für Fotografie, Zürich S. 27 – Ullstein Bilderdienst, Berlin S. 143 – Underwood & Underwood S. 69 – Carl Van Vechten (Eakins Press Foundation) S. 56 unten – Aus: Van Vechten, Carl: Portraits. The Photographs of Carl Van Vechten. Comp. by Saul Mauriber. Indianapolis: The Bobbs-Merrill Company 1978 S. 68, 106 – Aus: Watson, Steven: The Birth of the Beat Generation. Visionaries, Rebels, and Hipsters, 1944–1960. New York: Pantheon Books 1995 S.25 unten (James Oliver Mitchell), 50, 85 (Harold Chapman. Archive of Allen Ginsberg), 86 unten (Ohio State University Libraries, Rarebooks and Manuscripts), 88 oben (Archive of Allen Ginsberg) – Aus: Watson, Steven: The Harlem Renaissance. Hub of African-American Culture, 1920–1930. New York: Pantheon Books 1995 S. 11 unten, 169 (Frank Driggs), 172 (Sheen Educational Foundation), 174 (Schomburg Center for Research in Black Culture, The New York Public Library, Astor, Lennox and Tilden Foundations), 179 (Nickolas Muray. Yale Collection of American Literature, Beinecke Rare Book and Manuscript Library, Yale University, and Mimi Muray), 180, 183 (Yale Collection of American Literature, Beinecke Rare Book and Manuscript Library, Yale University), 187 (Walker Collection of A'Lelia Perry Bundles) – Wysling, Hans, und Schmidlin, Yvonne: Thomas Mann. Ein Leben in Bildern. Zürich: Artemis Verlag 1994 S. 12, 13 – Young-Bruehl, Elisabeth: Hannah Arendt – Leben, Werk und Zeit. Frankfurt M. 1986 S. 165 Wir danken allen Rechteinhabern. In einigen Fällen ist es nicht gelungen, die heutigen Rechteinhaber zu ermitteln. Wir bitten diese, sich mit dem Verlag in Verbindung zu setzen.

Danksagung

Ganz besonderen Dank schulde ich meinen Verlegerinnen Elisabeth Raabe und Regina Vitali, die mich zu dieser Arbeit ermutigt haben und ohne deren langjähriges Engagement für die Reihe der Literarischen Spaziergänge – schon immer eine meiner Lieblingslektüren! – die Idee zu diesem Band nicht entstanden wäre.

Danken möchte ich auch allen Mitarbeiterinnen und Mitarbeitern des Arche Verlages, insbesondere Claudia Jürgens für ihre genaue und umsichtige Überarbeitung des Manuskripts.

Tomas Yabut danke ich ebenso sehr für die hervorragende graphische Gestaltung der Karten wie auch für seine Geduld, mit der er mich bei der Arbeit begleitet hat. Renata von Stoephasius und Gisela Helmkampf sei herzlich für ihre New York-kundige Korrektur des Manuskripts gedankt!

Für Unterstützung und unbürokratischen Zugang zu Sammlungen und Archiven bin ich dem Leo Baeck Institute, dem Aufbau Verlag sowie dem Goethe-Institut, insbesondere Anna Martin, zu Dank verpflichtet.

Auf drei Anthologien, ohne die dieses Buch in der zur Verfügung stehenden Zeit nicht entstanden wäre, sei besonders hingewiesen: Susan Edmiston und Linda D. Cirino, Literary New York – A History and Guide, Shaun O'Connell, Remarkable, Unspeakable New York sowie Steven Watson, The Harlem Renaissance.

Für weitere Hinweise und Unterstützung danke ich herzlich: Saskia Bontjes van Beek, Deborah Deutschman, Andrea Dortmann, Lotte Falkenberg, Theresa Gibbons, Petra Höbel, Claudia Kalscheuer, Uli Minoggio, Jon Overvold, Ingrid Scheib-Rothbart, Ria Stein, Jessica Steinke, Claudia Steinberg, Annette Storr, Simone Stripp, Sheri W. Sussman, Henrike Trautmann, Kenneth Washton sowie meiner Familie.

New York, im September 1997   Gudrun Arndt

Biographische Notiz

Gudrun Arndt, geb. 1963 in Berlin. Studium der Komparatistik und Philosophie, M.A. Arbeitsstipendium des Berliner Senats für Berliner Schriftstellerinnen und Schriftsteller sowie Alfred-Döblin-Stipendium der Akademie der Künste, Berlin. Verlagsarbeit in New York. Lebt dort seit 1994 mit Unterbrechungen als freie Autorin und Journalistin.

Personenregister

Halbfette Ziffern verweisen auf Seiten, auf denen Personen in einem eigenen Abschnitt beschrieben werden. *Kursive Ziffern* verweisen auf Abbildungen.

Literarisch reisen ...

Katharina Festner / Christiane Raabe
Spaziergänge durch das München berühmter Frauen
173 Seiten. 129 Abbildungen. 7 Karten. Broschur

Noël Riley Fitch
Die literarischen Cafés von Paris
Aus d. Amerikan. v. Katharina Förs u. Gerlinde Schermer-Rauwolf
91 Seiten. 45 Abbildungen. 5 Karten. Broschur

Anna Gruber / Bettina Schäfer
Spaziergänge über den Père Lachaise in Paris
166 Seiten. 134 Abbildungen. 4 Karten. Broschur

Mary Ellen Jordan Haight
Spaziergänge durch Gertrude Steins Paris
Aus dem Amerikanischen von Karin Polz
163 Seiten. 115 Abbildungen. 5 Karten, Broschur

Paul Raabe
Spaziergänge durch Goethes Weimar
188 Seiten. 154 Abb. 5 Karten
Broschur. Aktualisierte Neuausgabe

Spaziergänge durch Lessings Wolfenbüttel
176 Seiten. 142 Abbildungen. 5 Karten. Broschur

Spaziergänge durch Nietzsches Sils-Maria
159 Seiten. 119 Abbildungen. 6 Karten. Broschur.

Cornelius Schnauber
Spaziergänge durch das Hollywood der Emigranten
168 Seiten. 120 Abbildungen. 5 Karten. Broschur

Hans Wißkirchen
Spaziergänge durch das Lübeck von Heinrich und Thomas Mann
Unter Mitarbeit von Klaus v. Sobbe
160 Seiten. 120 Fotos. 5 Karten. Broschur

Heinke Wunderlich
Spaziergänge an der Côte d'Azur der Literaten
192 Seiten. 108 Abbildungen. 9 Karten. Broschur